W0105127

Josef Imbach

Der Glaube an die Macht und die Macht des Glaubens

Woran die Kirche heute krankt

Patmos

Bibliografische Information der Deutschen Bibliothek

Die Deutsche Bibliothek verzeichnet diese Publikation in der deutschen National-
bibliografie; detaillierte bibliografische Daten sind im Internet über
http://dnb.ddb.de abrufbar.

© 2005 Patmos Verlag GmbH & Co.KG, Düsseldorf
Alle Rechte vorbehalten
Umschlagabbildung: Kristin Osmundsen, »Don Carlos« – Installation, Zürich, 1995,
© Kristin Osmundsen, Zürich.
Printed in Germany
ISBN 3-491-72489-9
www.patmos.de

Inhalt

Vorwort

Das vom Kindergarten an mit allen Mitteln der Einschüchterung, Indoktrination und Suggestion verfolgte Ziel war der angepasste, unterwürfige, widerstandslos lenkbare und schließlich blind gehorchende Mensch, der sich in seiner Meinungsbildung den Direktiven des Parteiapparates unterwarf und diesen zuletzt sogar für sich denken und entscheiden ließ.

Eugen Biser, Der inwendige Lehrer. Wege zur Selbstfindung, München-Zürich 1994, 168.

Setzen die Kirchenoberen eher auf den Glauben an die Macht oder auf die Macht des Glaubens? Die Frage mag provozierend klingen. Doch wer die Geschichte des Christentums auch nur oberflächlich betrachtet, benötigt kein Vergrößerungsglas, um zu erkennen, dass sie berechtigt ist.

Den Evangelisten zufolge haben sich schon die Zwölf um eine Vorrangstellung im Gottesreich gebalgt, weshalb Jesus sich genötigt sah, sie vor Machtgier zu warnen: »Wer unter euch groß sein will, soll der Diener aller sein« (Markusevangelium, Kapitel 10, Vers 43).

Solange die neue Glaubensgemeinschaft eine Minderheit darstellte, hatte sie immer wieder Verfolgungen zu erleiden. Kaum aber waren die ehemals Verfolgten gesellschaftlich integriert und politisch etabliert, wurden sie ihrerseits zu Verfolgern. Vermehrt diente nun der Wahrheitsanspruch dem Ausbau, beziehungsweise der Sicherung eines Machtmonopols, das in krassem Gegensatz stand zu der vom Mann aus Nazaret initiierten Freiheitsgeschichte. Bereits gegen Ende des vierten Jahrhunderts beschränkten sich die Nachfolger der Apostel nicht mehr auf die Verbreitung der Frohen Botschaft, sondern beteiligten sich eifrig am Poker um die Macht, wobei oft jedes Mittel gut genug war, um die angestrebten Ziele zu erreichen. Immer wieder erlagen Kirchenleute der Versuchung, ihre Vorstellungen (die sie in der Regel mit dem Willen Gottes identifizierten) mit klirrenden Waffen statt mit klaren Worten durchzusetzen. Wobei sie sich nicht scheuten, selbst die Anwendung von Gewalt als gottgewollt zu rechtfertigen, was wiederum dazu führte, dass viele angeblich theologische Fragen letztlich auf eine Machtfrage hinausliefen.

Klagen und Anklagen allein helfen uns angesichts dieser Sachlage nicht weiter. Um evangeliengemäße Perspektiven aufzuzeigen, schien es mir vielmehr notwendig, zunächst einen Blick hinter die Kulissen der Macht zu werfen. In diesem Zusammenhang galt es, nicht nur die jeweiligen gesellschaftlichen und kulturellen Gegebenheiten, sondern auch die individual- und massenpsychologischen Voraussetzungen zu bedenken, die das Verlangen nach Macht und deren unkontrollierte Ausübung begünstigen. Dabei versteht es sich von selbst, dass die diesbezüglichen Mechanismen auch der Kirche zu schaffen machen. Weniger selbstverständlich ist, dass Jesu Mahnung, die Macht über die Menschen nicht zu missbrauchen (vgl. Markusevangelium, Kapitel 10, Vers 42), bei den Seinen (den *Seinen?*) häufig auf taube Ohren stieß. Bekanntlich hat es viele Kirchenführer gegeben, die sich weit mehr an Machiavellis *Principe* als an der Lehre Jesu orientierten. So erklärt es sich, dass wir plötzlich und zu unserem eigenen Erstaunen (oder Entsetzen) feststellen, wie gering die Unterschiede sind zwischen der Expansionspolitik mittelalterlicher Fürsten und den von der Kirche initiierten Kreuzzügen, zwischen dem Hofhaushalt des Sonnenkönigs und dem Treiben an einem Bischofspalais zu Beginn der Neuzeit, zwischen dem Spitzelsystem in modernen Diktaturen und der Praxis der Römischen Glaubenskongregation.

Einzelne Kirchenobere, aber auch andere interessierte Kreise behaupten, bei der gegenwärtigen *innerkirchlichen* Kritik handle es sich lediglich um eine ›Modeerscheinung‹, welche zudem von den ›eigentlichen‹ Problemen ablenke. In Wirklichkeit wurde *diese Art* von Kritik gelegentlich sogar von reformwilligen Päpsten vorgebracht (erinnert sei etwa an Hadrian VI.), manchmal mit mehr, meist allerdings mit minderem Erfolg. Außer Frage steht, dass es dabei um ein *wesentliches* Problem der Kirche geht – schließlich steht nichts Geringeres als ihre Glaubwürdigkeit auf dem Spiel. Denn gerade innerhalb der Glaubensgemeinschaft darf Autorität nie so ausgeübt werden, und zwar aus Treue zum Evangelium nie so ausgeübt werden, als gäbe es keine kirchliche Öffentlichkeit, die ein Recht hat auf nachvollziehbare Argumente und auf ehrliche Begründungen.

Wenn ich mich in diesem Buch nicht darauf beschränke, die Machtmechanismen zu analysieren, sondern auch auf einige unhaltbare innerkirchliche Zustände hinweise, geschieht das aus der Sorge, eine unbefragte Geschichte könne am Ende Macht über uns gewinnen, und in der Hoffnung, dass sich irgendwann doch noch etwas ändert.

Imelda Casutt, die sich auch diesmal wieder um die Korrekturen kümmerte, möchte ich hier in besonderer Weise danken.

Josef Imbach

Macht-demonstration

Die deutschen Zensoren - - - - - - - - - - -
- - - - - - - - - - - - - Dummköpfe - - - - -.
Heinrich Heine, Ideen. Das Buch Le Grand,
Kapitel 12.

Vorspiel

Rom, Dienstag, 21. Oktober 1997, 10.30 Uhr. Ich bin gerade im Begriff, den Hörsaal 2 an der Päpstlichen theologischen Fakultät San Bonaventura in Rom zu betreten, als ein Kollege, der nebenher für die Glaubenskongregation tätig ist, mich grüßt und beiläufig sagt:»Allem Anschein nach findet Kardinal Ratzinger an deinem Buch *Wunder* keinen großen Gefallen.«[1] Für Uneingeweihte: Joseph Ratzinger ist der oberste Leiter (Präfekt) der römischen Glaubenskongregation (fortan abgekürzt: GK).

Ich muss laut lachen. Joseph Ratzinger kontra Josef Imbach? Ich kann mir schlicht nicht vorstellen, dass dieses eher fromme Buch die römische Glaubenskongregation überhaupt interessiert. Vermutlich handelt es sich bloß um ein dummes Gerücht.[2]

Eine Studentin fragt im Vorübergehen: »*Che c'è da ridere?*« »*Certo che c'è da ridere. Ho appena saputo che mi vogliono assenare il premio Nobel per l'eresia* – Natürlich gibt's da was zu lachen; ich hab' eben gerade erfahren, dass ich den Nobelpreis für Häresie kriege.« Die Studentin bricht ebenfalls in Lachen aus.

Donnerstag, 15. Oktober 1998. Pater Dr. Agostino Gardin, der Generalobere des Ordens der Franziskaner-Konventualen, dem ich angehöre, bittet mich in seiner Eigenschaft als Großkanzler unserer Fakultät schriftlich zu einem »dringenden Gespräch« für Nachmittag, 22. Oktober um 17.15 Uhr.

Donnerstag, 22. Oktober 1998, 17.15-18.00 Uhr. Treffen mit P. Agostino Gardin im Konvent Ss. *XII Apostoli* in Rom. Der Generalobere erklärt mir, dass die Glaubenskongregation ihm ein Gutachten bezüglich meines Buches habe zukommen lassen. Das Beste wäre, ich würde in einer Fachzeitschrift einen Beitrag zur Wunder-Frage schreiben und dabei die kirchliche Lehre darlegen. Dann sei die Geschichte aus der Welt. Meinem Wunsch, das Gutachten einzusehen, wird nicht entsprochen – der Ordensgeneral will sich zuerst bei der Glaubenskongregation erkundigen, ob er es mir aushändigen darf!

Freitag, 23. Oktober 1998. Eine Fotokopie des Gutachtens (überschrieben mit *Bemerkungen*) wird mir vom Ordensgeneral per Kurier zugestellt. Das Begleitschreiben der GK (Aktenzeichen 21/98-SN) ist unterzeichnet von deren (damaligem) Sekretär Monsignore Tarcisio Bertone.[3] Die *Bemerkungen* umfassen drei eng bedruckte Seiten und stammen von einem anonymen (!) Gutachter (oder von einer Gutachterin?). Die Anklagen sind pauschal gehalten. Es wird behauptet, ich würde

- nicht an die Gottheit Jesu glauben;
- das Lehramt der Kirche ablehnen;
- die Evangelien lediglich als katechetische Erzählungen betrachten;
- die Möglichkeit von Wundern leugnen;
- behaupten, Jesus habe kein einziges Wunder gewirkt.

Der Ordensgeneral bittet mich, zu diesen Vorwürfen Stellung zu nehmen.

Freitag, 13. November 1998. Ich sende dem Ordensgeneral meine 15-seitige *Stellungnahme* zur Weiterleitung an die GK. Ich protestiere aufs Heftigste, weil der Verfasser (die Verfasserin?) der *Bemerkungen* anonym bleibt. Gleichzeitig entkräfte ich die einzelnen Vorwürfe, die ich ohne Umschweife als »grotesk« bezeichne. Nur *ein* Beispiel (unter anderen möglichen) soll hier das ›kreative‹ Vorgehen des anonymen Gutachters (der Gutachterin?) dokumentieren. Zum ›Beweis‹, dass ich die Möglichkeit von Wundern grundsätzlich ausschließe, zitiert er (sie?) folgende Aussage aus meinem Buch: »Gott liebt uns. Das ist doch das eigentliche und einzige Wunder« (Wunder, S. 64). Der folgende Satz jedoch wird willkürlich (oder arglistig?) unterschlagen. Und der lautet: »Und alles, was wir erleben, sei das nun leicht erklärbar oder überhaupt nicht durchschaubar [d.h. wunderbar ganz im theologisch-traditionellen Sinn!], ist doch nur eine *Folge* dieses einen Wunders von Gottes Liebe« (Wunder, S. 64).

In meiner *Stellungnahme* räume ich ein, dass einzelne Aussagen so formuliert sind, dass sie möglicherweise »falsch verstanden werden *könnten*«. Gleichzeitig weise ich darauf hin, dass ich zwecks Vermeidung weiterer Missverständnisse »in einem Buch, an dem ich gerade arbeite«, meine »katholische Glaubenshaltung« bezüglich der Wunderfrage »öffentlich bekunden werde«.[4]

Sonntag, 13. Dezember 1998. Der Ordensgeneral lässt mich telefonisch wissen, dass meine *Stellungnahme* »arrogant« sei. Ich entgegne ihm, dass ich bewusst in einem »sehr entschiedenen Ton« geantwortet habe, weil ich anonyme Gutachten als Affront empfinde und keineswegs beabsichtige, meine *Stellungnahme* umzuformulieren – und dass er sie in der vorliegenden Form an die GK weiterleiten möge.

Die Lage spitzt sich zu.

Samstag, 16. Oktober 1999. Der Brief von P. Gardin, den ich an diesem Tag erhalte, trägt das Datum vom 10. Oktober. Der Generalobere teilt mir mit, dass die GK der Ansicht sei, dass meine *Stellungnahme* zu den *Bemerkungen* »zweideutig« (*ambigua*) sei. Gleichzeitig bittet er mich zu einem Gespräch, bei dem auch Pater Gianfranco Girotti, der Untersekretär der GK, anwesend sein werde.

Als Untersekretär der GK hat P. Girotti eine Schlüsselfunktion innerhalb der GK. Wie ich gehört auch er dem Orden der Franziskaner-Konventualen an; persönlich bin ich ihm bis jetzt noch nie begegnet. Mehrere meiner Mitbrüder behaupten, dass er mir »nicht sehr wohlgesinnt« sei.[5]

Seinem Schreiben hat P. Gardin eine Fotokopie der *Antwort* [der GK] *zur Stellungnahme von P. Josef Imbach OFMConv.* beigelegt, sowie das an ihn gerichtete Begleitschreiben, welches diesmal nicht mehr die Unterschrift von Monsignore Bertone, sondern jene von Kardinal Ratzinger trägt. Der ›Fall Imbach‹ wurde inzwischen also etwas höher gehängt. Die *Antwort* auf meine *Stellungnahme* (praktisch ein zweites Gutachten) stammt wiederum von einem anonymen Verfasser (einer anonymen Verfasserin?). Wie und mit welchen Unterstellungen die GK ›arbeitet‹, kann das folgende Beispiel illustrieren: »Hinzuzufügen ist allerdings, dass der Verf. bei seiner Auswahl der Wunder ›erster Ordnung‹ im Neuen Testament gerade

12

nicht erwähnt: Jungfrauengeburt, Totenerweckungen, Auferstehung Christi. Dass er die genannten Wunder nicht aufnimmt, obgleich sie für eine existenzielle Interpretation sehr geeignet wären, ist zumindest auffällig. Als ungezwungene Erklärung für das Übergehen dieser Wunder erscheint die Annahme nicht unberechtigt, dass in diesen Fällen die Vernachlässigung der geschichtlichen Faktizität der Ereignisse den Glaubensirrtum aufdecken würde.« Wiederum handelt es sich, wie schon im ersten Gutachten, um eine ebenso willkürliche wie ungeheuerliche (in Kardinal Ratzingers Heimat würde man sagen: hinterfotzige) Unterstellung. Erstens behandle ich ausschließlich Wundergeschichten, die Jesus zum Protagonisten haben (während Jungfrauengeburt und Auferstehung im Neuen Testament dem Wirken Gottes zugeschrieben werden), und zweitens interpretiere ich in meinem Buch *Wunder* auf den Seiten 193–208 ... ja was denn? *Die Erweckung des Jünglings von Naïn!*

In seinem *Begleitschreiben* an meinen Ordensoberen moniert Kardinal Ratzinger, dass das geplante Buch, in welchem ich die Bedenken der GK auszuräumen gedenke, vor der Drucklegung der vom Kirchenrecht vorgesehenen Zensurstelle (d.h. in meinem Fall dem Ordensgeneral P. Gardin) zur Begutachtung zu unterbreiten sei. Wie theologische Forschung und ein freier Meinungsaustausch unter Fachleuten unter solchen Umständen funktionieren sollen, bleibt ein Rätsel.

Montag, 18. Oktober 1999. Ich informiere P. Gardin schriftlich per Kurier, dass ich zu dem von ihm vorgeschlagenen Gespräch gerne bereit bin. In meinem Schreiben verhehle ich nicht meine Enttäuschung, dass meine *Stellungnahme* die GK nicht befriedigt. Gleichzeitig teile ich P. Gardin mit, dass ich meine Publikation über »Lust auf die Bibel. Praxisorientierte Zugänge zur Heiligen Schrift«, keiner kirchlichen Zensurbehörde mehr unterbreiten kann, weil sie bereits im Druck ist.

Mittwoch, 20. Oktober 1999. Der Sekretär von P. Gardin teilt mir telefonisch mit, dass ich am 23. Oktober um 18.30 an der Generalkurie unseres Ordens vorsprechen solle.

Samstag, 23. Oktober 1999, 18.30 Uhr. Pünktlich erscheine ich auf dem Generalat unseres Ordens an der *Piazza Ss. XII Apostoli.* P. Gardin empfängt mich im Beisein von P. Gianfranco Girotti, dem (damaligen) Untersekretär der GK. Ich weise darauf hin, dass ich sozusagen in letzter Minute vor der Drucklegung meines neuen Buches den Verlag dazu bewegen konnte, meine Klarstellungen zur Wunderfrage im Kapitel über die historisch-kritische Methode als *Postskriptum* hinzuzufügen. Weil dieses *Postskriptum* aber etwas aus dem Rahmen falle, sähe ich mich genötigt, die Leserschaft darauf hinzuweisen, dass ich es eingefügt hätte, um gewisse Bedenken der GK bezüglich meines Buches *Wunder* zu zerstreuen. P. Girotti ist entsetzt; spontan und kategorisch verlangt er, dass die GK in dieser Klarstellung auf keinen Fall erwähnt wird, was ich ihm zugestehe. Anschließend fordert mich P. Gardin auf, ihm das *ganze* Manuskript meines neuen Buches zuzustellen, obwohl dieses ja bereits im Druck ist. Anschließend gibt er mir zu verstehen, dass ich mit ernsthaften Konsequenzen rechnen müsse für den Fall, dass ich meine kritische Haltung gegenüber der GK beibehalten sollte; es werde dann »unweigerlich zum Prozess kommen«, wobei »kaum Hoffnung« bestehe, dass ich weiterhin Theologie unterrichten könne. Das tönt nach Erpressung; das Urteil scheint bereits festzustehen, bevor die Sachfragen überhaupt diskutiert sind. Meine Wut ist genauso grenzenlos wie meine Ohnmacht. Ich erhebe mich vom Stuhl und verabschiede mich mit den Worten: »Dem Prozess sehe ich mit Spannung entgegen.« Es ist genau 19.05 Uhr.

Sonntag, 24. Oktober 1999. Weil ich keinerlei Publizität suche, befolge ich die Anweisung von P. Girotti und streiche in meinem *Postskriptum* jeden Hinweis auf die GK. Den purgierten Text übermittle ich per E-Mail dem Echter Verlag.[6]

Montag, 25. Oktober 1999. Der Anweisung von P. Gardin entsprechend stelle ich ihm per Kurier das Skript meines Bibel-Buches zu. Natürlich ist der Text in meiner Muttersprache verfasst. Der italienische Generalobere unseres Ordens indessen beherrscht außer einigen Grundkenntnissen in Französisch keine andere Fremdsprache. Als promovierter Moraltheologe wird er Gutachter zuziehen müssen. Natürlich kann ich diesbezüglich weder Vorschläge unterbreiten, noch werde ich jemals erfahren, wen er mit der Begutachtung beauftragt hat.

Montag, 23. Februar 2000, Pontificia Facoltà teologica S. Bonaventura, 21.00-21.48 Uhr. Gespräch mit P. Gardin im Beisein seines Assistenten für den deutschen Sprachraum, P. Leo Beck, und P. Girotti. P. Gardin liest mir einen von ihm [in Wirklichkeit natürlich von der GK] vorbereiteten Brief vor, in welchem er einige kleine Einwände gegen mein Buchmanuskript *Lust auf die Bibel* zusammengestellt hat:

- Meine Äußerungen zur Fegfeuerlehre stünden im Widerspruch zum Katechismus der katholischen Kirche. (In Wirklichkeit dokumentiere ich bloß, dass bestimmte Bibelstellen, die von der katholischen Dogmatik *zur Untermauerung* der Fegfeuerlehre herbeigezogen wurden, von ganz anderen Dingen handeln; vgl. Lust auf die Bibel, S. 184–185).

- Bezüglich des eingefügten *Postskriptums in eigener Sache*, in welchem ich meine Sicht der Wunderfrage verdeutliche, bemerkt P. Gardin, dass diese Äußerungen »zu subjektiv« seien. (Von Häresie ist nun plötzlich nicht mehr die Rede.)

- Um die kirchliche Druckerlaubnis zu erhalten, müsse ich im Vorwort vermerken, dass es sich um einen »Diskussionsbeitrag« handle.

Ich erinnere P. Gardin daran, dass ich ihn schon im Oktober des vergangenen Jahres darauf aufmerksam gemacht habe, dass das Buch bereits im Druck sei, weshalb Änderungen nicht mehr möglich seien. P. Girotti zeigt sich empört, worauf ich ihn darauf hinweise, dass die vorgebrachten Einwände ja geradezu lächerlich seien. Offenbar sei die GK, wenn auch spät genug, nun doch noch zu dem Ergebnis gekommen, dass der Häresievorwurf unhaltbar sei. Und dass es ihr jetzt nur noch darum ginge, ihre Macht zu demonstrieren. Außerdem bitte ich zur Kenntnis zu nehmen, dass für mich der Sinn des Lebens nicht an einem theologischen Lehrstuhl hänge. P. Gardin versucht zu vermitteln: Ich könne ja in einer Fachzeitschrift in einem kurzen Artikel auf die in seinem (von ihm unterzeichneten, aber von der GK verfassten) Brief vorgebrachten Einwände eingehen; dann sei die ganze Angelegenheit zur Zufriedenheit aller Beteiligten erledigt. Ich greife den Vorschlag auf und verspreche ihm, meine Position in einem Zeitschriftenartikel darzulegen.

P. Gardin hat meine Antwort zweifellos dahingehend verstanden, dass ich alles schlucken und einlenken werde. Aber genau das kann und will ich nicht. Selbstverständlich bin ich mir im Klaren darüber, dass ich gegen die allmächtige GK keine Chance habe. Von mehreren Kollegen aus dem deutschen Sprachraum weiß ich, dass sie aufgrund von (ihrer Ansicht nach unbegründeten) Beanstandungen seitens der GK einen Artikel in einer Fachzeitschrift publiziert haben, sei es um einen Lehrstuhl zu erhalten, sei es, um ihn zu behalten. Die Methode der Einschüchterung hat System. Und dieses System funktioniert bestens, solange die Betroffenen sich an die demütigenden Spielregeln halten. Die Öffentlichkeit erfährt davon nichts. Und die für die Theologen zuständigen Bischöfe oder Ordensoberen haben keinerlei Einfluss auf die Entscheidungen der GK; sie werden von dieser ja wie Hampelmänner behandelt.

Diese entwürdigenden Praktiken will ich nicht in Kauf nehmen und beschließe daher, an die Öffentlichkeit zu gehen. Ich bin gewiss kein Michael Kohlhaas, aber gelegentlich etwas eigensinnig.

Wien, Anfang Oktober 2000. In der österreichischen Monatszeitschrift *Kirche intern* (inzwischen: *Kirche in*) erscheint der Beitrag, den ich P. Gardin versprochen habe. Titel: *Joseph kontra Josef.* Als Motto habe ich einen kurzen Abschnitt aus Hugo Lötschers Erzählung *Das Leichenmahl* gewählt: »*Wenn Descartes sich mit der Küche statt mit der Philosophie befasst hätte, wäre er nicht auf den Index gekommen*«, bemerkte der Abbé. »*Das ist gar nicht so sicher*«, entgegnete Doktor Godet, »*wenn der Einfluss der Orthodoxen zunimmt, werden bald auch Kochbücher verboten.*«

Dann schildere ich meinen ›Fall‹, dokumentiere die Vorgehensweise der GK, zeige anhand von Auszügen aus den Gutachten, wie diese Behörde mittels Unterstellungen und verfälschender Interpretationen Theologen und Theologinnen einzuschüchtern versucht und erteile Kardinal Ratzinger einen Rat: »Bestellen Sie Gutachter für Ihre Gutachter!« Den Beitrag beschließe ich mit einer »persönlichen Bemerkung«, die ich hier im Wortlaut zitiere: »Der Begriff Karriere ist für mich, nicht nur etymologisch gesehen, ein Fremdwort. Ich habe nie eine akademische Laufbahn angestrebt; es hat sich halt so ergeben. Meine Stellung als akademischer Lehrer verstehe ich als die eines Dienstmanns, der versucht, seine Pflicht und Schuldigkeit zu tun. Ein möglicher Entzug der Lehrerlaubnis kann mich schon deshalb nicht schrecken, weil ich weiß, dass es auf dem Acker des Gottesreiches überall an Arbeitskräften mangelt (vgl. Matthäusevangelium, Kapitel 9, Vers 37). Dass die Aufseher [d. h. die Mitarbeiter der GK] auf geheimdienstliche Methoden setzen (Verheimlichung der Namen der Zubläser und Denunziantinnen, anonyme Gutachten, undurchsichtige Verfahren mangels Gewaltentrennung ...) muss man in meinem jetzigen Metier anscheinend in Kauf nehmen. Dennoch hege ich die Hoffnung, dass die ›größtmögliche Transparenz‹, die der Heilige Vater (im Zusammenhang mit der in Deutschland diskutierten Konfliktberatung für Schwangere) angemahnt hat, irgendwann auch im Palazzo del Sant'Uffizio praktiziert wird.«

Ein Exemplar der Zeitschrift sende ich an den Generaloberen der Franziskaner-Konventualen und Großkanzler der Päpstlichen theologischen Fakultät S. Bonaventura in Rom, P. Dr. Agostino Gardin. Dass der Beitrag Konsequenzen haben wird, ist mir klar.

Rom, 14. Oktober 2000. Per Kurier erreicht mich ein Schreiben von P. Gardin, in welchem er mich darauf hinweist,

- dass er anlässlich unseres Gesprächs sicher eine andere als die von mir verfasste Art von Beitrag im Auge gehabt habe;
- dass die ganze Angelegenheit auf keinen Fall hätte öffentlich gemacht werden dürfen;
- dass mein Beitrag, den er sich übersetzen ließ, von einer »Haltung von Arroganz und respektloser Anmaßung« zeuge.

Gleichzeitig bittet er mich, auf meine Lehrtätigkeit zu verzichten. Im italienischen Original steht *chiedo*, was in diesem Zusammenhang sowohl *ich bitte* als auch *ich verlange* bedeuten kann.

17. Oktober 2000. Ich antworte P. Gardin, dass ich auf meine Lehrtätigkeit erst verzichten werde, wenn er präzisiere, dass der Begriff *chiedo* als Befehl und damit als Entzug der Lehrerlaubnis zu interpretieren sei. Des Weiteren schlage ich vor, dass die GK aus ihren zwei Gutachten alle offensichtlich unbegründeten Anklagen sowie die willkürlichen Unterstellungen zurücknimmt und erkläre mich bereit, allfällige dann noch verbleibende dogmatische Irrtümer zu widerrufen. Zwei renommierte Theologen, welche ich persönlich um ihre Meinung gebeten hatte, können mich diesbezüglich beruhigen; exegetisch spiegle das Buch über Wunder den heutigen Forschungsstand wider, und dogmatisch würde es in keiner Weise gegen die kirchliche Lehre verstoßen. Außerdem beurteilen ›meine‹ Experten die Gutachten der GK als »katastrophal«, bzw. als »Elaborat von Ignoranten«.

Mein Brief bleibt unbeantwortet, und ich kann meiner Lehr- und Forschungstätigkeit weiterhin nachgehen.

Ariccia bei Rom, 16. Februar 2001. Völlig überraschend wird P. Gardin nach nur einer Amtsperiode als Generalobere der Franziskaner-Konventualen von der Delegiertenversammlung des Ordens in seinem Amt nicht mehr bestätigt. Sein Nachfolger ist ein Studienkollege von mir, der Amerikaner P. Joachim Giermek.

Rom, Donnerstag, 25. Oktober 2001. Wohl in der Meinung, ich wüsste bereits Bescheid, fragt mich der Hausobere unseres Klosters, wo ich denn mein Exil zu verbringen gedenke. Obwohl ich mich schon lange darüber wundere, dass die GK auf meinen Beitrag in *Kirche intern* noch nicht reagiert hat, falle ich nun doch aus allen Wolken. Immerhin weiß ich jetzt endlich, was mich erwartet – und kann mich darauf vorbereiten.

Montag, 17. Dezember 2001. Der neue Generalobere der Franziskaner-Konventualen und Großkanzler unserer Fakultät lässt mir mitteilen, dass er mich morgen Vormittag anlässlich eines Besuches an der Fakultät treffen möchte.

Dienstag, 18. Dezember 2001. P. Giermek empfängt mich um 10.45 Uhr. Anwesend ist auch sein Stellvertreter, P. Fermino Giacometti. P. Giermek teilt mir mit, dass Tarcisio Bertone, der Sekretär der GK, von ihm verlange, mir gegenüber disziplinarische Maßnahmen zu ergreifen – wegen meines Beitrags in *Kirche intern* (wohlgemerkt: nicht wegen meines Buches *Wunder*!). Der Maßnahmenkatalog beinhaltet fünf Punkte:

- Ich muss nach Abschluss des Wintersemesters 2001/02, also am 15. Februar 2002, Rom für ein Jahr verlassen.
- Während meines Exils habe ich weltweit Lehrverbot an allen katholischen theologischen Fakultäten.

geistl. Übungen

- Ich soll Exerzitien machen und während dieser ›Einkehrtage‹ (bezüglich der Dauer wird nichts Konkretes verfügt) meine Haltung gegenüber dem kirchlichen Lehramt überprüfen.
- Ich werde daran erinnert, dass ich gemäß geltendem Kirchenrecht fortan alle meine theologischen Veröffentlichungen vor der Drucklegung der kirchlichen Zensurbehörde zu unterbreiten habe.
- Über alle diese Maßnahmen habe ich den Medien gegenüber striktes Stillschweigen zu bewahren.

Weil ich schon seit fast zwei Monaten wusste, dass ich ins Exil geschickt würde, hatte ich hinlänglich Zeit, mir über meine Zukunft Gedanken zu machen. Nachdem P. Giermek mich über die mir auferlegten Disziplinarmaßnahmen informiert hat, beantrage ich für die Zeit meiner Verbannung die *absentia a domo*. Auf diese Weise will ich verhindern, dass ich in irgendein entlegenes Kloster abgeschoben werde. Ich gehöre zwar weiterhin zum Orden, lebe aber außerhalb des Klosterverbandes und muss für meinen Lebensunterhalt selber aufkommen.

Um 11.30 ist das Treffen beendet.

Erst jetzt, im Nachhinein, fällt mir ein (und auf), dass Hans Küng ebenfalls an einem 18. Dezember (anno 1979) die Lehrerlaubnis entzogen wurde. Die Schweizer erhalten ihr Weihnachtsgeschenk offenbar jeweils am 18. Dezember. Ob die Österreicher wohl bis zum 19. und die Deutschen womöglich jeweils gar bis zum 20. Dezember auf die Bescherung warten müssen?

Freitag, 25. Januar 2002. Ich halte meine letzte Vorlesung in Fundamentaltheologie. Am Schluss mache ich meine Studenten und Studentinnen darauf aufmerksam, dass sie ihre Examen bis zum 15. Februar ablegen möchten, weil der Entzug meiner Lehrbefugnis auch den Verlust der Prüfungserlaubnis einschließe.

Nachspiel

Donnerstag, 14. Februar 2002, abends. Die Koffer sind gepackt. Bevor ich mein Notebook abkable, schaue ich nochmals in die Mail-Box, die ich seit mindestens vier Tagen nicht geöffnet habe. Und traue meiner Brille nicht.

Die Schweizer Wochenzeitschrift *Reformierte Presse* teilt mir mit, dass sie morgen, am 15. Februar, die Nachricht vom Entzug meiner Lehrerlaubnis veröffentlichen werde.

Wie die Sache publik wurde, habe ich erst später erfahren. Eine meiner Studentinnen ist mit einem Redakteur der in der Schweiz erscheinenden *Reformierten Presse* bekannt. Ihm gegenüber erwähnte sie beiläufig, dass mir für Mitte Februar die Lehrerlaubnis aberkannt werde. Worauf sich die Redaktion per E-Mail beim Vatikanischen Pressebüro erkundigt. Dort antwortet man, dass mir vom Großkanzler der Fakultät, also von P. Giermek [!], »ein Sabbatjahr gewährt« [!] worden sei (eine Kopie dieser E-Mail habe ich mir später von der Redaktion zustellen lassen). Da diese Aussage wenig glaubwürdig klingt, wendet sich die Redaktion telefonisch an den Vorsteher der Fakultät, Prof. Dr. Orlando Todisco, welcher unumwunden einräumt, dass mir die Lehrbefugnis *entzogen* wurde. Über die Gründe, welche zu dieser Maßnahme geführt haben, will Prof. Todisco sich nicht äußern (er weiß natürlich, dass die GK nach außen hin auf gar keinen Fall in Erscheinung treten will). Die Redaktion lässt aber nicht locker und erkundigt sich umgehend telefonisch bei der Generalkurie der Franziskaner-Konventualen. Dort antwortet der Stellvertreter von P. Giermek, P. Fermino Giacometti, das Lehrverbot sei »vom Großkanzler wegen Imbachs Lehrtätigkeit im Allgemeinen« ausgesprochen worden.

Um die GK aus der ganzen Sache herauszuhalten, hat man sich also entschlossen, das Verbot mit meiner »Lehrtätigkeit im Allgemeinen« zu begründen. Diese den Tatsachen widerstreitende und außerdem ehrenrührige Darstellung kann ich natürlich nicht auf sich beruhen lassen.

Freitag, 15. Februar 2002. Ich verabschiede mich von meinen Kollegen und Kolleginnen an der Fakultät und beziehe in der Stadt für ein paar Tage die leer stehende Wohnung eines befreundeten Schweizer Journalisten. Vor der Abreise möchte ich in Ruhe noch ein paar Recherchen für mein Rom-Buch anstellen, an dem ich gerade arbeite.[7]

Mittwoch, 20. Februar 2002. Arrivederci, Roma! Oder vielmehr: *Addio!* Am Nachmittag fahre ich in die Schweiz ins Exil. Ich habe mich in der Nähe von Basel nach einer günstigen Wohngelegenheit umgesehen.

Basel, Freitag, 22. Februar 2002. Unter dem Titel *Verschleierte Wahrheit im Vatikan* erscheint in der Zeitschrift *Reformierte Presse* ein Text, den ich der Redaktion drei Tage zuvor von einem römischen Internet-Café aus zukommen ließ. In diesem Beitrag betone ich, dass mein ›Fall‹ ohne mein Zutun öffentlich wurde. Außerdem erkläre ich, dass die Presse von kirchlichen Instanzen mit für mich ehrenrührigen Auskünften eingedeckt wurde, welche den wirklichen Sachverhalt herunterzuspielen und zu verschleiern versuchen, und dass ich mich deshalb an das mir auferlegte Schweigegebot nicht mehr gebunden fühle und einige Dinge richtig stellen möchte. Der letzte Abschnitt meiner Stellungnahme sei hier wörtlich zitiert: »Beim letzten Werk, das der über 80-jährige Bernini 1678 für die Peterskirche zu Rom schuf, handelt es sich um das Grabmal für Alexander VII. Es befindet sich im linken vorderen Seitenschiff. Der Papst kniet zwischen den allegorischen Frauengestalten der Gerechtigkeit, der Weisheit, der Caritas und der Wahrheit. Letztere war ursprünglich völlig nackt. Später hat man sie in ein helles Bronzegewand gehüllt. Die nackte Wahrheit bringt heute niemanden mehr auf unkeusche Gedanken. Erst verschleiert wirkt sie irgendwie unmoralisch.«

Wenige Tage später, am Freitag, 1. März 2002, informiere ich die Öffentlichkeit in einem ausführlichen Interview mit dem Zürcher *Tagesanzeiger* über die wahren Hintergründe, die zum Entzug der Lehrerlaubnis führten.

Donnerstag, 21. März 2002. Ich erhalte eine E-Mail aus Padua. Der Verantwortliche einer vom Orden herausgegebenen Familienzeitschrift, für die ich seit 1969 (also seit meiner Studienzeit) regelmäßig schreibe, lässt mich über die Redaktionssekretärin wissen, dass meine Mitarbeit nicht mehr gefragt ist.

Freitag, 26. Juli 2002. Das Schreiben von P. Giermek, welches mich heute erreicht, trägt das Datum vom 17. Juli. P. Giermek teilt mir mit, dass er sich in seiner Eigenschaft als Großkanzler der Fakultät gezwungen sehe, das über mich verhängte Lehrverbot »until further notice«, also auf unbestimmte Zeit, zu verlängern und es gleichzeitig auf alle ordensinternen Studienhäuser [so genannte *Seminare*, theologische Ausbildungszentren, die nicht den Rang einer theologischen Fakultät haben] auszuweiten. Diese Maßnahme begründet er mit dem Hinweis, dass ich mich trotz des Schweigegebots in der Presse zu meinem ›Fall‹ geäußert habe. Ausdrücklich betont er, dass er diesmal aus eigener Initiative und nicht auf Druck der GK handle. Ich schreibe ihm, dass ich diese disziplinarische Maßnahme zur Kenntnis nehme; dass ich es seltsam finde, dass ein Mensch seine durch Un- und Halbwahrheiten verletzte Ehre nicht verteidigen darf; dass ich die Notwendigkeit eines kirchlichen Lehr- und Wächteramts zu keiner Zeit in Frage gestellt habe; dass ich jedoch die Geheimdienstmethoden, deren sich die GK bedient, weiterhin öffentlich bekämpfen werde.

Der im Februar 2002 nach Antritt meines Exils einsetzende Presserummel war absolut nicht nach meinem Geschmack. Die zahlreichen Sympathiekundgebungen und Solidaritätserklärungen, auch seitens meiner Schweizer Mitbrüder im Orden, waren geradezu rührend. Allerdings wollten die vielen Zuschriften auch beantwortet und verdankt sein.

Arbeit, die meinen Neigungen und Fähigkeiten entspricht, fand ich schneller als erwartet. Von Anfang an stellte ich mich verschiedenen Pfarrgemeinden für Sonntagsgottesdienste und Predigtaushilfen zur Verfügung. Eine Bewerbung an der Volkshochschule beider Basel *wurde umgehend positiv beantwortet. Meine Vorlesungen über kulturelle und religionsgeschichtliche Themen sind nach wie vor sehr gut besucht. Die* Katholische Erwachsenenbildung Basel *bot mir an, eine* Theologische Werkstatt *auf die Beine zu stellen, die nach wie vor auf ein großes Interesse stößt. Außerdem halte ich Wochenend-Seminare für Pfarrgemeinderäte und bin im In- und Ausland häufig zu Vorträgen unterwegs. Viel Zeit verbringe ich – wie früher in Rom – mit Schreiben.*

Als Theologieprofessor hätte ich eigentlich alle Bücher, in denen ich Glaubens- oder Sittenfragen behandelte, vor der Drucklegung der kirchlichen Zensur unterbreiten müssen. Diese kirchenrechtliche Bestimmung habe ich, wie die meisten Theologieprofessoren und -professorinnen, nie beachtet, weil ich der Ansicht bin, dass unter diesen

Bedingungen ein offener Gedankenaustausch unter Fachleuten nicht möglich ist. Selbstverständlich können die kirchlichen Autoritäten verlangen, dass die Publikationen von Lehrbeauftragten an katholischen theologischen Fakultäten *vor der Drucklegung der Zensur unterbreitet werden. Was aber die übrigen Christenmenschen betrifft, hat kein Bischof und kein Ordensobere das Recht, ihnen den Mund zu verbieten (Zensur, ›Bußschweigen‹, Publikationsverbote …). Eine solche Maßnahme nämlich stünde in einem eklatanten Widerspruch zum Menschenrecht der freien Meinungsäußerung. Wer mit dem Hinweis auf Treueversprechen und Gehorsamsgelübde die Menschenrechte außer Kraft zu setzen oder auch nur zu beschneiden versucht, handelt ohne allen Zweifel unmoralisch.*

Dass ich schon immer fleißig vom Menschenrecht der freien Meinungsäußerung Gebrauch machte, bedaure ich nicht. Kardinal Ratzinger und ›seine‹ Glaubenskongregation haben mir keine einzige schlaflose Nacht bereitet. Allerdings hat mein Vertrauen in gewisse kirchliche Institutionen erheblich gelitten. Die Freude am Glauben hingegen ist noch immer ungetrübt. Und schon gar nicht ist mir das Lachen vergangen.

Postskriptum: Bei dem diesem Kapitel vorangestellten Motto von Heinrich Heine handelt es sich um das *ganze* 12. Kapitel seiner Schrift *Ideen. Das Buch Le Grand.* Die Zensur, die Heine seinerzeit zu schaffen machte, gibt es immer noch – im Vatikan.

Das Janusgesicht der Macht

Der Vollzug der Freiheit selbst ist schon Einengung des Freiheitsraumes eines anderen, und zwar von seinem eigenen Wesen her und unvermeidlich. Niemand kann frei handeln, ohne dadurch im Voraus zur Zustimmung des anderen den Raum von dessen Freiheit zu verändern, ohne in diesem zwar metaphysischen, aber sehr realen Sinn dem anderen Gewalt anzutun.

Karl Rahner, Theologie der Macht, in: Schriften zur Theologie, Bd. 4, Einsiedeln-Zürich-Köln 1962, 492.

Die Macht wird verherrlicht und verteufelt zugleich. Die unter der Macht anderer leiden, verfluchen sie – und gieren oft selber danach. Sie denken an Umsturz und sie sinnen auf Rache. Es geht ihnen nicht um eine Verbesserung der Verhältnisse, sondern um eine Umverteilung der Gewichte; die Geknechteten wollen herrschen, die Machthaber sollen zu Sklaven oder Knechten gemacht werden.

Macht ist böse. Sagt man. Und: Macht macht böse. Macht Macht tatsächlich böse? Ist sie böse? Dass sie eine Versuchung darstellt, unterliegt so wenig einem Zweifel wie die Tatsache, dass die Grenzen zwischen Machtgebrauch und Machtmissbrauch fließend sind. Aber auch hier gilt die schon im alt-römischen Recht verankerte Maxime: *Abusus non tollit usum*, der Missbrauch spricht nicht gegen den Gebrauch.

Keine Macht für niemand?

Seltsamerweise ist der Begriff *Macht* überwiegend negativ besetzt. Nicht nur auf individueller Ebene, sondern auch im sozialen Bereich wird sie häufig als Bedrohung der persönlichen Freiheit empfunden. Die 68er-Bewegung hat diesen Sachverhalt auf die griffige Formel gebracht: »Keine Macht für niemand.« Diese nicht bloß skeptische, sondern ablehnende Haltung gegenüber dem Phänomen Macht liegt auch dem Urteil des Schweizer Kunst- und Kulturhistorikers Jacob Burckhardt (1818–1897) zugrunde, der in seinen

Weltgeschichtlichen Betrachtungen behauptet: »Nun ist die Macht an sich böse, gleichviel wer sie ausübe. Sie ist kein Beharren, sondern eine Gier und so eo ipso unerfüllbar, daher in sich unglücklich und muss also andere unglücklich machen. Unfehlbar gerät man dabei in die Hände sowohl ehrgeiziger und erhaltungsbedürftiger Dynastien als einzelner ›großer Männer‹ usw., das heißt solcher Kräfte, welchen gerade an dem Weiterblühen der Kultur am wenigsten gelegen ist.«[8]

Richtig daran ist, dass die, welche die Hebel der Macht handhaben, kaum bereit sind, auf ihre Position zu verzichten oder auch nur einen Teil ihrer Kompetenzen an andere abzutreten. Macht- und erfolgsorientierte Menschen verspüren in der Regel keine große Lust, das Beispiel eines Franz von Assisi nachzuahmen, der auf sein Erbe und damit auf seine Vorrangstellung unter der Jugend des Städtchens verzichtete, um fortan als Bettelbruder zu leben und den Vögeln zu predigen, die schon damals für fromme Lehren ein offeneres Ohr hatten als die Menschen. Zwar räumen heute selbst Manager und Maker ein, dass sie unserer Konsum- und Spaßgesellschaft am liebsten den Rücken kehren würden. Tatsächlich aber wären die wenigsten von ihnen bereit, ihren Sitz im Aufsichtsrat eines Großkonzerns mit einer Klosterzelle zu vertauschen, um in Ruhe über Siddharta Gautamas Lehren zu meditieren. Wahrscheinlicher ist, dass sie sich in Zeiten der Depression oder bei übermäßigem Stress für ein, zwei Wochen in ein spirituelles Zentrum zurückziehen in der Hoffnung, ihr Unternehmen nachher mit gesteigerter Power marketinggerecht promoten zu können. Das aber heißt noch lange nicht, dass die Macht (wie Burckhardt behauptet) böse ist.

Die ›Macht an sich‹ ist weder gut noch böse. Sie ist auch nicht moralisch. Und schon gar nicht ist sie unmoralisch. Sie kann beides nicht sein, da es die ›Macht an sich‹ genauso wenig gibt wie *die* Liebe oder *den* Hass. Wohl aber gibt es auf sehr verschiedene Weise Liebende und mit unterschiedlicher Intensität und aus vielfältigen Motiven Hassende. Nicht die Macht ist gut oder böse; moralisch gut oder ethisch verwerflich sind hingegen die Absichten, die Menschen verfolgen, und die Methoden, deren sie sich bedienen, um an die Macht zu gelangen oder um an der Macht zu bleiben.

Keine Macht für niemand? Das tönt gut, ist aber blanker Unsinn. Ohne Machtausübung läuft gar nichts – weder in einem kontemplativ ausgerichteten Nonnenkloster noch in der großen Weltpolitik. Zwar unterscheiden sich die Befugnisse der Mutter Oberin gewaltig von den Kompetenzen eines Staatsoberhauptes; aber beiden gemeinsam ist, dass sie für ihr Amt legitimiert und für bestimmte Aufgaben delegiert sind, und dass sie für ihre Entscheidungen geradestehen müssen. Selbst da, wo angeblich Gleichberechtigung herrscht, die Macht also gleichsam auf alle verteilt ist, gibt es immer welche, die ein größeres Stimmvolumen, eine ausgeprägtere Sprachkompetenz, einen besser ausgebildeten Sachverstand oder ganz einfach mehr diplomatisches Geschick haben und ihre Ideen deshalb leichter durchzusetzen vermögen.

Was die Macht in den Ruf des Unmoralischen und ihre Träger und Trägerinnen in den Ruch der Verruchtheit gebracht hat, ist ihr Missbrauch. Und natürlich die Tatsache, dass wir selber immer wieder darunter leiden, dass uns oft nichts anderes übrig bleibt, als mit dem Kopf zu nicken, weil, leider, andere das Sagen haben. Der Macht haftet nur so lange das Odium des Bösen an, als sie *unsere* Freiheit einschränkt. Dass die meisten Menschen Macht für etwas Erstrebenswertes halten, zeigt die Gegenprobe. Gelegentlich kommt es ja schon einmal vor, dass wir uns vorstellen, was *wir* alles besser machen würden, wenn wir die Möglichkeit hätten, ein Machtwort zu sprechen, ein Exempel zu statuieren oder energisch durchzugreifen. Aufs Schönste illustriert das das Märchen vom *Schneider im Himmel*, welches die Brüder Grimm in ihre bekannte Sammlung aufgenommen haben.[9]

Zwischenspiel im Himmel

Es trug sich zu, dass der liebe Gott an einem schönen Tag in dem himmlischen Garten sich ergehen wollte und alle Apostel und Heiligen mitnahm, also dass niemand mehr im Himmel blieb als der heilige Petrus. Der Herr hatte ihm befohlen, während seiner Abwesenheit niemand einzulassen. Petrus stand also an der Pforte und hielt Wache. Nicht lange, so klopfte jemand an. Petrus fragte, wer da wäre und was er wollte. »Ich bin ein armer, ehrlicher Schneider«, antwortete eine feine Stimme, »der um Einlass bittet.« »Ja, ehrlich«, sagte Petrus, »wie der Dieb am Galgen, du hast lange Finger gemacht und den Leuten das Tuch abgezwickt. Du kommst nicht in den Himmel, der Herr hat mir verboten, solange er draußen wäre, irgendjemand einzulassen.« »Seid doch barmherzig«, rief der Schneider, »kleine Flicklappen, die von selbst vom Tisch herabfallen, sind nicht gestohlen und nicht der Rede wert. Seht, ich hinke und habe von dem Weg daher Blasen an den Füßen, ich kann unmöglich wieder umkehren. Lasst mich nur hinein, ich will alle schlechte Arbeit tun. Ich will die Kinder tragen, die Windeln waschen, die Bänke darauf sie gespielt haben, säubern und abwischen, und ihre zerrissenen Kleider flicken.«

Der heilige Petrus ließ sich aus Mitleiden bewegen und öffnete dem lahmen Schneider die Himmelspforte so weit, dass er mit seinem dürren Leib hineinschlüpfen konnte. Er musste sich in einen Winkel hinter die Türe setzen, und sollte sich da still und ruhig verhalten, damit ihn der Herr, wenn er zurückkäme, nicht bemerkte und zornig würde. Der Schneider gehorchte, aber als der heilige Petrus einmal zur Türe hinaustrat, stand er auf, ging voll Neugierde in allen Winkeln des Himmels herum und besah sich die Gelegenheit. Endlich kam er zu einem Platz, da standen viele schöne und köstliche Stühle und in der Mitte ein ganz goldener Sessel, der mit glänzenden Edelsteinen besetzt war; er war auch viel höher als die übrigen Stühle, und ein goldener Fußschemel stand davor. Es war aber der Sessel, auf dem der Herr saß, wenn er daheim war, und von welchem er alles sehen konnte, was auf Erden geschah.

Der Schneider stand still und sah den Sessel eine gute Weile an, denn er gefiel ihm besser als alles andere. Endlich konnte er den Vorwitz nicht bezähmen, stieg hinauf und setzte sich in den Sessel. Da sah er alles, was auf Erden geschah, und bemerkte eine alte hässliche Frau, die an einem Bach stand und wusch, und zwei Schleier heimlich beiseite tat. Der Schneider erzürnte sich bei diesem Anblicke so sehr, dass er den goldenen Fußschemel ergriff und durch den Himmel auf die Erde hinab nach der alten Diebin warf. Da er aber den Schemel nicht wieder heraufholen konnte, so schlich er sich sachte aus dem Sessel weg, setzte sich an seinen Platz hinter die Türe und tat, als ob er kein Wasser getrübt hätte.

Als der Herr und Meister mit dem himmlischen Gefolge wieder zurückkam, war er zwar den Schneider hinter der Tür nicht gewahr, als er sich aber auf seinen Sessel setzte, mangelte der Schemel. Er fragte den heiligen Petrus, wo der Schemel hingekommen wäre, der wusste es nicht. Da fragte er weiter, ob er jemand hereingelassen hätte. »Ich weiß niemand«, antwortete Petrus, »der da gewesen wäre, als ein lahmer Schneider, der noch hinter der Türe sitzt.« Da ließ der Herr den Schneider vor sich treten und fragte ihn, ob er den Schemel weggenommen und wo er ihn hingetan hätte. »O Herr«, antwortete der Schneider freudig, »ich habe ihn im Zorne hinab auf die Erde nach einem alten Weibe geworfen, das ich bei der Wäsche zwei Schleier stehlen sah.« »O du Schalk«, sprach der Herr, »wollt ich richten, wie du richtest, wie meinst du, dass es dir schon längst ergangen wäre? Ich hätte schon lange keine Stühle, Bänke, Sessel, ja keine Ofengabel mehr hier gehabt, sondern alles nach den Sündern hinabgeworfen. Fortan kannst du nicht mehr im Himmel bleiben, sondern musst wieder hinaus vor das Tor; da sieh zu, wo du hinkommst. Hier soll niemand strafen, denn ich allein, der Herr.«

Petrus musste den Schneider wieder hinaus vor den Himmel bringen, und weil er zerrissene Schuhe hatte und die Füße voll Blasen, nahm er einen Stock in die Hand, und zog nach Warteinweil, wo die frommen Soldaten sitzen und sich lustig machen.

Uns interessiert hier nicht die fromme Moral von der Geschicht' (»Hier soll niemand strafen, denn ich allein, der Herr ... «), sondern die Tatsache, dass der arme Schneider, kaum dass er den reich geschmückten Thron erblickt, sogleich das unbezwingbare Verlangen verspürt, sich darauf niederzulassen. Aufschlussreicher noch ist freilich der Umstand, dass das Schneiderlein gleichzeitig einer Art Machtrausch verfällt und sich als Moralist und Richter aufspielt, kaum dass sich ihm die Gelegenheit dazu bietet. Ungeachtet seiner eigenen Betrügereien schleudert er den Fußschemel nach einer Alten, die zwei Schleier heimlich beiseite schaffte. Wir gehen wohl nicht fehl mit der Vermutung, dass der Schneider die Fußbank auch dann auf die Erde herabgeschleudert hätte, wenn statt der alten hässlichen Frau eine junge hübsche Wäscherin auch nur einen einzigen durchlöcherten Waschlappen heimlich eingesteckt hätte. Damit erweist sich das scheinbar erbauliche Märchen geradezu als Lehrstück in Sachen Machtverlangen und Machtdemonstration.

Wer Macht hat, gerät immer wieder in Versuchung, sie zu missbrauchen. Darüber aber sollte man nicht vergessen, dass auch Mächtige längst nicht immer den eigenen Vorteil, sondern das Wohl ihrer Mitmenschen im Auge haben. Diesen Aspekt scheint Jacob Burckhardt völlig übersehen zu haben. Beispielsweise regierten im alten Rom nicht nur Kaiser, welche in ihrem Größenwahn an nichts anderes dachten, als ihre Machtgelüste zu befriedigen; es gab auch Herrscher, die das Gemeinwohl über ihre persönlichen Neigungen und Bedürfnisse stellten.

Ein bekanntes Beispiel dafür ist Mark Aurel, der 121 geboren und 161 römischer Kaiser wurde. Seine Regierungszeit bis zu seinem Tod im Jahr 180 war geprägt von zahlreichen kriegerischen Auseinandersetzungen mit Aufständischen in Germanien und Britannien, sowie mit den Parthern und den Markomannen, welche Teile des römischen Reiches zu erobern versuchten. Innenpolitisch ging es friedlicher zu. So sorgte Mark Aurel für Reformen in Rechtsprechung und Verwaltung. Er minderte die Steuerlast und veranlasste eine ganze Reihe von Hilfsmaßnahmen für die bedürftige Bevölkerung, indem er Schulen, Waisen- und Krankenhäuser gründete. Mark Aurel besaß fundierte Kenntnisse in Sachen Rhetorik und war stark von der Philosophie der Stoa beeinflusst. Seine *Selbstbetrachtungen*, eine zwölf Bücher umfassende Lehrschrift über moralische Grundsätze, war noch im Mittelalter ein viel gelesenes Werk. Darin vertritt Mark Aurel die Überzeugung, dass der Mensch das innere Gleichgewicht nur findet, wenn er sein Leben nach moralischen Grundsätzen ausrichtet. Dazu gehören seiner Ansicht nach eine Ethik der Uneigennützigkeit und das Streben nach Vollkommenheit.

Der Koch, die Schriftstellerin und der Scharlatan

Was ist Macht? Wie lässt sie sich definieren? Machtausübung geschieht da, wo jemand sich entschließt, einen Widerstand seitens anderer zu brechen und ein bestimmtes Ziel zu erreichen. Macht ist demnach die Fähigkeit, die eigenen Vorstellungen gegen mögliche Widerstände durchzusetzen. Natürlich ließe sich dagegen einwenden, dass auch ein berühmter Koch, eine brillante Schriftstellerin oder ein gerissener Scharlatan Macht ausüben; der Erste zieht die Gourmets an, die Zweite zieht die Leserschaft in Bann, der Dritte zieht die Einfaltspinsel über den Tisch. In Wirklichkeit jedoch geht es hier überhaupt nicht um Macht. Wer einen Koch als Machtmenschen bezeichnet, beleidigt ihn; ein guter Koch ist nicht mächtig, sondern auf gaumenüberzeugende Weise aktiv – und kreativ. Die Schriftstellerin freut sich zweifellos, wenn die Literaturkritiker und Rezensentinnen ihren neuen Roman geistreich, witzig oder originell finden. Und der Scharlatan ist womöglich schon zufrieden, wenn er unter seinesgleichen als cleverer Kerl gilt. Der Koch, die Schriftstellerin und der Scharlatan sind lediglich *Macher*. Sie sind bewundernswerte Macher, wenn sie ihre Sache hervorragend machen. Aber jeder Küchenmeister, jede Lyrikerin und ganz sicher jeder Gauner, und hätte er das Format eines Cagliostro, wäre zu Recht, weil schon aus sprachgeschichtlichem Grund, beleidigt, wenn jemand seine oder ihre Kunstfertigkeit mit Macht in Verbindung bringen würde. Entgegen allem Anschein leitet sich der Begriff *Macht* nämlich nicht von *machen* ab. Die Ähnlichkeit ist rein phonetischer Natur. *Macht* geht auf die indogermanische Wurzel *magh* zurück, was so viel wie *können* oder *vermögen* bedeutet. Die Macht kommt erst ins Spiel, wenn es darum geht, das eigene Können *gegen andere* durchzusetzen, beispielsweise wenn es einem kleinen fiesen Gauner plötzlich einfallen sollte, einem genialen Scharlatan *unter Drohungen* die Kundschaft abspenstig zu machen. Erst der mit der Drohung verbundene Herrschaftsanspruch ist Ausdruck einer Machtprobe. Womit nicht unterstellt werden soll, dass Herrschaft naturgemäß eine kriminelle Komponente beinhalte. Ein bisschen anders sieht die Sache aus, wenn ganze Gauner*banden* sich gegenseitig das Terrain streitig machen. In diesem Fall handelt es sich um organisierte Verbrechersyndikate – also um institutionalisierte Gewalt. Das Beispiel erinnert gleichzeitig daran, dass die Institutionalisierung von Macht allein noch nicht genügt, um sie moralisch zu rechtfertigen.

Kleine Methodenlehre

Damit Menschen über ihresgleichen herrschen können, braucht es bestimmte Bedingungen und Voraussetzungen. Zu diesen gehört, dass die einen lieber vorpreschen, während andere eher dazu neigen nachzugeben; dass es stabile und labile Charaktere gibt; dass das Potenzial an Aggressionsbereitschaft und die Neigung zu Zugeständnissen ungleich verteilt sind; dass nicht alle gleich starke Nerven, die gleichen physischen Kräfte und die gleichen materiellen Möglichkeiten besitzen. Wie Machtansprüche und die damit verbundenen Revierkämpfe ausgetragen und entschieden werden, hängt nicht nur von individuellen Eigenschaften und sozialen Bedingtheiten, sondern auch von der ethischen Orientierung und der weltanschaulichen Einstellung ab. Wer sich humanitären Idealen verpflichtet weiß, wird mit Sicherheit längst nicht alle Mittel und Methoden billigen, welche von jenen angewandt werden, die ausschließlich auf der Grundlage pragmatischer oder ökonomischer Kriterien argumentieren und agieren.

Die Palette der bei Machtkämpfen praktizierten Methoden ist breit; sie reicht vom freundlichen Lächeln bis zum Zähnezeigen, von der Faust im Sack bis zur brutalen, brachialen Gewalt.

Macht, es liegt dies in ihrer Natur begründet, will in der Regel eher bewundert als gefürchtet sein. Wer Machtpositionen anstrebt, ist auf Prestige aus, verlangt nach Ansehen, möchte glänzen. Weil Gold am meisten glänzt, wird die Macht vergoldet. Das geschieht, indem man die Machtgelüste mittels *verdeckter Kampfmethoden* befriedigt – und davon gibt es viele. Zunächst wird man wohl versuchen, andere hinzuhalten, sie zu vertrösten und zu beschwichtigen. Oder man setzt alles daran, um die Atmosphäre des Zusammenlebens zu vergiften – *divide et impera*, teile und herrsche, sagten die alten Römer. Falls das nicht hilft, helfen möglicherweise Intrigen, üble Nachrede, Verleumdung, je nach Situation auch Bestechung oder Anbiederung. Man schmeichelt sich ein, hofiert, flattiert, charmiert. Dabei ist das Wort nach wie vor das Medium, von dem sich die Menschen am ehesten betören lassen. Der Augustiner-Barfüßermönch und kaiserliche Hofprediger Abraham a Sancta Clara hat das aufs Eindrücklichste demonstriert. Unter seiner Kanzel versammelte sich im 17. Jahrhundert alles, was in Wien Rang und Namen oder auch nur Augen und Ohren hatte, Aristokraten und Adelige, Handwerker und Händler, biedere Bürger und barfüßiges Bettelvolk.

Die ungeschminkte Wahrheit (oder was er dafür hält) verkündet Abraham nach allen Seiten hin, vor allem aber nach oben, beispielsweise wenn er, in einer etwas eigenwilligen Auslegung des Gleichnisses von den klugen und den törichten Brautjungfern (Matthäusevangelium, Kapitel 25, Verse 1–12) gegen Korruption und Bestechung anredet: »Sie haben kein Öl mehr in ihren Lampen gehabt; darum sind sie also abgewiesen worden. Obschon dieses eine andere Ausdeutung hat, so kann man gleichwohl sagen, dass es nun einmal so in dieser Welt hergehe. Wer kein Öl hat, wer nichts zu schmieren hat, wer mit leeren Lampen aufzieht, der hat nichts anderes zu gewarten, als das ›Ich kenne euch nicht!‹; dem sind alle Türen verschlossen!« [10]

Durch seine offenkundige Lust an eloquenter Sprachspielerei provoziert der sprachgewandte und wortverliebte Prediger Abraham a Sancta Clara nach wie vor ein Lachen, aus dem selbst Taube eine pralle Daseinsfreude heraushören können. Fest steht aber auch, dass der von ihm zelebrierte Wortwitz nicht nur zur Erheiterung des Volkes, sondern ebenso auch zur Verführung der Massen taugt.

Das wohl bekannteste literarische Beispiel dafür bildet jene Szene in William Shakespeares Tragödie *Julius Cäsar*, in der Marcus Antonius seine Grabrede auf den ermordeten Feldherrn und Politiker hält (3. Akt, 2. Szene).

Cäsar, der bereits an der Glorifizierung seiner selbst arbeitet, wird von den Aufrührern auf dem Kapitol umgebracht; Brutus, der zusammen mit Cassius die Verschwörung angezettelt hat und sich nun als Retter Roms aufspielt, beruhigt das Volk: »Bleibt mir zuliebe hier bei Mark Anton. / Ehrt Cäsars Leiche, ehret seine Rede, / die Cäsars Ruhm verherrlicht. Dem Antonius /gab unser Will Erlaubnis, sie zu halten.« Das ist, wie sich sogleich zeigen wird, ein kapitaler Fehler. Denn Antonius – aber lassen wir ihn (in der Shakespeare'schen Diktion) selber zu Wort kommen:

Mitbürger! Freunde! Römer hört mich an:
Begraben will ich Cäsarn, nicht ihn preisen.
Was Menschen Übles tun, das überlebt sie,
Das Gute wird mit ihnen oft begraben.
So sei es auch mit Cäsarn! Der edle Brutus
Hat euch gesagt, dass er voll Herrschsucht war;
Und war er das, so war's ein schwer Vergehen,
Und schwer hat Cäsar auch dafür gebüßt.
Hier, mit des Brutus Willen und der andern
(Denn Brutus ist ein ehrenwerter Mann,
Das sind sie alle, alle ehrenwert!)
Komm' ich, bei Cäsars Leichenzug zu reden.
Er war mein Freund, war mir gerecht und treu:
Doch Brutus sagt, dass er voll Herrschsucht war,
Und Brutus ist ein ehrenwerter Mann.
Er brachte viel Gefangne heim nach Rom,
Wofür das Lösegeld den Schatz gefüllt.
Sah das der Herrschsucht wohl am Cäsar gleich?
Wenn Arme zu ihm schrien, so weinte Cäsar:
Die Herrschsucht sollt' aus härterm Stoff bestehn.
Doch Brutus sagt, dass er voll Herrschsucht war,
Und Brutus ist ein ehrenwerter Mann.
Ihr alle saht, wie am Lupercusfest
Ich drei Mal ihm die Königskrone bot,
Die drei Mal er geweigert. War das Herrschsucht?
Doch Brutus sagt, dass er voll Herrschsucht war,
Und ist gewiss ein ehrenwerter Mann.

Anfänglich tut sich der Triumvir Marcus Antonius als Parteigänger und Offizier Cäsars hervor. Nach dessen Ermordung bemächtigt er sich des Staatsschatzes und der Privatpapiere Cäsars. Bei der Leichenfeier auf dem Forum peitscht er das Volk gegen die Mörder auf, ein Demagoge und Politiker, dem Cäsar nichts, die Macht hingegen alles bedeutet. Aber *das* hört das Volk nicht, welches dem Redner zujubelt. Und der zeigt mit seiner Rede, dass das Wort weit schärfer ist als jedes Schwert.

Wie sich mit dem Wort die Massen mobilisieren und manipulieren lassen, habe ich während meiner Studienzeit in Rom in den frühen Siebzigerjahren des vorigen Jahrhunderts, als die italienischen Regierungskoalitionen einander fast so häufig ablösten wie die Jahreszeiten, hautnah miterlebt. Wenn immer damals der Parteichef der Neofaschisten, Giorgio Almirante (1914–1988), am Fernsehen seine Brandreden hielt, konnte man auf der Autobahn Rollschuh fahren; ganz Italien saß dann nämlich vor dem Flimmerkasten (der zu jener Zeit tatsächlich flimmerte). Die Auftritte dieses Politstars, dem gegenüber die anderen Parteioberen wie Pappfiguren wirkten, waren derart, dass sogar seine politischen Gegner noch Eintrittsgeld bezahlt hätten, um sie live erleben zu können.

Das Wort ist schärfer als das Schwert. Die Wahrheit dieses Sprichworts erweist sich schon daran, dass Diktatoren sich vor Gegnern mit Sprachwitz weit mehr fürchten als vor Bombenanschlägen. Wer unter dem Hitler-Regime einen politischen Witz erzählte, riskierte sein Leben. Damals gab es noch diese Litfaßsäulen mit Plakatpropaganda. Eine von den Nazis in großen Lettern lancierte Verheißung lautete: »Niemand wird hungern.« Nächtens dann pinselten besonders Mutige ein paar Buchstaben hinzu: »ohne zu frieren«. Wer bei solchen Aktionen erwischt wurde, baumelte wenige Wochen später am Galgen, wegen Vaterlandsverrats oder Wehrkraftzersetzung.

Derartige Maßnahmen zeigen, dass die Machthaber sich durchaus im Klaren sind, dass Wörter die wirksamste Waffe sind, sofern sie nur im richtigen Moment in der richtigen Reihenfolge und im richtigen Ton vorgetragen werden. Gleichzeitig wissen sie aber auch, dass sie selber auf das Wort angewiesen sind, um die Menschen zu betören, zu begeistern oder zu verführen. Machtmenschen erreichen ihre Ziele umso schneller, je besser sie die Fertigkeit der Rede mit der Kunst des Lügens zu kombinieren verstehen.

Wenn es um Macht geht – und um Macht geht es in der einen oder anderen Weise fast immer –, spielen die verdeckten Kampfmethoden eine, häufig sogar *die* zentrale Rolle.

Überaus sinnfällig lässt sich Macht auch demonstrieren mittels *passiver Kampfmethoden*. Ich erinnere mich an die Erzählung einer

Frau, der triumphalistische Ton ihrer Stimme klingt noch immer nach in meinen Ohren, welche mir schilderte, wie ihr Mann wegen einer schnippischen Bemerkung ihrerseits die beleidigte Leberwurst spielte und sich in eisiges (oder eisernes) Schweigen hüllte. Wer einen anderen Menschen abstraft durch Nichtbeachtung, gibt ihm letztlich zu verstehen: Ich hab's schlicht nicht nötig, dich überhaupt zu beachten. Du bist ein absoluter Nichtsling, eine totale Nichtse. Für mich existierst du einfach nicht. Ins Positive gewendet (wenn denn der Begriff ›positiv‹ hier überhaupt angebracht ist) lautet die Botschaft: *Ich* bin nun einmal der Stärkere, der Klügere, der Größte. Ich bin einfach alles und ich kann alles – ich kann auch tun, was ich will. Ich bin die Eins und hinter mir gibt's nur noch Nullen.

Nachdem der Mann während dreier Tage auf keine Bemerkung seiner Frau reagiert und jede verbale Kontaktaufnahme ignoriert hat, holt diese bei einbrechender Dunkelheit eine Taschenlampe aus der Schublade, leuchtet in sämtliche Schränke und Truhen, sucht unterm Sofa und hinter Gestellen, verrückt die Essbank und sendet Lichtstrahlen in die hintersten Ecken, welche ja naturgemäß die dunkelsten sind, und murmelt dabei unverständliche Laute vor sich hin. Und da geschieht das Wunder der Wunder, ihren Mann hält es nicht mehr länger, er öffnet den Mund, den er drei volle Tage lang nur zum Essen und zum Husten und zum Zähneputzen aufgetan hat und findet plötzlich seine Sprache wieder: »Verdammt noch mal, was suchst du eigentlich?« Und sie: »Deine Stimme – aber jetzt kann ich die Taschenlampe ja wieder weglegen, nachdem ich sie gefunden habe.« Die beiden starren einander an, dann beginnt der Mann zu lachen, die Frau stimmt ein, und nun lachen beide, lachen lauter, hören nicht mehr auf zu lachen, die Nachbarn sollen ruhig meinen, sie hätten einen oder zwei über den Durst getrunken.

Hier hat ein Machtspiel stattgefunden, von dem die Frau am fünfzigsten Hochzeitstag allen Gästen erzählen wird; die werden ebenfalls lachen, schon weil sie bei einer solchen Gelegenheit wirklich einen oder zwei – aber das spielt jetzt keine Rolle; wichtig ist das eine nur, dass die Jubilarin die ganze Sache auch deshalb so ergötzlich findet, weil sie damals unverkennbar den Sieg davongetragen hat; in ihrem Lachen schwingt noch immer ein leiser Echoton des Triumphes mit, den sie vor Jahren erleben durfte.

Mit ihrer passiven Kampfmethode hat die Frau schließlich den Psychoterror ihres Mannes bezwungen, bei dem es sich nun um ein *offensichtliches Druck- und Kampfmittel* handelt. Auch in dieser Hinsicht ist das Arsenal der Macht bestens bestückt. Es lagern dort die unterschiedlichsten Waffen, auch solche, für die das Gesetz keine Lizenz vorsieht: Wissen, Kompetenz oder Sachverstand. Es sind dies ethisch und moralisch gesehen wertneutrale Kampfmittel, welche häufig nur eingesetzt werden, um das persönliche Ansehen zu steigern oder um eine Schlüsselposition zu erreichen (oder zu halten). Auf jeden Fall kann man sich mit diesen Mitteln, wenn sie nur offensiv genug eingesetzt werden, Respekt verschaffen und Überlegenheit demonstrieren. Daneben gibt es natürlich jede Menge Druckmittel, deren Einsatz strafrechtlich betrachtet nicht unproblematisch ist: Nötigung, Erpressung, Heuchelei, Mobbing, Provokation, Beschimpfung, Schmähung, Drohung, Einschüchterung, Schikane … bis hin zur nackten und blutigen Gewalt. Dass gewaltsames Vorgehen gelegentlich auch als Faust*recht* bezeichnet wird, gehört mit zu den Paradoxen unserer Sprache.

Ganz gleich, wie immer die Macht sich präsentiert, sei es mit scheinbar freundlichem Lächeln, mit Drohgebärden, in amtlicher Uniform oder gar im Gewand der Sachkompetenz – immer steht sie im Dienst bestimmter Interessen. Begreiflich deshalb, dass es nicht nur im persönlichen sondern auch im gesellschaftlichen Bereich häufig zu Konflikten und zu Machtkämpfen kommt. Diese Tatsache allein hat noch nichts mit Ethik oder mit Moral zu tun. Moralische und ethische Aspekte stehen erst im Hinblick auf die Mittel und die angestrebten Ziele zur Debatte. Ob der Zweck die Mittel heiligt oder ob auch unheilige Mittel zweckdienlich eingesetzt werden sollen (oder dürfen), ist eine Frage, die jeder und jede für sich selber entscheiden muss.

Macht und Moral

Die diesbezüglichen Entscheidungen sind so unterschiedlich wie die Wertvorstellungen, von denen die einzelnen Menschen sich leiten lassen. Während die einen sich ethischen und moralischen Kriterien verpflichtet fühlen (gut ist, was dem Allgemeinwohl dient, was Gewalt eindämmt, was die Humanität fördert …), steht für andere bloß der persönliche Vorteil im Vordergrund (gut ist, was den eigenen Interessen zugute kommt).

Insbesondere die politische Szene hat von jeher ein ausgesprochen pragmatisches Verhältnis zur Macht. Der Ratschlag Machiavellis, welcher den Landesfürsten Lüge und List als legale Mittel zur Erreichung ihrer Ziele empfiehlt, scheint heute auch vielen Exponenten und Vertreterinnen politischer Parteien einleuchtend, welche den *Principe* bloß vom Hörensagen kennen:

Wie löblich es ist, wenn ein Fürst sein Wort hält und rechtschaffen und ohne List verfährt, weiß jeder. Trotzdem zeigt die Erfahrung unserer Tage, dass die Fürsten, die sich aus Treu und Glauben wenig gemacht und die Gemüter der Menschen mit List zu betören verstanden haben, Großes geleistet und schließlich diejenigen, welche redlich handelten, überragt haben.

Man muss wissen, dass es zwei Arten zu kämpfen gibt, die eine nach Gesetzen, die andere durch Gewalt; die erste ist die Sitte der Menschen, die andere die der Tiere. Da jedoch die erste oft nicht ausreicht, so muss man seine Zuflucht zur zweiten nehmen. Ein Fürst muss daher sowohl den Menschen wie die Bestie zu spielen wissen. Diese Lehre haben die Alten den Fürsten bildlich erteilt, indem sie erzählten, dass Achill und viele andere Fürsten des Altertums von dem Zentauren Chiron erzogen wurden und unter dessen Zucht aufwuchsen. Einen solchen Lehrer zu haben, der halb Tier, halb Mensch war, soll nichts anderes bedeuten, als dass der Fürst beide Naturen zu gebrauchen wissen soll und dass die eine ohne die andere nicht bestehen kann.

Und weil denn ein Fürst im Stande sein soll, die Bestie zu spielen, so muss er von dieser den Fuchs und den Löwen annehmen; denn der Löwe entgeht den Schlingen nicht, und der Fuchs kann dem Wolf nicht entgehen. Er muss also ein Fuchs sein, um die Schlingen zu kennen, und ein Löwe, um die Wölfe zu schrecken. Die, welche nur den Löwen zum Vorbild nehmen, verstehen es nicht. Ein kluger Herrscher kann und soll daher sein Wort nicht halten, wenn ihm dies zum Schaden gereicht und die

Gründe, aus denen er es gab, hinfällig geworden sind. Wären alle Menschen gut, so wäre dieser Rat nichts wert; da sie aber nicht viel taugen und ihr Wort gegen dich brechen, so brauchst du es ihnen auch nicht zu halten. Auch wird es einem Fürsten nie an guten Gründen fehlen, um seinen Wortbruch zu beschönigen. Hierfür könnte man zahllose moderne Beispiele anführen und nachweisen, wie viele Versprechungen und Verträge durch die Untreue der Fürsten gebrochen worden sind, und wie derjenige, der am besten den Fuchs zu spielen verstand, am weitesten gekommen ist. Freilich ist es nötig, dass man diese Natur geschickt zu verhehlen versteht und in der Verstellung und Falschheit ein Meister ist. Denn die Menschen sind so einfältig und gehorchen so sehr dem Eindruck des Augenblicks, dass der, welcher sie hintergeht, stets solche findet, die sich betrügen lassen.[11]

Den Zusammenhang zwischen Macht und Moral hat Friedrich Dürrenmatt mit satirischer Überzeichnung in seinem Parabelstück *Die Physiker* aufgezeigt. Möbius, ein wissenschaftliches Genie, hat das System aller möglichen Erfindungen entdeckt. Er gibt sich Rechenschaft, dass die Veröffentlichung seiner Forschungsergebnisse sich für die Menschheit verhängnisvoll auswirken könnte. Also stellt er sich geistesgestört und lässt sich in einem Irrenhaus einsperren. Dort trifft Möbius auf zwei weitere angeblich verrückte Physiker; der eine nennt sich Newton, der andere behauptet, Einstein zu sein. In Wirklichkeit jedoch handelt es sich um die Agenten zweier Geheimdienste, welche Möbius auf den Fersen sind und von diesem schon bald als Kilton und Eisler identifiziert werden. Ihnen gegenüber rechtfertigt Möbius seinen Rückzug aus der Öffentlichkeit:[12]

Was wir denken, hat seine Folgen. Es war meine Pflicht, die Auswirkungen zu studieren, die meine Feldtheorie und meine Gravitationslehre haben würden. Das Resultat ist verheerend. Neue, unvorstellbare Energien würden freigesetzt und eine Technik ermöglicht, die jeder Fantasie spottet, falls meine Untersuchung in die Hände der Menschen fiele.

Demgegenüber stellt ›Newton‹ sich auf den Standpunkt, dass die Forschenden frei und für die Folgen ihrer Entdeckungen nicht verantwortlich sind. Wobei es ihm aber weniger um die Wissenschaft, als um die eigene Position geht:

Ich diene jedem System, lässt mich das System in Ruhe. Ich weiß, man spricht heute von der Verantwortung der Physiker. Wir haben es auf einmal mit der Furcht zu tun und werden moralisch. Das ist Unsinn. Wir haben Pionierarbeit zu leisten und nichts außerdem. Ob die Menschheit den Weg zu gehen versteht, den wir ihr bahnen, ist ihre Sache, nicht die unsrige.

Macht hat immer mit Moral zu tun. Das gilt nicht nur für jene, welche sich ethischen Grundsätzen verpflichtet wissen und versuchen, danach zu handeln, sondern auch für die, die sich über allgemein anerkannte ethische Normen hinwegsetzen und damit (zumindest implizit) zu verstehen geben, dass sie ihre eigene, will sagen nach ihren persönlichen Bedürfnissen zurechtgebastelte ›Moral‹ pflegen.

Naturgemäß kann niemand einen theoretischen Nachweis dafür erbringen, dass es besser ist, das Gute zu wollen als Übles zu tun. Die Richtigkeit moralischer Grund-Sätze lässt sich nun einmal nicht beweisen; man kann sie ›nur‹ bezeugen.

»Sie werden uns für Götter halten.«

Der Reiche sammelt Haufen und Herden. Für diese steht das Geld. Um Menschen ist es ihm nicht zu tun; es genügt ihm, dass er sich solches kaufen kann.
Der Berühmte sammelt Chöre. Er will nur seinen Namen von ihnen hören. Sie können tot oder am Leben oder noch nicht am Leben sein, das ist gleichgültig, wenn sie nur groß sind und irgendeinmal auf seinen Namen eingeübt.
Der Machthaber sammelt Menschen. Haufen und Herden bedeuten ihm nichts, es sei denn, er braucht sie für die Erwerbung von Menschen. Er will aber Menschen, die leben, um sie in seinen Tod vorauszuschicken oder mitzunehmen. Auf frühere Tote und die Nachgeborenen kommt es ihm nur mittelbar an.

Elias Canetti, Masse und Macht (Fischer Bücherei Bd. 6544), Frankfurt am Main [27]2001, 471.

Wie kommen Menschen, selbst solche, die im privaten Umgang ein gewisses Durchsetzungsvermögen an den Tag legen, dazu zu akzeptieren, dass sich eine Eins vor sie stellt und sie alle zu Nullen erklärt?

Die nächstliegende Erklärung ergibt sich aus der individuellen Veranlagung der einzelnen Menschen. Gemeinsam ist allen der Selbsterhaltungstrieb. Unterschiedlich hingegen ist die Art, wie dieser Trieb sich manifestiert. Die einen gebärden sich als Draufgänger, andere mogeln sich als Duckmäuser durchs Leben. Erstere drängt es gewissermaßen von Natur aus dazu (oder vielmehr ihre ›Natur‹ verleitet sie dazu), sich durchzusetzen, eine Leitungsaufgabe zu übernehmen oder eine Führungsposition anzustreben. Die anderen versuchen sich innerhalb der bestehenden Hackordnung einzurichten. Sie ziehen es vor, im Hintergrund zu bleiben, möchten nicht auffallen, haben Angst, etwas Unangebrachtes zu sagen oder etwas falsch zu machen, kurzum, sie tasten erst einmal vorsichtig ab, wie sie sich äußern und wie sie sich verhalten sollen.

Alpha-Typen und Angst vor der Freiheit

Stellen wir uns einmal eine Versammlung von fünfzehn Menschen vor, die sich nach einem Gottesdienst oder nach einer politischen Veranstaltung zusammengefunden hat, um eine Initiative gegen einen arroganten Pfarrer oder gegen einen selbstherrlichen Bürgermeister zu starten. Die Empörung steht allen ins Gesicht geschrieben. Aber wer soll die Runde eröffnen, wer als Erste oder als Erster konkrete Vorschläge machen? Mit Sicherheit wird zunächst nichts als ein Räuspern zu hören sein. Es herrscht eine Atmosphäre der Beklommenheit. Niemand will sich exponieren, niemand möchte unangenehm auffallen, niemand einen Fehler begehen. Fast alle denken: Warum soll ausgerechnet ich jetzt das Wort ergreifen? Die anderen sind ja auch noch da.

Für Menschen mit Organisationstalent und /oder einem gerüttelten Maß an Selbstbewusstsein – in der Regel bezeichnet man sie als Alpha-Typen – ist eben dies genau der richtige Moment, um aktiv zu werden. Sie ertragen es einfach nicht, dass nichts geschieht. Sehr schnell werden sie reagieren und irgendeinen Vorschlag machen. Die andern atmen erleichtert auf und steigen auf den Vorschlag ein und bereiten damit der Verlegenheit ein Ende. Wer aber erst einmal die Führung übernommen hat, wird auch beim zweiten und beim dritten Mal nicht zurückstehen wollen. Die anderen finden das sehr praktisch, zumal sie, wenn etwas schief läuft, jene verantwortlich machen können, welche die Initiative ergriffen haben. Alpha-Typen gibt es in jeder Gruppe. Man kann das schon bei Kindern beobachten. Sie brauchen sich nicht eigens hervorzutun. Sie fallen einfach auf, weil sie immer schnell eine Idee haben, spontan handeln und sich nicht genieren, als Erste zu reden oder zu reagieren. Sozusagen ganz von selbst rutschen sie in eine Führungsrolle hinein. Wenn immer einer ihrer Vorschläge ankommt, hat die ganze Gruppe ein Erfolgserlebnis. Letztlich ist es allerdings der Alpha-Typ, der Punkte sammelt und damit seine Vormachtstellung auf- und ausbaut.

Das ist nur möglich, weil andere sich ängstlich oder zumindest zögerlich verhalten, wenn es darum geht, Initiativen zu entwickeln und Verantwortung zu übernehmen. Dies ist auch der *eigentliche Grund*, weshalb Einzelne es immer wieder schaffen, ihre Macht ins

Grenzenlose auszuweiten. Die psychologischen Mechanismen, die dabei am Werk sind, hat Fjodor M. Dostojewski in seiner berühmten *Legende vom Großinquisitor* analysiert.[13]

Die Handlung spielt im Spanien des 16. Jahrhunderts. Zur Zeit, als die Inquisition mit besonderer Härte wütet, tritt Jesus in Sevilla in Erscheinung. Seltsamerweise erkennen ihn die Bewohner der Stadt auf Anhieb. Sie bringen die Kranken zu ihm, werfen sich ihm zu Füßen und bitten ihn, sie zu heilen. Nachdem er ein totes Mädchen zum Leben erweckt hat, befiehlt der Großinquisitor, ein Greis von neunzig Jahren, Jesus gefangen zu nehmen und in den Kerker zu werfen. In der darauf folgenden Nacht sucht er ihn dort auf und schleudert ihm eine heftige Anklage entgegen.

»Bist Du es? Du?« Mit dieser Frage leitet der Großinquisitor seine Rede ein. Und dann, im selben Atemzug: »Warum bist du gekommen, uns zu stören?« Instinktiv spürt der Großinquisitor, dass der wiedergekehrte Jesus die Menschen an jene Freiheit erinnern wird, die er vor Zeiten verkündete – und auf welche die Menschen zu Gunsten einer Autorität verzichtet haben. Denn, und dessen ist sich der Großinquisitor sicher, die Massen verlangen nach Gewissheiten, auf die sie sich berufen können. Jesus hingegen stiftet bloß Unruhe und nährt Zweifel und Unsicherheit, indem er an das Gewissen der Einzelnen appelliert.

Der Großinquisitor hingegen ist davon überzeugt, dass der Mensch dazu neigt oder vielmehr geradezu danach strebt, die unerträgliche Last der Freiheit (und damit sein Gewissen!) in die Hände irgendeiner *Autorität* zu legen:

Ich sage dir, der Mensch kennt keine qualvollere Sorge als jemanden zu finden, dem er möglichst bald jenes Geschenk der Freiheit übergeben könnte, mit dem er, dieses unglückselige Geschöpf, auf die Welt kommt. Doch nur der kann sich der Freiheit der Menschen bemächtigen, der ihr Gewissen zu beruhigen vermag. [...] Statt dich der Freiheit der Menschen zu bemächtigen, hast du sie noch mehr erweitert! Oder hast du vergessen, dass Ruhe und selbst der Tod dem Menschen lieber sind als die freie Wahl in der Erkenntnis von Gut und Böse?

Dostojewski greift hier einen Gedanken auf, der sich schon gut vier Jahrzehnte früher in seiner 1847 veröffentlichten Erzählung *Die Hauswirtin* findet:

Ein schwacher Mensch kann sich nicht allein halten. Gib ihm nur alles – er kommt von selbst wieder und gibt dir's zurück; gib ihm die halbe Erdkugel zu Besitz, versuch es – was denkst du wohl? Er versteckt sich in einem Schuh, so klein macht er sich! Gib einem schwachen Menschen die Freiheit – er fesselt sie selber und bringt sie zurück. Einem dummen Herzen bringt auch die Freiheit keinen Nutzen.[14]

Die Freiheit, die Jesus verkündet und vorgelebt hat, kann bestenfalls von einigen wenigen »Starken« und »Wissenden« praktiziert werden. Für alle Übrigen stellt sie eine Last dar. Unter diesen Voraussetzungen ist die Frage verständlich, die der Großinquisitor an Jesus richtet:

Liegen dir nur die Zehntausende von Großen und Starken am Herzen, und sollen die übrigen Millionen, die schwach sind und zahllos wie der Sand am Meer, aber dich lieben, den Großen und Starken nur als Material dienen? Nein, uns sind auch die Schwachen lieb. Sie sind lasterhaft und aufrührerisch, aber zu guter Letzt werden sie sich fügen. Sie werden uns anstaunen und uns für Götter halten, weil wir, die wir uns an ihre Spitze stellten, uns bereit erklärt haben, die Freiheit zu ertragen, vor der sie erschraken, und über sie herrschen – so schrecklich wird es ihnen zuletzt erscheinen, frei zu sein! Aber wir werden sagen, dass wir dir gehorsam sind und in deinem Namen herrschen. Wir werden sie wieder betrügen, denn dich werden wir nicht mehr zu uns lassen. In diesem Betrug wird unsere Qual bestehen, denn wir werden lügen müssen.

Der Großinquisitor gibt vor, aus Liebe zu den Schwachen zu handeln, welche die Freiheit weder anstreben noch ertragen können. Und rechtfertigt so das Vorgehen und die Vergehen der Diktatoren und Tyrannen aller Zeiten.

In seiner *Legende* behandelt Dostojewski ein (massen-)psychologisches Problem von höchster Tragweite und Aktualität. Dem Großinquisitor zufolge fürchtet sich der Mensch vor der Freiheit. So paradox dies zunächst scheinen mag im Zeitalter der Emanzipation – es trifft zu. Denn Freiheit impliziert naturgemäß Verantwortung. Wer Entscheidungen trifft, muss dafür geradestehen. In welchem Maß aber sind Menschen tatsächlich bereit, Verantwortung zu übernehmen, vor allem, wenn die Folgen ihrer Entscheidungen unabsehbar sind? *Das* ist die Frage.

Wenn der Großinquisitor behauptet, die Durchschnittlichen, die Schwachen, die ›Herdenmenschen‹ kennten keine größere Sorge, als ihre Freiheit so schnell als möglich in andere Hände zu legen, bedeutet das letztlich nichts anderes, als dass sie sich vor jeder Verantwortung drücken möchten.

Die gleiche Ansicht vertritt auch Immanuel Kant in seiner kleinen Schrift *Was ist Aufklärung?*. »Aufklärung ist der Ausgang des Menschen aus seiner selbst verschuldeten Unmündigkeit. Unmündigkeit ist das Unvermögen, sich seines Verstandes ohne Leitung eines anderen zu bedienen. Selbst verschuldet ist diese Unmündigkeit, wenn die Ursache derselben nicht am Mangel des Verstandes, sondern der Entschließung und des Mutes liegt, sich seiner ohne Leitung eines anderen zu bedienen.«[15] Nicht der Mangel an Verstand also, sondern der fehlende Mut führt dazu, dass Menschen im Zustand der Unmündigkeit verharren – oder vielmehr verharren wollen. Denn, so Kant: »Es ist so bequem, unmündig zu sein.«

Diese Bequemlichkeit hat psychologische Ursachen. Im Gegensatz zum Tier kann der Mensch schwierige Situationen nicht einfach mit Hilfe von Instinkten bewältigen, die das Verhalten sozusagen automatisch regeln. Gerade in schwierigen Situationen ist er, wie Erich Fromm in seiner Studie *Die Revolution der Hoffnung* betont, mit sehr unterschiedlichen Thesen und Theorien konfrontiert. Die Vielfalt der ›Lösungsangebote‹ sorgt für Verwirrung und Unsicherheit:

Der Mensch sieht sich Entscheidungen gegenübergestellt, und bei sehr wichtigen Fragen sogar der Gefahr, sein Leben zu verlieren, wenn er sich falsch entscheidet. Der Zweifel, der ihn befällt, wenn er sich – oft ganz schnell – entscheiden muss, verursacht eine schmerzhafte Spannung und kann seine Fähigkeit zum schnellen Entscheiden ernstlich gefährden. Als

Folge davon hat der Mensch ein starkes Bedürfnis nach Gewissheit; er will glauben, dass keine Notwendigkeit zum Zweifel besteht, ob die Methoden, nach denen er sich entscheidet, auch richtig sind. Er würde sogar lieber die ›falsche‹ Entscheidung treffen und sich dabei sicher fühlen, als die ›richtige‹ und dann von Zweifeln an ihrer Gültigkeit gequält werden. Dies ist einer der psychologischen Gründe für den menschlichen Glauben an Abgötter und politische Führer: Sie nehmen seinen Entscheidungen den Zweifel und das Risiko; das heißt zwar nicht, dass nach der Entscheidung sein Leben, seine Freiheit usw. nicht mehr in Gefahr seien, aber es besteht kein Risiko mehr, dass seine Entscheidungsmethode falsch war.[16]

Wenn dennoch etwas schief geht, sind plötzlich alle miteinander verwandt, entstammen demselben Geschlecht, gehören zur selben Familie. Reihum tönt es dann: Mein Name ist Hase, ich weiß von nichts. Die Massen haben ja ›nur‹ gehorcht, ›nur‹ die Befehle ausgeführt, ›nur‹ auf die Vorgesetzten gehört. Sie berufen sich auf das geltende Recht, ohne zu fragen, ob dieses Recht auch rechtens sei; vor jeder Uniform stehen sie stramm, ohne hinzusehen, wer drin steckt – der Hauptmann von Köpenick und die SS-Schergen haben das vordemonstriert, der eine mit komischer Wirkung, die anderen mit verheerenden Folgen.

Neben politischen und militärischen Machthabern, religiösen Führern, oder ›charismatischen‹ Gestalten gelten weithin auch so genannte ›heilige Schriften‹ als nicht mehr hinterfragbare Autoritäten, weil sie angeblich ›ewige‹, allgemein gültige und damit in gewisser Weise unwiderlegbare Wahrheiten enthalten. Statt den Gedanken Flügel zu verleihen, halten die sakrosankten Texte (oder halten die, welche sich ihrer bedienen) die Menschen in Abhängigkeit. Das Denken reduziert sich aufs Nach-Denken, das unkritische Hinhören erzeugt Hörigkeit.

Fundamentalismus und Fanatismus

Besonders gut lässt sich das anhand jener Geisteshaltung aufzeigen, die wir gemeinhin als *Fundamentalismus* bezeichnen. Wobei zu bedenken ist, dass dieser Begriff sehr unterschiedlich verwendet wird.

Da ist einmal der *lebensweltliche Fundamentalismus*, welcher sich darin manifestiert, dass Entwicklungen, denen man sich nicht gewachsen fühlt und die man deswegen als Bedrohung empfindet, abgeblockt werden. Dies geschieht, indem man auf gängige Verhaltensmuster rekurriert, die gleichzeitig tabuisiert werden. So behinderte die Kirche (und teilweise auch die Gesellschaft) lange Zeit den Fortschritt der Anatomie, indem sie das Sezieren von Leichen verbot mit der Begründung, dass eine derartige Praxis gegen die Achtung vor dem Menschen und/oder gegen die Würde der Person verstoße. Im Hintergrund stand dabei natürlich die bange Frage: Wohin wird das alles führen? Ähnlich präsentiert sich der *kulturelle Fundamentalismus*, der sich auf absolute Erkenntnisgewissheiten beruft und ›fremdes‹ Gedankengut von vornherein und kategorisch ablehnt, aus Angst, das ›Altbewährte‹ könne in sich zusammenstürzen. So gibt es Agnostiker, welche einerseits der Ansicht sind, dass jeder Mensch nach seiner Fasson selig werden soll; aber kaum, dass an ihrem Wohnort eine Moschee errichtet wird, sehen sie die nationale Identität bedroht. Schließlich gibt es auch einen *politischen Fundamentalismus*, dessen Anhängerinnen und Vertreter die Zukunft ihrer Nation oder eines ganzen Kontinents auf der Grundlage von eindeutigen – also diktatorischen – Prinzipien gestalten möchten, aus lauter Angst, der demokratische Meinungsbildungsprozess würde die Menschheit dem Untergang entgegenführen.

Im *religiösen Fundamentalismus* sind alle drei genannten Aspekte miteinander vermischt – nur dass man hier die höchste Autorität mit der Bibel, mit dem Koran oder mit anderen ›heiligen‹ Schriften identifiziert, die dann nicht mehr weiter hinterfragt werden. Erinnert sei an das angeblich gottgewollte mittelalterliche Ständewesen oder an die im Hinduismus noch heute verbreitete Kastenordnung. Letztere wurde von der brahmanischen Priesterklasse begründet, welche sich dabei auf eine göttliche Erleuchtung berief.

Ähnlich verhielt es sich mit dem in Europa verbreiteten Absolutismus, der im ausgehenden 17. Jahrhundert seinen Höhepunkt erreichte und im *Roi Soleil* Ludwig XIV. (1643–1715) seine extremste

Verkörperung fand. Wie die Brahmanen beriefen sich die Verfechter der absolutistischen Idee auf eine vorgegebene ›übernatürliche‹ Ordnung. Damit gaben sie dem Ständewesen einen pseudoreligiösen Anstrich (was in der Redewendung vom ›Königtum von Gottes Gnaden‹ ja deutlich zum Ausdruck kommt) und immunisierten so gleichzeitig den Status quo gegen jede Art von Kritik. Staatliche, bürgerliche, gesellschaftliche, auch die kirchlichen Autoritäten präsentierten sich als Vollstreckerinnen eines göttlichen Willens, wobei der Willkür faktisch Tür und Tor geöffnet waren. Längerfristig erwies sich das nicht nur in gesellschaftlicher, sondern auch und gerade in religiöser Hinsicht als verheerend, insofern das Antlitz des ›lieben Gottes‹ zusehends dem Gesicht des Königs, dem Profil des Polizeileutnants oder den Zügen des Herrn Pfarrers ähnelte. Irgendwann jedoch erkannten selbst die Begriffsstutzigen, dass die höhere Ordnung, auf die man sich dauernd berief, das kritische Korrektiv aller gesellschaftlichen und kirchlichen Machtstrukturen bildet, die meist mehr ein Zerrbild denn ein Abbild der jenseitigen Hierarchie darstellen.

Wie sich der religiös verbrämte Fundamentalismus konkret manifestiert, illustriert (und karikiert) Elias Canetti in seinem Buch *Der Ohrenzeuge* anhand der Gestalt des »Gottprotz«:

Der Gottprotz muss sich nie fragen, was richtig ist, er schlägt es nach im Buch der Bücher. Da findet er alles, was er braucht. Da hat er eine Rückenstütze. Da lehnt er sich beflissen und kräftig an. Was immer er unternehmen will, Gott unterschreibt es. Er findet die Sätze, die er braucht, er fände sie im Schlaf. Um Widersprüche braucht er sich nicht zu kümmern, sie kommen ihm zustatten. Er überschlägt, was ihm nicht von Nutzen ist und bleibt an einem unbestreitbaren Satz hängen. Den nimmt er für ewige Zeiten in sich auf, bis er mit seiner Hilfe erreicht hat, was er wollte. Doch dann, wenn das Leben weitergeht, findet er einen anderen Satz. [...]

Der Gottprotz in seiner Demut hält sich nichts darauf zugute. Er kennt die Dummheit der Menschen und bedauert sie, sie könnten es viel leichter haben. Doch sie wollen nicht. Sie meinen in Freiheit zu leben und ahnen nicht, wie sehr sie selbst versklavt sind.

Wenn der Gottprotz zornig wird, bedroht er sie, nicht mit *seinen* Worten. Es gibt bessere Worte, die Menschen zu peitschen. Dann stellt er sich mit geblähtem Stimmsack auf, als stünde er persönlich am Sinai oben und erschüttert das Gesindel zu Tränen. Warum haben sie wieder nicht auf ihn gehört, wann werden sie endlich wieder auf ihn hören? [17]

Pointierter und ironischer zugleich ließe sich die fundamentalistische Denkweise nicht charakterisieren. Für fundamentalistisch orientierte Gläubige gibt es keine Frage, die nicht zu beantworten wäre mit Hilfe irgendwelcher göttlicher Offenbarungen, keine Schwierigkeit, die sich nicht lösen ließe mittels der Schrift, kein Problem, für das ein bibelverankerter Glaube keine Antwort bereithielte! Denn Gottes Wort ist evident, sein Sinn eindeutig, sein Anspruch endgültig. Es vermittelt eine klare Weltsicht, es enthält eine unmissverständliche Lehre und es erfordert eine unzweideutige Stellungnahme! Mit einem Wort, der Gottprotz weiß, woran er sich zu halten hat, nämlich an die Bibel. Denn die Bibel hat immer Recht. In Wirklichkeit bedient sich der Gottprotz ihrer um zu sagen: *Ich* habe Recht.

Bezeichnenderweise haben die Anhänger und Verfechterinnen einer fundamentalistischen Weltsicht nie etwas Eigenständig-Kreatives zur gesellschaftlichen Diskussion beizutragen. Hingegen verpassen sie keine Gelegenheit, gegen Andersdenkende anzutreten, ein Phänomen, welches schon die Anfänge dieser Bewegung charakterisiert. Nach Klaus Kienzler handelt es sich stets um Gruppen, »welche traditionelle Auffassungen selektiv verteidigen, exklusive Bewegungen bilden, in Opposition zu sozialen und politischen Mächten stehen, den Relativismus sowie Pluralismus bekämpfen und (Amts-) Autorität verteidigen, kurzum: um Gruppen, die gegen die Moderne zurückschlagen – *fighting back* ist ihre Gemeinsamkeit«. [18]

Ursprünglich verstand man unter Fundamentalismus eine zu Beginn des 20. Jahrhunderts aus dem nordamerikanischen Protestantismus hervorgegangene Strömung, die sich gegen das Vordringen der historisch-kritischen Bibelauslegung seitens der ›liberalen Theologie‹ wandte und durch ihre extrem militante Art Aufsehen erregte. Ein besonderer Dorn im Auge waren den fundamentalistisch Orientierten die damals neuen Methoden der Schriftinterpretation, deren Anwendung sie für den überhand nehmenden Glaubensverfall verantwortlich machten. Demgegenüber betonten sie, dass die Bibel von Gott inspiriert sei und deswegen keinerlei Irrtümer enthalten könne. Ihren fortschrittsfeindlichen Ruf verdanken die Mitglieder dieser Bewegung vorab der Tatsache, dass sie 1925 in Dayton (Tennessee) in dem weltweit beachteten *Scopes Trial* (›Affenprozess‹) durchsetzten, dass Darwins Evolutionstheorie an den öffentlichen Schulen nicht mehr verbreitet werden durfte. Das Gericht ließ sich in dieser Sache von dem Argument überzeugen, dass der Mensch seine biologischen Wurzeln nicht im Tierreich haben könne, da er der Bibel zufolge ein Ebenbild Gottes sei!

Angesichts der immer effektiver funktionierenden Informations- und Kommunikationsmöglichkeiten sind die Menschen heute weit mehr als früher mit einer Vielzahl von politischen Bewegungen und kulturellen Strömungen, mit einander widersprechenden Weltanschauungen und Wertauffassungen und mit allen nur möglichen Ideologien und Theorien konfrontiert. Diese Situation erweist sich als optimaler Nährboden für fundamentalistische Tendenzen, zumal die bislang gängigen Ideologien (Kommunismus, Materialismus, Kapitalismus, Nationalismus …) sich allesamt als untauglich erwiesen haben. Aber sind auch deren Strickmuster *passé*? Klaus Kienzler beantwortet diese Frage negativ:»Ideologien waren bisher vor allem ›Weltanschauungen‹, Anschauungen der Welt, die sich als falsch herausgestellt haben. Die Welt ist eine andere geworden, konsistent, wie sie eben ist, sodass sich Anschauungen oder Illusionen über sie kaum mehr halten. Geblieben sind die ›Anschauungen‹, jetzt nicht mehr so welthaltig, dafür geistig, politisch oder religiös. Anschauungen sind zunächst beliebig. Doch wenn sie geistig, politisch oder religiös aufgeladen werden, sind sie nicht weniger hart, aggressiv und totalitär als die Weltbilder der alten Ideologien. Das Magma der Ideologien ist geblieben – der fundamentalistische Geist. Er bahnt sich seinen Weg durch die geistige Welt unserer Zeit.«[19]

Wenn fundamentalistische Gruppen heute wiederum vermehrt Zulauf finden, hat das seine Ursache zweifellos auch in einer weit verbreiteten Verunsicherung der Gesellschaft, der insbesondere die rasante Fortentwicklung der modernen Kommunikationsmittel und der damit um sich greifende Pluralismus zu schaffen machte und macht. Manches, was früher selbstverständlich war, wird plötzlich in Zweifel gezogen.

Der dadurch entstehenden Angst begegnet man häufig dadurch, dass man andere Ansichten unterdrückt und gleichzeitig die eigene Einstellung mit allen Mitteln, also auch mit Gewalt, durchzusetzen versucht.

Eine gewisse Beruhigung stellt sich erst ein, wenn die Autorität, der man oft bis zur Hörigkeit vertraut, von niemandem mehr infrage gestellt wird. Auch diesen Gedanken legt Dostojewski seinem Großinquisitor in den Mund und erweist sich so einmal mehr als verlässlicher Cicerone im unübersichtlichen Labyrinth der menschlichen Psyche:

Es gibt für den Menschen, wenn er frei bleibt, keine hartnäckigere und qualvollere Sorge als die, möglichst schnell jemanden zu finden, den er anbeten kann. Doch der Mensch strebt danach, etwas anzubeten, das über allen Zweifel erhaben ist, so hoch erhaben, dass alle Menschen zugleich bereit sind, es gemeinsam anzubeten. Denn die Sorge dieser jämmerlichen Geschöpfe besteht nicht nur darin, etwas zu finden, das ich oder ein anderer anbeten könnte, sondern etwas zu finden, woran alle glauben und was alle, unbedingt *alle zusammen*, anbeten könnten. Gerade dieses Bedürfnis nach einer *Gemeinsamkeit* in der Anbetung war die größte Qual jedes einzelnen Menschen und der gesamten Menschheit seit dem Anfang der Zeiten. Um der gemeinsamen Anbetung willen rotteten sie einander mit dem Schwerte aus. Sie schufen Götter und forderten einander auf: »Verlasst eure Götter und kommt, die unsrigen anzubeten, oder ihr und eure Götter sollt des Todes sein. Und so wird es bleiben bis zum Ende der Welt, selbst dann, wenn die Welt entgöttert sein wird; einerlei, sie werden sich vor Götzen niederwerfen.[20]

Die Mehrheit neigt naturgemäß dazu, alle jene unerbittlich zu verfolgen, welche die von ihr vergötterte Autorität in Frage stellen. Denn jedes Infragestellen bildet Anlass zu allerlei Ängsten. Was wäre, wenn die anderen vielleicht doch nicht im Unrecht wären? Ist der von mir gewählte Weg wirklich der richtige? Es kann doch nicht sein, dass ich bis anhin alles falsch gemacht habe! Dass mein ganzes bisheriges Handeln und Denken auf einer Illusion beruhen!

Die Reaktion auf derartige Selbstzweifel ist in der Regel ein trotziges Beharren auf dem bisherigen Standpunkt.

Angesichts solcher Mechanismen ist es verständlich, dass Fundamentalismus zum Fanatismus tendiert und damit einen ernst zu nehmenden Machtfaktor darstellt. Fundamentalistisch Orientierte werden immer versuchen, ihre Ideen *um jeden Preis* durchzusetzen. Es sind die von Zweifel und Zerfall bedrohten oder bereits abhanden gekommenen Gewissheiten, welche nicht nur das Bedürfnis nach Vereinheitlichung, sondern auch den Drang nach Vereinfachung erzeugen. Von daher erklärt es sich, dass orientierungshungrige Menschen im religiösen Bereich vermehrt bei Gurus und deren Heilslehren (Stichworte: New Age, Esoterik, Transzendentale Meditation …) Zuflucht suchen, die durch ihre simplifizierenden Antworten überzeugen. Im profanen Bereich hingegen heißen die Stichworte Nationalismus, Absolutismus, Demokratiefeindlichkeit – das dazugehörige Programm läuft unter dem Begriff Machtkonzentration.

In seiner *Legende vom Großinquisitor* zeigt Dostojewski, dass das Machtmonopol das Resultat ganz bestimmter massenpsychologisch bedingter Verhaltensweisen ist. Die Menschen sind nur zu gern bereit, ihre Verantwortung an Personen zu delegieren, die eine gewisse Faszination ausüben. Diese Faszination wird dann zum Charisma hochstilisiert. Die Bewunderung steigert sich zur Begeisterung, die ihrerseits überschwappt in Vergötterung. Erinnert sei etwa an die Divinisierung der Kaiser schon zu deren Lebzeiten bei den alten Römern, an den Führerkult in modernen Diktaturen oder an die heute in gewissen katholischen Kreisen grassierende Papolatrie.

Menschen im Machtrausch

Delegierte Verantwortung ebnet der *unkontrollierten* Macht den Weg. Die wiederum (ver)führt leicht zur Willkür. Gut illustrieren lässt sich das anhand der Biografie des römischen Kaisers Domitian, welcher von 81–96 n. Chr. über das Römische Reich herrschte. Bei der Armee war Domitian beliebt, mit den Senatoren dagegen geriet er in Konflikt, und zwar vor allem aufgrund seiner absolutistischen Herrschaftsweise und wegen des von ihm beanspruchten Titels eines Gottkaisers. Im Jahre 85 übernahm er zusätzlich das Amt des Zensors auf Lebenszeit und damit das Recht, den Senat zu kontrollieren. Während der letzten drei Jahre seiner Regierung verfolgte Domitian die Senatsaristokratie, ließ viele Adlige wegen angeblichen Verrats hinrichten und konfiszierte ihre Güter, um die ständig wachsenden Staatsausgaben zu decken.

Während seiner letzten Regierungsjahre fiel Domitian einem wahren Machtrausch zum Opfer, der ihn zu den perversesten Machtspielen verleitete, wie die folgende Episode dokumentiert.

Bei einer bestimmten Gelegenheit unterhielt Domitian die vornehmsten unter den Senatoren und Rittern auf folgende Weise.

Er richtete einen Raum her, an dem alles, Decke, Wände und der Boden, pechschwarz war, und bereitete kahle Lager in derselben Farbe vor, die auf dem unbedeckten Fußboden ruhten. Seine Gäste lud er bei Nacht und ohne ihr Gefolge ein. Neben jeden ließ er zuerst eine Scheibe stellen, die die Form eines Grabsteines hatte und den Namen des Gastes trug; dazu kam eine kleine Lampe, wie sie in Gräbern hängen. Wohlgestaltete, nackte Knaben betraten dann den Raum, gleichfalls schwarz bemalt, wie Gespenster. Sie vollführten einen schauerlichen Tanz um die Gäste und stellten sich dann zu ihren Füßen auf. Dann wurden die Speisen, die man gewöhnlich bei den Opfern für die Geister der Verstorbenen aufträgt, den Gästen vorgesetzt, alles schwarz und in Schüsseln von gleicher Farbe. Jeder von den Gästen begann zu zittern und zu zagen und erwartete, dass man ihm im nächsten Augenblick die Kehle durchschneiden würde. Außer Domitian waren alle verstummt. Es herrschte tödliches Schweigen, als ob man sich bereits im Reich der Toten befinde. Der Kaiser selbst erging sich in lauten Gesprächen über Tod und Gemetzel. Schließlich entließ er sie. Aber ihre Sklaven, die im Vorraum auf sie warteten, hatte er zuerst entfernt. Er überantwortete die Gäste nun anderen Sklaven, die ihnen unbekannt waren, und hieß sie in Wagen oder Sänften fortführen. Auf diese Weise erfüllte er sie mit noch viel größerer Angst.

Kaum hatte der Gast sein Haus erreicht und aufzuatmen begonnen, als ein Bote des Kaisers angemeldet wurde. Während jeder von ihnen jetzt sicher war, dass seine letzte Stunde gekommen sei, brachte jemand die Scheibe herein, die aus Silber war. Andere kamen mit verschiedenen Gegenständen, darunter die Schüsseln aus kostbarem Material, die man ihnen beim Essen vorgesetzt hatte. Schließlich erschien noch bei jedem Gast der Knabe, der ihm als besonderer Geist aufgewartet hatte, aber jetzt gewaschen und geschmückt. Nachdem sie die ganze Nacht in Todesangst verbracht hatten, empfingen sie nun die Geschenke. Dies also war das ›Leichenbankett des Domitian‹, wie es das Volk nannte.[21]

Domitians Gäste bringen vor lauter Schrecken keinen Laut hervor. Der Kaiser allein spricht – und niemand wagt es, ihm zu widersprechen. Er redet über Tod und Töten. Die Gäste sind *wie tot,* doch der Kaiser kann sie noch immer töten. Wenn er sie entlässt, hat er sie begnadigt. Aber sie müssen von neuem zittern, da er sie fremden Sklaven übergibt. Sie langen zu Hause an, und nochmals erscheinen Todesboten. Diese bringen ihnen Geschenke und damit das größte Geschenk, ihr Leben. Domitian kann seine Gäste sozusagen vom Leben zum Tode befördern und dann wieder vom Tod ins Leben zurückbringen. Er ergötzt sich mehrmals an diesem Spiel, indem er es auf immer neue Weise variiert. Dabei empfindet er das höchste Gefühl von Macht, ein höheres ist nicht auszudenken. Die Botschaft ist klar: Ich bin das Maß aller Dinge. Der Kaiser suhlt sich im Gefühl einer *unbändigen* Freiheit, die aber keine mehr ist. Denn Freiheit ist immer nur möglich innerhalb einer Bindung. Was Domitian praktiziert, ist die reine Willkür. Diese Willkür ist Schrecken erregend, insbesondere wenn man die Folgen bedenkt, die sie für andere hat. Und sie ist lächerlich, sobald man über ihre Grenzen nachdenkt.

Narzissmus

Wie lächerlich sie tatsächlich ist, zeigt Antoine de Saint-Exupéry in seinem berühmten Märchen *Der Kleine Prinz*, und zwar in jener Episode, in welcher er beschreibt, wie der kleine Prinz einen in sich selbst verliebten senilen König auf dessen Planeten besucht, der von sich behauptet, sogar die Sterne würden ihm gehorchen.[22] Natürlich sieht dieser König ein, dass es unsinnig wäre, einem General zu befehlen, »nach Art der Schmetterlinge von einer Blume zur andern zu fliegen oder sich in einen Seevogel zu verwandeln«. Denn »man muss von jedem fordern, was er leisten kann. Die Autorität beruht vor allem auf der Vernunft«. Selbst Könige vermögen aus Pragmatikern keine Poeten zu machen; das leuchtet sogar ihnen selber ein. Wenn man ihnen aber versichert, dass man einen Poeten nicht dazu zwingen kann, seinen Bleistift mit einer Panzerfaust zu vertauschen, dann halten sie eine derartige Aussage für eine Provokation. Denn sie sind auf geradezu wahnwitzige Weise narzisstisch und erfüllt von einem bodenlosen Zynismus gegenüber dem Leben. Es zeigt dies der Vorschlag, den der König dem kleinen Prinzen macht: »Ich glaube, dass es auf meinem Planeten irgendwo eine alte Ratte gibt. Du könntest Richter über diese alte Ratte sein. Du wirst sie von Zeit zu Zeit zum Tode verurteilen. So wird ihr Leben von deiner Rechtsprechung abhängen. Aber du wirst sie jedes Mal begnadigen, um sie aufzusparen. Es gibt nur eine.«

Kaum ein anderer Dichter hat es fertiggebracht, die abgrundtiefe Perversität, die einem mit Größenwahn kombiniertem Machtstreben zugrunde liegt, in so wenig Zeilen auf derart entlarvende Weise offenzulegen.

Wenn Kümmerlinge von der Art dieses Königs nichts mehr zu sagen haben, brauchen sie wenigstens noch die Illusion von Macht und den Schein von Autorität, um sich nicht umbringen zu müssen. Warum sonst sollte der König den kleinen Prinzen noch schnell zu seinem Botschafter ernennen, als dieser, eher traurig als angewidert und ohne seinen Befehl abzuwarten, sich von ihm verabschiedet?

Wie brüchig die Macht ist und wie schnell sie bröckelt, sobald Menschen sich nicht mehr von ihr blenden lassen, beschreibt Alexander Solschenizyn in seinem Roman *Der erste Kreis der Hölle*.

In der Scharaschka, einem Spezialgefängnis für politische Gefangene vor den Toren Moskaus, haben die Häftlinge, fast allesamt Wissenschaftler, den Auftrag, einen Sprachzertrümmerer zu konstruieren, der einerseits der Kremlspitze ungestörte Telefonate, anderseits dem Geheimdienst die Entschlüsselung abgehörter Telefongespräche ermöglichen soll. Abakumow, der allmächtige Minister für Staatssicherheit, steht unter Druck; Stalin erwartet, dass die abhörsichere Telefonanlage, welche er ihm in Aussicht gestellt hat, in Kürze betriebsfähig sei. Wenige Stunden vor dem vor Stalin fälligen Rapport zitiert Abakumow den Häftling Bobynin, der das Projekt leitet, zu sich, um sich über den Stand der Dinge zu informieren.

Nachdem Bobynin das Arbeitszimmer des Ministers betreten hat, setzt er sich einfach hin.

»Und warum setzen Sie sich ohne Erlaubnis?«

Bobynin würdigte den Minister kaum eines Blickes, säuberte seine Nase mit dem Taschentuch und antwortete ohne Umschweife:

»Ach, sehen Sie, da gibt es so ein chinesisches Sprichwort: ›Stehen ist besser als gehen, sitzen besser als stehen, aber am besten von allem ist sich niederlegen.‹«

»Aber können Sie sich vielleicht denken, wer ich wohl sein mag?«

Bequem legte Bobynin seine Ellbogen auf die Armlehnen des von ihm auserwählten Sessels, sah Abakumow an und schlug träge vor: »Nun, wer wohl? Irgendjemand so in der Art von Marschall Göring?«

»Wie wer???«

»Marschall Göring. Einmal hat er die Flugzeugfabrik bei Halle besucht, in der ich arbeiten musste. Da gingen die dortigen Generäle nur noch auf Zehenspitzen, aber ich drehte mich nicht einmal nach ihm um. Er guckte und guckte, und dann ging er weiter.«

Über Abakumows Gesicht ging eine Bewegung, die entfernt an ein Lächeln erinnerte, aber gleich darauf blickten seine Augen wieder drohend auf den unerhört dreisten Gefangenen. Angespannt kniff er die Augen zu und fragte:

»Was sind Sie für einer? Sehen Sie keinen Unterschied zwischen uns?«

»Zwischen Ihnen? Oder zwischen uns?« Bobynins Stimme tönte metallisch. »Zwischen uns sehe ich ihn sehr deutlich: Sie brauchen mich, aber ich brauche Sie – nicht!«

Abakumow hatte auch eine Stimme, die wie Donner rollen konnte, und er wusste sie sehr wohl zu gebrauchen, um andere Menschen einzuschüchtern. Doch jetzt fühlte er, dass es nutzlos und unwürdig wäre zu schreien. Er sah ein, dass dieser Gefangene *schwierig* war. So warnte er nur:

»Hören Sie, Sie sind ein Gefangener. Wenn ich sanft mit Ihnen umgehe, ist das kein Grund für Sie, die Beherrschung zu verlieren ... «

»Wenn Sie grob zu mir wären, würde ich gar nicht mit Ihnen sprechen, Bürger Minister. Schreien Sie Ihre Obersten und Generäle an, die haben zu viel vom Leben, die hängen zu sehr daran.«

»Wenn nötig, werden wir Sie zwingen.«

»Sie irren sich, Bürger Minister!« Bobynins kräftige Augen leuchteten zornerfüllt auf. »Ich habe nichts, denken Sie daran – überhaupt nichts! Meine Frau und mein Kind sind für Sie unerreichbar – eine Bombe hat sie erschlagen ... Meine Eltern sind auch schon tot. Mein Eigentum hier auf Erden ist mein Taschentuch; meine Kombination und die Unterwäsche, ohne Knöpfe ...« – er entblößte seine Brust und zeigte sie –, »... sind Staatseigentum. Die Freiheit habt ihr mir schon lange weggenommen, sie mir zurückzugeben, steht nicht in euren Kräften, weil ihr selbst nicht frei seid. Ich bin zweiundvierzig Jahre alt, ihr habt mir fünfundzwanzig Jahre aufgebrummt, bei der Zwangsarbeit bin ich schon gewesen, mit einer Nummer herumgelaufen, in Handschellen, von Polizeihunden bewacht und in einer Brigade für verschärfte Zwangsarbeit – womit können Sie mir noch drohen? Was können Sie mir noch wegnehmen? Die Ingenieurarbeit? Damit verliert ihr mehr. So, und jetzt werde ich rauchen.« Abakumow öffnete eine Spezialschachtel ›Trojka‹ und hielt sie Bobynin hin: »Hier, nehmen Sie diese.«

»Danke schön. Ich bleibe bei meiner Marke. Bei denen muss ich husten.« Und er entnahm dem selbst gemachten Zigarettenetui eine ›Belomor‹. »Überhaupt, verstehen Sie, und geben Sie es dort oben an die weiter, die es nötig haben, dass sie nur so lange mächtig sind, wie sie den Menschen nicht alles weggenommen haben. Denn ein Mensch, dem sie alles weggenommen haben, ist außerhalb ihres Machtbereiches, er ist wieder frei.«

Bobynin schwieg und genoss seine Zigarette. Es gefiel ihm, den Minister zu ärgern und sich in solch einem bequemen Sessel breit zu machen. Er bedauerte nur, dass er um der Wirkung willen die Luxuszigaretten abgelehnt hatte.

Der Minister sah in seine Papiere.

»Ingenieur Bobynin! Sie sind der leitende Ingenieur der ›Sprachzertrümmerung‹?«

»Ja.«

»Ich bitte Sie, sagen Sie mir ganz genau: Wann wird sie gebrauchsfertig sein?«

Bobynin zog seine dichten dunklen Brauen hoch.

»Was sind das für Neuigkeiten? Haben Sie keinen Höhergestellten gefunden, der Ihnen darauf antwortet?«

»Ich möchte das gerade von Ihnen wissen. Wird sie im Februar fertig?«

»Februar? Sie spaßen? Wenn Sie die Antwort für Berichte brauchen, dann, mit großer Eile und viel Mühe, nun, dann vielleicht in einem halben Jährchen. Aber was die absolute Chiffrierung angeht, da kann ich noch gar nichts sagen. Vielleicht in einem Jahr.«

Abakumow war wie betäubt. Er dachte an das bös-ungeduldige Zittern von Stalins Bart – und es wurde ihm angst und bange, als er sich der Versprechen erinnerte, die er gegeben hatte.[23]

Machtmenschen wirken deshalb so lächerlich, weil sie sich selber – und nur sich selber! – so ernst nehmen. Und dabei ständig in panikartiger Angst sind, dass sie von einem Augenblick auf den anderen ihre Position räumen müssen und in Bedeutungslosigkeit versinken (wie das Beispiel des Ministers Abakumow in Solschenizyns Roman zeigt). Sie haben schlicht und einfach keinen Horizont. Sie haben ein Brett vor dem Kopf und im Kopf nichts als ihre Megalomanie. Sie sind dermaßen geistlos, dass sie nicht einmal bemerken, wie lächerlich sie sich machen. Gerade aus diesem Grund muss man sich vor ihnen hüten. Nicht ihre Macht (oder Ohnmacht!) macht sie gefährlich, sondern ihr *Wille zur Macht* – und die ihm zugrunde liegende Selbstverliebtheit.

Kommandieren oder argumentieren? Macht und Autorität

Das unfehlbare Mittel, Autorität über die Menschen zu gewinnen, ist, sich ihnen nützlich zu machen.
Marie von Ebner-Eschenbach (1830–1916).

Freiheit ist nicht möglich ohne Autorität (sonst wird sie zum Chaos), und Autorität nicht ohne Freiheit (sonst wird sie zur Tyrannei).
Stefan Zweig, Castellio gegen Calvin oder Ein Gewissen gegen die Gewalt, Frankfurt am Main 1996, 13.

In den meisten Ohren hat der Begriff *Autorität* keinen guten Klang. Viele verbinden damit selbstherrliches Getue, despotisches Verhalten oder willkürliches Gehabe. In unserer westlichen Gesellschaft, welche Selbstverwirklichung nicht bloß grammatikalisch, sondern auch existenziell als Hauptwort betrachtet, hält man mehr von Autonomie als von Autorität. Mit *Autonomie* assoziieren wir Emanzipation, Selbstbestimmung und Freiheit (oder ganz einfach Freiheit*en*). *Autorität* und mehr noch das Adjektiv *autoritär* hingegen wird mit Einschränkungen, Verboten und Zwängen in Verbindung gebracht.

Tatsache ist, dass trotz aller antiautoritären Bestrebungen bestimmten Personen eine besondere Autorität zukommt, sei das nun innerhalb der Familie, sei es im sozialen oder auch im gesellschaftlichen Bereich. Solche Autoritäten – Eltern, Regierungschefs, Kirchenführer – haben schon allein aufgrund ihrer Funktion oder Position eine Machtstellung inne. Sie sind mit oft weit reichenden Kompetenzen ausgestattet, was aber noch nicht heißt, dass sie tatsächlich kompetent sind. Eine 18-jährige Frau ist zwar mündig aber eigentlich noch gar nicht richtig *er*wachsen. Wenn sie in diesem Alter Mutter wird, bringt das eine ganze Reihe von Rechten und Pflichten mit sich, denen sie möglicherweise nicht *ge*wachsen ist. Ein Volkstribun, der es mittels demagogischer Mittel bis zum Bürgermeister schafft, bringt nicht unbedingt das nötige Rüstzeug für diesen Posten mit. Wenn ein Priester der römisch-katholischen Kirche vom Papst zum Bischof ernannt wird, hat er vom Augenblick der

Bischofsweihe an offiziell Anteil am kirchlichen Lehramt, selbst wenn er von exegetischen Erkenntnissen und theologischen Forschungsergebnissen völlig unbelastet ist.

Die junge Mutter, der clevere Bürgermeister und der neu ernannte Bischof haben mit einem Mal Befugnisse und Zuständigkeiten, die sie vorher nicht besaßen. Möglicherweise jedoch versteht eine kinderlose Frau mehr von der Psychologie eines Kleinkindes als die junge Mutter. Ebenso wenig können wir von vornherein ausschließen, dass die Managerin eines Großkonzerns für den Posten des Stadtoberhauptes besser geeignet wäre als der neue Bürgermeister oder dass ein Privatgelehrter in Sachen Theologie mehr Sachverstand beweist als der Bischof seiner Diözese.

Amtsautorität (die einen legitimierten Machtanspruch beinhaltet) fällt bei weitem nicht immer in eins mit der dafür erforderlichen Sachautorität (im Sinne von Kompetenz). Wie komplex das Verhältnis zwischen Amtsautorität und Sachautorität bisweilen sein kann, lässt sich sehr gut anhand einiger literarischer Beispiele aufzeigen.

Im Schatten des Vaters

Als Gregor Samsa eines Morgens aus unruhigen Träumen erwachte, fand er sich in seinem Bett zu einem ungeheuren Ungeziefer verwandelt. Er lag auf seinem panzerartig harten Rücken und sah, wenn er den Kopf ein wenig hob, seinen gewölbten, braunen, von bogenförmigen Versteifungen geteilten Bauch, auf dessen Höhe sich die Bettdecke, zum gänzlichen Niedergleiten bereit, kaum noch erhalten konnte. Seine vielen, im Vergleich zu seinem sonstigen Umfang kläglich dünnen Beine flimmerten ihm hilflos vor Augen.

Zusammen mit seiner 17-jährigen Schwester wohnt Gregor bei seinen Eltern. Nach dem Zusammenbruch des väterlichen Geschäfts hat er eine Stelle als Handlungsreisender angenommen und für den Unterhalt der Familie gesorgt. Natürlich schafft er es an diesem Morgen nicht mehr, rechtzeitig zur Arbeit zu erscheinen. Allmählich wird ihm bewusst, dass er seinen Beruf wird aufgeben müssen – und dass die Angehörigen angesichts seines unerklärlichen Zustandes bald mit Entsetzen und Ekel, bald wiederum mit Verzweiflung und Angst auf seine Gegenwart reagieren.

Als Gregor erkennt, welchen Abscheu er auslöst, verkriecht er sich tagelang unter dem Sofa seines Zimmers. Seine Schwester, die ihm gegenüber früher eine besondere Anhänglichkeit bekundete, legt ihm manchmal ein paar Abfälle und Speisereste hin. Als Gregor jedoch anfängt, an den Wänden hochzukriechen, beginnt auch sie sich vor ihm zu fürchten und verhält sich zunehmend abweisend und feindselig. Als er sich eines Tages durch die zufällig offen gebliebene Tür ins Wohnzimmer vorwagt und schon durch seine bloße Gegenwart unter den Angehörigen Panik auslöst, »bombardiert« ihn der Vater mit Äpfeln, von denen einer in seinen Rücken eindringt und »als sichtbares Andenken im Fleische sitzen« bleibt.

Den verfaulten Apfel in seinem Rücken und die entzündete Umgebung, die ganz von weichem Staub bedeckt waren, spürte er schon kaum. An seine Familie dachte er mit Rührung und Liebe zurück. Seine Meinung darüber, dass er verschwinden müsse, war womöglich noch entschiedener, als die seiner Schwester. In diesem Zustand leeren und friedlichen Nachdenkens blieb er, bis die Turmuhr die dritte Morgenstunde schlug. Den Anfang des allgemeinen Hellerwerdens draußen vor dem Fenster erlebte er noch. Dann sank sein Kopf ohne seinen Willen gänzlich nieder, und aus seinen Nüstern strömte sein letzter Atem schwach hervor.

Begreiflicherweise hat diese seltsame Geschichte – es handelt sich um Franz Kafkas Erzählung *Die Verwandlung*[24] – sehr unterschiedliche und häufig auch untereinander widersprüchliche Deutungen erfahren. Wichtig scheint mir vor allem die Frage, wie ein Schriftsteller gerade zu einem solchen Stoff kommt, und was ihn veranlasst, diesen aufzugreifen und erzählerisch auszugestalten. Eine Antwort darauf enthält der berühmte *Brief an den Vater*, den Kafka 1919, im Alter von 36 Jahren, schrieb.

Schon der Anfang lässt durchblicken, dass dieser Brief nicht nur ein Rechenschaftsbericht über die Beziehung des Schriftstellers zu seinem Vater, sondern gleichzeitig auch eine Art Abrechnung mit ihm darstellt.[25]

Lieber Vater, du hast mich letzthin einmal gefragt, warum ich behaupte, ich hätte Furcht vor dir. Ich wusste dir, wie gewöhnlich, nichts zu antworten, zum Teil eben aus Furcht, die ich vor dir habe, zum Teil deshalb, weil zur Begründung dieser Furcht zu viele Einzelheiten gehören, als dass ich sie im Reden halbwegs zusammenhalten könnte.

Natürlich ist diese Furcht tief verwurzelt; sie reicht hinab bis in die Jahre der Kindheit.

Ich war ja schon niedergedrückt durch deine bloße Körperlichkeit. Ich erinnere mich zum Beispiel daran, wie wir uns öfters zusammen in einer [Bade-]Kabine auszogen. Ich mager, schwach, schmal, du stark, groß, breit. Schon in der Kabine kam ich mir jämmerlich vor, und zwar nicht nur vor dir, sondern vor der ganzen Welt, denn du warst für mich das Maß aller Dinge. Traten wir dann aus der Kabine vor die Leute hinaus, ich an deiner Hand, ein kleines Gerippe, unsicher, bloßfüßig auf den Planken, in Angst vor dem Wasser, unfähig, deine Schwimmbewegungen nachzumachen, die du mir in guter Absicht, aber tatsächlich zu meiner tiefen Beschämung immerfort vormachtest, dann war ich sehr verzweifelt, und alle meine schlimmen Erfahrungen auf allen Gebieten stimmten in solchen Augenblicken großartig zusammen.

Rein theoretisch betrachtet wäre natürlich auch die entgegengesetzte Reaktion denkbar, dass nämlich das Kind die Kraft und Stärke des Vaters nicht als Furcht einflößend, sondern als Schutz gewährend empfände. Die Tatsache, dass der Junge seinen Vater schon auf der rein körperlichen Ebene nicht als Beschützer, sondern als bedrohliche Über-Macht erlebt, hat erfahrungsbedingte Gründe. Er sieht im Vater eine nicht mehr hinterfragbare Autorität, die »letzte Instanz«. Mit anderen Worten, alles was der Vater denkt, was der Vater sagt, was der Vater tut, hat irgendwie göttlichen Charakter.

In deinem Lehnstuhl regiertest du die Welt. Deine Meinung war richtig, jede andere war verrückt, überspannt, meschugge, nicht normal. Dabei war dein Selbstvertrauen so groß, dass du gar nicht konsequent sein musstest und doch nicht aufhörtest, Recht zu haben. Es konnte auch vorkommen, dass du in einer Sache gar keine Meinung hattest und infolgedessen alle Meinungen, die hinsichtlich der Sache überhaupt möglich waren, ohne Ausnahme falsch sein mussten. Du konntest zum Beispiel auf die Tschechen schimpfen, dann auf die Deutschen, dann auf die Juden, und zwar nicht nur in Auswahl, sondern in jeder Hinsicht, und schließlich blieb niemand mehr übrig außer dir. Du bekamst für mich das Rätselhafte, das alle Tyrannen haben, deren Recht auf ihrer Person, nicht auf ihrem Denken begründet ist. Wenigstens schien es mir so. [...] Man war gegen dich vollständig wehrlos. [...]

Es ist dir von vornherein nicht möglich, ruhig über eine Sache zu sprechen, mit der du nicht einverstanden bist oder die bloß nicht von dir ausgeht; dein herrisches Temperament lässt das nicht zu. [...] Du verwechselst die Sache mit der Person; die Sache springt dir ins Gesicht, und du entscheidest sie sofort ohne Anhören der Person; was nachher noch vorgebracht wird, kann dich nur weiter reizen, niemals überzeugen. Dann hört man von dir nur noch: »Mach, was du willst; von mir aus bist du frei; du bist großjährig; ich habe dir keine Ratschläge zu geben«, und alles das mit dem fürchterlichen heiseren Unterton des Zornes und der vollständigen Verurteilung, vor dem ich heute nur deshalb weniger zittere als in der Kinderzeit, weil das ausschließliche Schuldgefühl des Kindes zum Teil ersetzt ist durch den Einblick in unser beider Hilflosigkeit.

Vor diesem Hintergrund wird nun verständlich, dass Kafka in seiner Erzählung *Die Verwandlung* nicht ein imaginäres Horrorszenarium entwirft, sondern seine eigenen horrenden Erfahrungen verschlüsselt zur Sprache bringt. Diese Behauptung stützt sich nicht auf bloße Vermutungen, sondern wird belegt von dem erschütternden Brief, in welchem der Sohn dem Vater entgegenhält: »Mein Schreiben handelte von dir, ich klagte dort ja nur, was ich an deiner Brust nicht klagen konnte.«

In seinem Brief erinnert Kafka den Vater daran, dass er alles, was dem Sohn irgendwie wichtig war, von vornherein ablehnte; »das bezog sich auf Gedanken so gut wie auf [mit mir befreundete] Menschen«, welche Letzteren der Vater kurzerhand als »Hunde und Flöhe« und als »Ungeziefer« bezeichnete. Derartige Herabsetzungen hinterlassen natürlich Spuren, weil ja der Vater ein »so ungeheuer maßgebender Mensch« ist, vor dem sich der Sohn nur in sein Zimmer »verkriechen« kann.

Dieser Brief, den Kafka übrigens nie abgeschickt hat, bildet den wichtigsten Schlüssel zur Entzifferung der Hieroglyphenschrift, in welcher *Die Verwandlung* abgefasst ist.

Gregor Samsa verwandelt sich über Nacht in ein Ungeziefer, weil er sich schon längst als solches fühlt. Und wenn er sich nicht nur in sein Zimmer zurückzieht, sondern sich dort auch noch unter dem Sofa versteckt, so geschieht das aus purer Angst vor dem füßestampfenden und stockschwingenden Vater, von dem ihn nicht nur eine verschlossene Tür, sondern Welten trennen. Und weil dieser allmächtige Vater sich auf gar keinen Fall irren kann, steht für Gregor fest, dass auch alle anderen Menschen (Mutter und Schwester, die Zimmerherren, das Dienstmädchen) in ihm ein »Untier« erblicken, und dass er diese Menschen deshalb vor seiner Gegenwart verschonen muss. Schließlich stirbt Gregor an der tödlichen Wunde, die ihm der Vater beigefügt hat, als er mit den Äpfeln nach ihm warf. Damit bringt der Schriftsteller verschlüsselt zur Sprache, was der Briefschreiber im Klartext ausspricht, nämlich dass »man hätte annehmen können, dass du mich einfach niederstampfen wirst, dass nichts von mir übrig bleibt«.

Physisch hat der Vater den Sohn natürlich nicht vernichtet. Was hingegen die psychischen Schäden betrifft, so hält Kafka gleich zu Beginn seines Briefes fest, dass es ihm um die Schilderung seiner Gefühle und nicht um eine moralische Schuldzuweisung geht:

Wobei ich dich aber immerfort bitte, nicht zu vergessen, dass ich niemals im Entferntesten an eine Schuld deinerseits glaube. Du wirktest so auf mich, wie du wirken musstest, nur solltest du aufhören, es für eine besondere Bosheit meinerseits zu halten, dass ich dieser Wirkung erlegen bin.

Kafka fühlt sich von seinem als über-mächtig empfundenen Vater buchstäblich erdrückt und daran ändert sich auch nichts, als er sich auf dem Gebiet der Literatur durchzusetzen beginnt; im Gegenteil. Wenn er dem Vater ein neues Buch überreicht, beschränkt sich dessen Reaktion auf die Aufforderung, es auf den Nachttisch zu legen. Der Vater hat eben andere Erwartungen in seinen Sohn gesetzt; und weil dieser weiß, dass er sie nicht erfüllen kann, fühlt er sich »diesem so ungeheuer maßgebenden Menschen« gegenüber immer nur klein und elend. Kurzum, einen solchen Menschen kann man nicht lieben, weil man ihn fürchten muss. Und weil man ihm nichts recht machen kann, ruft schon der bloße Gedanke an ihn Schuldgefühle hervor.

Erziehung als Zwangsjacke

Wer Autorität hat, hat das Sagen. Und wer das Sagen hat, kann über andere bestimmen, oft gar über sie verfügen, sie klein machen oder klein halten und demütigen. Ein derartiges Verhalten ist, entgegen allem Anschein, längst nicht in jedem Fall auf sadistische Motive zurückzuführen. Gelegentlich entspringt es sogar einer (wenn auch fehlgeleiteten) pädagogischen Absicht. Ein eindrückliches Beispiel dafür bildet Hermann Hesses autobiografische Erzählung *Kinderseele.*[26]

Manchmal handeln wir, gehen aus und ein, tun dies und das, und es ist alles leicht und unbeschwert und gleichsam unverbindlich, es könnte scheinbar auch alles anders sein. Und manchmal, zu anderen Stunden, könnte nichts anders sein, ist nichts unverbindlich und leicht, und jeder Atemzug, den wir tun, ist von Gewalten bestimmt und schwer von Schicksal.

Die Taten unseres Lebens, die wir die guten nennen und von denen zu erzählen uns leicht fällt, sind fast alle von jener ersten, ›leichten‹ Art, und wir vergessen sie leicht. Andere Taten, von denen zu sprechen uns Mühe macht, vergessen wir nie mehr, sie sind gewissermaßen mehr unser als andere, und ihre Schatten fallen lang über alle Tage unseres Lebens.

Mit diesen Sätzen leitet Hermann Hesse seine Erzählung ein. Der Dichter erinnert sich, wie er als kleiner Junge eines Tages in einer Kommode einen Kranz getrockneter Feigen findet. Er steckt ein paar davon in die Tasche und deponiert sie später hinter den Schulbüchern in seinem Zimmer. Natürlich bleibt der Diebstahl nicht unbemerkt. Am folgenden Sonntagmorgen wird das Kind zur Rede gestellt.

In meinem Stübchen schien die Sonne. Ich sah nach meinen Raupenkästen, die ich gestern vernachlässigt hatte, fand ein paar neue Puppen, gab den Pflanzen frisches Wasser.

Da ging die Tür. Ich achtete nicht gleich darauf. Nach einer Minute wurde die Stille mir sonderbar; ich drehte mich um. Da stand mein Vater. Er war blass und sah gequält aus. Der Gruß blieb mir im Halse stecken. Ich sah: Er wusste! Das Gericht begann. [...] Die Sonne wurde bleich, und der Sonntagmorgen sank welk dahin.

Aus allen Himmeln gerissen starrte ich dem Vater entgegen. [...] Er ging zu meinem Bücherschrank, griff hinter die Bücher und zog einige Feigen hervor.

Woher hast du die Feigen? fragte er mit einer beherrschten leisen Stimme, die mir bitter verhasst war.

Der Junge reagiert völlig normal; er tut, was fast alle Kinder in diesem Alter und in einer solchen Situation tun würden: Er lügt. Er behauptet, dass er die Feigen in der Konditorei Haager gekauft habe. Der Vater, ein Pastor, gibt sich keinerlei Rechenschaft darüber, dass seine – in einem gewissen Sinn ebenfalls normale – Reaktion ans Sadistische grenzt: Das lässt sich ja nachprüfen. Wir brauchen bloß zur Konditorei zu gehen.

Als wir eben durchs Haustor gingen, fiel mir etwas Gutes ein, und ich sagte schnell: Aber heute ist ja Sonntag, da hat der Haager gar nicht offen.

Das war eine Hoffnung, zwei Sekunden lang. Mein Vater sagte gelassen: Dann gehen wir zu ihm in die Wohnung. Komm.

Wir gingen. Ich schob meine Mütze gerade, steckte eine Hand in die Tasche und versuchte neben ihm daherzugehen, als sei nichts Besonderes los. Obwohl ich wusste, dass alle Leute mir ansahen, ich sei ein abgeführter Verbrecher, versuchte ich doch mit tausend Künsten, es zu verheimlichen.

Ersparen wir uns die ganzen Qualen, die dem Jungen während dieses Ganges nicht erspart geblieben sind. Das Ende der Geschichte?

Ich hatte in diesen paar Minuten einige hundert Mal die Szene voraus erlebt, die mich dort erwartete. Nun waren wir da. Nun kam es.
Aber es war mir unmöglich, das auszuhalten. Ich blieb stehen.
Nun, was ist? fragte mein Vater. Ich gehe nicht hinein, sagte ich leise. Er sah zu mir herab. Er hatte es ja gewusst, von Anfang an.
Hast du die Feigen nicht bei Haager gekauft? fragte er. Ich schüttelte den Kopf.
Ach so, sagte er mit scheinbarer Ruhe. Dann können wir ja wieder nach Hause gehen.

Natürlich will sich der Vater auch vergewissern, ob das Kind die Sache bereue, aber:

Wie konnte er, der große, kluge Mann, so unsinnig fragen! Als ob es mir etwa nicht Leid getan hätte! Als ob er nicht hätte sehen können, wie mir das Ganze wehtat und das Herz umdrehte! Als ob es mir möglich gewesen wäre, mich etwa gar noch meiner Tat und der elenden Feigen zu freuen!

Uns interessiert jetzt nicht die Tatsache, dass der Vater seinen Sohn zur Ehrlichkeit erziehen will. Uns interessiert, wie das Kind dies empfunden hat:

Er wusste ja alles! Und er ließ mich tanzen, ließ mich meine nutzlosen Kapriolen vollführen, wie man eine gefangene Maus in der Drahtfalle tanzen lässt, ehe man sie ersäuft. Ach, hätte er mir gleich zu Anfang, ohne mich überhaupt zu fragen und zu verhören, mit dem Stock über den Kopf gehauen, das wäre mir im Grund lieber gewesen als diese Ruhe und Gerechtigkeit, mit der er mich in meinem dummen Lügengespinst einkreiste und langsam erstickte. Überhaupt, vielleicht war es besser, einen groben Vater zu haben als einen so feinen und gerechten. Wenn ein Vater, so wie es in Geschichten und Traktätchen vorkam, im Zorn oder in der

Betrunkenheit seine Kinder furchtbar prügelte, so war er eben im Unrecht, und wenn die Prügel auch wehtaten, so konnte man doch innerlich die Achseln zucken und ihn verachten. Bei meinem Vater ging das nicht, er war zu fein, zu einwandfrei, er war nie im Unrecht. Ihm gegenüber wurde man immer klein und elend.

Immer klein und elend! Die Moral von der Geschichte: Eine solche Haltung, welche die Macht und die Autorität unter dem Vorwand der Moral benützt, richtet Unheil an; sie impft dem Menschen Schuldgefühle geradezu ein. Und die Spuren bleiben, oft lebenslang, wie der Schluss der Erzählung zeigt:

Am Abend dieses traurigen Sonntags gelang es meinem Vater, kurz vor dem Schlafengehen mich noch zu einem kurzen Gespräch zu bringen, das uns versöhnte. Als ich im Bette lag, hatte ich die Gewissheit, dass er mir ganz und vollkommen verziehen habe – vollkommener als ich ihm.

Kafkas Vater trägt die Züge eines Despoten und Tyrannen. Als *Vorsteher* oder *Oberhaupt* der Familie ist er innerhalb des Familienverbandes niemandem Rechenschaft schuldig. Beliebig macht er von seiner Macht Gebrauch. Hesses Vater hingegen demonstriert seine Macht nicht willkürlich, sondern handelt in pädagogischer Absicht geltend. Die *Mechanismen* jedoch, die dabei am Werk sind, sind die gleichen. In beiden Fällen ist es die *Amts-* beziehungsweise die *väterliche Autorität*, welche die Machtstellung garantiert.

Kompetenz und Sachverstand

Dass Autorität auch anders verstanden und die damit verbundene Machtstellung situationsgerecht wahrgenommen werden kann, zeigt Gottfried Keller in seiner Novelle *Frau Regel Amrain und ihr Jüngster* [27], welche die Entwicklung eines heranwachsenden Menschen zum Inhalt hat.

Regula Amrain wurde von ihrem verschuldeten Mann mit drei kleinen Kindern im Stich gelassen. Die Mutter sorgt sich, dass ihr jüngster Sohn Fritz nach dem Vater geraten könnte.

Seine Mutter erzog ihn so, dass er ein braver Mann wurde in Seldwyl und zu den wenigen gehörte, die aufrecht blieben, solange sie lebten. Wie sie dies eigentlich anfing und bewirkte, wäre schwer zu sagen; denn sie erzog eigentlich so wenig als möglich und das Werk bestand fast lediglich darin, dass das junge Bäumchen, so vom gleichen Holze mit ihr war, eben in ihrer Nähe wuchs und sich nach ihr richtete. [...]

Wenn ein Kind mit Geld sich vergeht oder gar etwas irgendwo wegnimmt, so befällt die Eltern und Lehrer eine ganz sonderbare Furcht vor einer verbrecherischen Zukunft, als ob sie selbst wüssten, wie schwierig es sei, kein Dieb oder Betrüger zu werden! Was unter hundert Fällen in neunundneunzig nur die momentan unerklärlichen Einfälle und Gelüste des träumerisch wachsenden Kindes sind, das wird zum Gegenstande eines furchtbaren Strafgerichtes gemacht und von nichts als Galgen und Zuchthaus gesprochen. Als ob alle diese lieben Pflänzchen bei erwachender Vernunft nicht von selbst durch die menschliche Selbstliebe, sogar bloß durch die Eitelkeit, davor gesichert würden, Diebe und Schelme sein zu wollen. Dagegen wie milde und freundschaftlich werden da tausend kleinere Züge und Zeichen des Neides, der Missgunst, der Eitelkeit, der Anmaßung, der moralischen Selbstsucht und Selbstgefälligkeit behandelt und gehätschelt! Wie schwer merken die wackern Erziehungsleute ein früh verlogenes und verblümtes inneres Wesen an einem Kinde, während sie mit höllischem Zeter über ein anderes herfahren, das aus Übermut oder Verlegenheit ganz naiv eine vereinzelte derbe Lüge gesagt hat. Denn hier haben sie eine greifliche bequeme Handhabe, um ihr donnerndes: Du sollst nicht lügen! dem kleinen erstaunten Erfindungsgenie in die Ohren zu schreien. Wenn Fritzchen eine solche derbe Lüge vorbrachte, so sagte Frau Regel einfach, indem sie ihn groß ansah: »Was soll denn das heißen, du Affe? Warum lügst du solche Dummheiten? Glaubst du die großen Leute zum Narren halten zu können? Sei du froh, wenn dich niemand anlügt, und lass dergleichen Späße!« Wenn er eine Notlüge vorbrachte, um eine begangene Sünde zu vertuschen, zeigte sie ihm mit ernsten, aber liebevollen Worten, dass die Sache deswegen nicht ungeschehen sei, und wusste ihm klar zu machen, dass er sich besser befinde, wenn er offen und ehrlich einen begangenen Fehler eingestehe; aber sie bauete keinen neuen Strafprozess auf die Lüge, sondern behandelte die Sache ganz abgesehen davon, ob er gelogen oder nicht gelogen habe, sodass er das Zwecklose und Kleinliche des Herauslügens bald fühlte und hiefür zu stolz wurde. Wenn er dagegen nur die leiseste Neigung verriet, sich irgend Eigenschaften beizulegen, die er nicht besaß, oder etwas zu übertreiben, was ihm gut zu stehen schien, oder sich mit etwas zu zieren, wozu er das Zeug nicht hatte, so tadelte sie ihn mit schneidenden harten Worten und versetzte ihm selbst einige Knüffe, wenn ihr die Sache zu arg und widerlich war. Ebenso, wenn sie bemerkte, dass er andere Kinder beim Spielen belog, um sich kleine Vorteile zu erwerben, strafte sie ihn härter als wenn er ein erkleckliches Vergehen abgeleugnet hätte.

In Regel Amrains Stube ist nicht der geringste Hauch von jenem Despotismus zu spüren, unter dem ein Kafka noch als Erwachsener zu leiden hatte, noch geht es drakonisch zu wie in Hermann Hesses Elternhaus. Dem *autoritären System* und den damit verbundenen massiven Druckmitteln setzt Regel Amrain ein *autoritatives Vorgehen* und ihren Sachverstand entgegen – und führt uns so gleichzeitig den Unterschied zwischen Autorität und Autorität vor Augen.

Denn Autorität ist nicht gleich Autorität. Wenn heute immer wieder zu hören ist, dass die Autorität nichts mehr gelte, trifft das in dieser verallgemeinernden Form schlechtweg nicht zu. Es trifft zu für die _Amtsautorität,_ welche auf autoritäre Weise auf ihr Recht pocht und zeigt, wo's langgeht, ohne irgendwelche Begründungen zu liefern. (»Solange du die Füße unter meinem Tisch hast, hast du zu parieren ... «; »Hier bin ich der Chef und gebe den Tarif durch ... «) Es trifft nicht zu für die *Sachautorität,* welche nicht kommandiert, sondern argumentiert; wir sprechen dann von Kompetenz. Tatsache ist, dass eine bestimmte gesellschaftliche Stellung, ein akademischer Titel oder ein politisches Amt nicht mehr genügt, um sich Anerkennung zu verschaffen. Menschen werden erst zu Autoritäten in dem Maß, als sie sich auf einem bestimmten Gebiet durch Sachkenntnis und Fachwissen sowie auch durch ihre menschlichen Qualitäten auszeichnen. Was selbstverständlich einschließt, dass auch die Amtsautorität auf kompetente Art ausgeübt werden kann. Dass das der Idealfall ist, zeigt Gottfried Kellers Novelle.

Kompetenz und Machtmissbrauch

Kafkas Brief und Hesses Erzählung erinnern gleicherweise daran, dass manche ›Autoritäten von Amtes wegen‹ der Versuchung zum Machtmissbrauch immer wieder einmal erliegen. Vor dieser Gefahr sind auch die ›Sachautoritäten‹ nicht gefeit; Wissen, Know-how und Kompetenz können sehr wohl zum Schaden anderer eingesetzt werden. Auch dieser Aspekt sei hier mittels eines literarischen Beispiels illustriert; es handelt sich dabei um eine Geschichte aus Friedrich Dürrenmatts *Monstervortrag über Gerechtigkeit und Recht*.[28]

Der Kalif Harun al Raschid und sein Großwesir wurden von den Christen hart bedrängt, wobei die Christen, die sich durch den Genuss alkoholischer Getränke vor der Schlacht in der Schlacht in eine Raserei zu steigern wussten, leicht im Vorteil lagen. Der Kalif und sein Großwesir beschlossen, dieser Tatsache wissenschaftlich auf den Grund zu gehen, und erhielten vom heiligen Imam, dem großen Kenner des Korans, die Erlaubnis, zu Forschungszwecken einige erbeutete Flaschen Château-neuf-du-Pape zu trinken.

Nachdem sie drei Flaschen Château-neuf-du-Pape getrunken hatten, wobei sie die christliche Kriegstaktik durchexerzierten, kamen sie, ohne recht zu wissen, warum, auf die Frauen zu sprechen. Der Großwesir besaß eine schöne Sklavin, der Kalif verlangte sie zum Geschenk. Der Großwesir schwor beim Barte des Propheten, die Sklavin nicht zu verschenken. Der Kalif erbot sich, die Sklavin zu kaufen, der Großwesir, seltsam eigensinnig, was doch sonst nicht seine Art war, schwor beim Barte des Propheten, die Sklavin nicht zu verkaufen. Nach zwei weiteren Flaschen Château-neuf-du-Pape schwor der Kalif ebenfalls beim Barte des Propheten, dass er die Sklavin des Großwesirs noch diese Nacht als Eigentum besitzen werde.

Kaum war der Schwur getan, als sich die beiden erschrocken anstarrten, denn jeder hatte beim Barte des Propheten das Gegenteil dessen geschworen, was der andere geschworen hatte. Sie ließen den heiligen Imam rufen, der schlaftrunken angetorkelt kam, hatte er doch zu Studienzwecken ebenfalls einige Flaschen Château-neuf-du-Pape mitnehmen dürfen.

Der Kalif und der Großwesir erklärten dem Heiligen das Dilemma. Der Imam gähnte. »Großer Kalif«, sagte er, »das Problem ist einfach zu lösen. Der Großwesir soll dir die Sklavin zur Hälfte verkaufen und zur

Hälfte schenken, dann hat er seinen Schwur nicht gebrochen, denn er hat beim Barte des Propheten geschworen, die ganze Sklavin weder zu verschenken noch zu verkaufen.«

Der Imam wurde mit hundert Goldstücken belohnt und ging wieder nach Hause, der Kalif und der Großwesir tranken eine weitere Flasche Château-neuf-du-Pape, und die Sklavin wurde gebracht. Sie war so schön, dass der Kalif schwor, noch diese Nacht mit ihr zu schlafen – leider wieder beim Barte des Propheten. Der Großwesir erbleichte, entkorkte eine weitere Flasche Château-neuf-du-Pape zu wissenschaftlichen Zwecken und lallte:»Mächtiger Kalif, du hast beim Barte des Propheten eine neue Unmöglichkeit geschworen, denn die Sklavin ist noch Jungfrau, und nach den Gesetzen des Korans darfst du erst nach mehrtägigen Riten mit ihr schlafen.« Der Kalif, bestürzt, ließ den Imam rufen. Der heilige Rechtsgelehrte, zum zweiten Mal geweckt, hörte sich das Unglück an.»Großer Kalif«, sagte er,»kinderleicht. Lass einen Sklaven rufen.« Der Sklave wurde gerufen und nahm zitternd vor dem Kalifen Achtungsstellung an.»Gib dem Sklaven die Sklavin zur Frau«, befahl der Imam. Der Kalif gehorchte.»Nun soll der Sklave den Wunsch aussprechen«, fuhr der Heilige fort,»sich von der Sklavin scheiden zu dürfen. Du vollziehst die Scheidung, und mit einer geschiedenen Frau darfst du nach den Gesetzen des Korans jederzeit schlafen.«

Aber die Sklavin war so schön, dass sich der Sklave weigerte, sich von ihr scheiden zu lassen. Der Kalif bot ihm Goldstücke, zehn Goldstücke, vergeblich, der Sklave blieb störrisch. Der große Imam schüttelte den Kopf.»Großer Kalif«, gähnte er traurig,»wie gering sind deine Kenntnisse, nichts widersteht den Gesetzen des Korans. Es bleiben dir zwei Möglichkeiten offen. Häng den Sklaven auf, mit einer Witwe darfst du jederzeit ins Bett, die Witwe eines Gehängten ist ehrlos.«»Die zweite Möglichkeit?«, fragte der Kalif.»Mache aus der Sklavin ein freies Weib«, befahl ihm der Imam gelassen.»Sei ein freies Weib«, sagte der Kalif.»Siehst du«, stellte der Imam fest,»nun kannst du sie gegen den Willen des Sklaven von ihm scheiden lassen, denn sie ist ein freies Weib und er ein Sklave, und eine Ehe zwischen einem Freien und einer Sklavin oder zwischen einem Sklaven und einer Freien kann jederzeit geschieden werden, nicht auszudenken, wohin wir sonst mit unserer gesellschaftlichen Ordnung noch kämen. Doch nun gehe ich endgültig schlafen.«

Der große Rechtsgelehrte wurde mit tausend Goldstücken belohnt, grüßte und entfernte sich. Der Großwesir war schon eingeschlafen, wurde in seinen Palast getragen, der Sklave trotzdem gehängt und der Kalif Harun al Raschid war mit der schönen freigelassenen Sklavin und der letzten Flasche Château-neuf-du-Pape allein.

Man wird davon ausgehen dürfen, dass der in dieser Angelegenheit beteiligte Sklave weit weniger Vergnügen an der ganzen Geschichte empfand als ihre Leser und Leserinnen. Für uns jedoch ist hier nicht der Unterhaltungswert von Interesse, sondern die ihr zugrunde liegende Moral. Was diese betrifft, fallen zumindest drei Dinge ins Gewicht.

Erstens steht außer Zweifel, dass man sich durch eine fundierte Kenntnis bestimmter Sachverhalte (in unserem Fall: des Gesetzes) auf völlig legale Weise mancherlei Vorteile verschaffen kann.

Zweitens stellt sich die Frage – und dabei handelt es sich um ein ethisches Problem –, ob das, was rechtens scheint, immer und in jedem Fall auch gerecht ist. Im Hinblick auf unsere Geschichte wäre immerhin zu überlegen, wie ein Gesetz, das zwischen Sklaven und Freien unterscheidet, mit den Menschenrechten und damit mit der Gerechtigkeit vereinbar ist. Offenbar beruhen manche Rechtsgrundsätze auf kulturellen, gesellschaftlichen oder religiösen Voraussetzungen, die ihrerseits der Überprüfung bedürfen.

Drittens mag die Geschichte vielleicht etwas anzüglich wirken; das eigentlich Anstoß Erregende aber liegt doch wohl nicht darin, dass der Kalif mit einer schönen Sklavin schlafen möchte (was ihm seine Religion ja gestattet). Pikant wird die ganze Sache erst dadurch, dass die scharfsinnigen Überlegungen des Imams nicht auf irgendeiner von Menschen ersonnenen Rechtsordnung beruhen, sondern allesamt dem Koran und dem daraus abgeleiteten Religionsgesetz entnommen sind. Dies wiederum bedeutet, dass sie teils direkt, teils indirekt auf Allah selbst zurückzuführen sind. Unter Berufung auf Gott und seine Offenbarung kann man sich anscheinend jede Menge Vorteile verschaffen, wenn man nur über das nötige Insiderwissen (in unserem Fall über hinreichende theologische Kenntnisse) verfügt.

Entgegen einer weit verbreiteten Ansicht ist die wichtigste Voraussetzung zur Erreichung der Macht nicht unbedingt das Geld, sondern eher der schnelle Zugriff auf Informationen, und die Kompetenz, welche Menschen sich dadurch aneignen. Insofern ist Wissen tatsächlich Macht.

Je kompetenter ein Mensch auf einem bestimmten Gebiet ist, desto eher hat er die Möglichkeit, andere in Abhängigkeit zu halten. Es gilt dies insbesondere für qualifizierte Helfer. Psychotherapeutinnen und Psychologen, Professoren und Dozentinnen, aber auch Seelsorger und Seelsorgerinnen haben gegenüber den Ratsuchenden oder den ihnen Anvertrauten in der Regel einen Wissens- und Erfahrungsvorsprung, der ihnen zwangsläufig eine gewisse Macht verleiht.

Ähnliches gilt auf anderer Ebene für Priester und Predigerinnen, für Politiker und Psychogurus oder von Popstars, welche vielleicht nicht unbedingt mit einem überdurchschnittlich hohen Intelligenzquotienten brillieren können, dafür aber ein gewisses Charisma ausstrahlen, was dazu führt, dass die Menschen ihnen massenhaft zu Füßen liegen (und junge Mädchen gleich reihenweise in hysterische Heulkrämpfe ausbrechen). Für die Fans ist das angebetete Idol eine willkommene Projektionsfläche unerfüllter Wünsche und Sehnsüchte. Die Abgötter ihrerseits verfallen dann nicht selten einem wahren Allmachtswahn. Sie verstehen es, die Massen zu mobilisieren und zu manipulieren, was sich auf der politischen und auf der gesellschaftlichen Ebene verheerend auswirkt. Nicht weniger tragisch sind die Folgen für die Bewunderer und Verehrerinnen im privaten Bereich; irgendwann fühlen sie sich (häufig auch sexuell) ausgebeutet oder werden abhängig bis zur Hörigkeit.

Symbole
der Macht

Der Ruhm, nach dem wir trachten,
Den wir unsterblich achten,
Ist nur ein falscher Wahn.
Sobald der Geist gewichen
Und dieser Mund erblichen,
Fragt keiner, was man dir getan.
Andreas Gryphius, Vanitas: Vanitatum Vanitas

Herrschaft wird niemandem angeboren.
Johann Wolfgang von Goethe, Brief an Lavater,
13. 10. 1780.

Muskeln vermögen allenfalls im Rotlichtmilieu oder im Boxring Eindruck zu erwecken; in honoriger Gesellschaft machen sie eher Angst. Wer seine Muskelpakete zur Schau stellt, stellt damit fest (oder stellt richtig), wer das Sagen hat. Die in halbseidenen Kreisen etwas gelten, wollen auch *zeigen*, dass sie es zu etwas gebracht haben. Das demonstrieren sie mit der Rolex am Handgelenk oder mit einem diamantenschweren Collier im Ausschnitt, mit einem Partylöwen an der Seite oder mit schönen Frauen im Gefolge, mit einem flotten Schlitten oder mit klasse Klamotten. Es sind dies keine bloßen Accessoires, sondern Statussymbole: Ich bin, was ich mir leisten kann. Das Vorzeigen solcher Trophäen ist stets auch eine Demonstration von Macht.

Die Palette solcher Macht- oder Statussymbole ist breit und reicht vom Stammbaum bis hin zum Grabmonument. Während das Grabdenkmal dazu dient, in der Geschichte eine deutliche Spur zu hinterlassen, hat das Vorzeigen der Ahnentafel den Zweck, den Weg zur Macht zu ebnen oder eine gesellschaftliche Vorrangstellung innerhalb des sozialen Gefüges zu legitimieren oder zu festigen.

Der Stammbaum

Nicht zufällig beginnt der hochadelige jüdische Geschichtsschreiber und Feldherr Josephus Flavius, eigentlich Joseph ben Mathitjahu, (um 37/38 bis ca. 100 n. Chr.) seine *Vita* (Lebensbeschreibung) mit einer detaillierten Darstellung seiner vornehmen Herkunft.

Meine Abstammung ist übrigens keineswegs unbedeutend, sondern ich stamme aus altem priesterlichem Geschlecht. Wie aber bei jedem Volk die Voraussetzung für Adel eine andere ist, so ist bei uns die Zugehörigkeit zur Priesterschaft Begründung für das Ansehen der Familie. Meine Familie stammt aber nicht nur von Priestern, sondern von der ersten der vierundzwanzig Priesterklassen – auch darin liegt eine große Auszeichnung – und von deren Sippen auch wieder von der vornehmsten. Ich gehöre aber auch zum königlichen Geschlecht von der Mutter her, denn die Söhne des Haschmon, deren Nachkomme sie ist, waren über sehr lange Zeit Hoher Priester und Könige unseres Volkes. Ich will aber die Generationenfolge nennen: Unser Urgroßvater war Simon, mit dem Beinamen der Stammler. Dieser lebte zu der Zeit, als der Sohn des Hohen Priesters Simon Hoher Priester war – nämlich Hyrkan, der erste Hohe Priester dieses Namens. Es wurden aber dem Stammler Simon neun Kinder geboren; zu diesen gehört Matthias, der [Sohn] des Efai genannt wurde. Dieser heiratete die Tochter des Hohen Priesters Jonathan, der als Erster aus der Hasmonäerfamilie Hoher Priester war – er war Bruder des Simon, der auch Hoher Priester wurde –, und es wurde ihm ein Sohn geboren, Matthias, genannt der Bucklige, im ersten Jahr der Herrschaft des Hyrkan. Diesem wurde ein Josef geboren im neunten Jahr der Kaiserschaft der Alexandra, und dem Josef ein Matthias im zehnten Jahr des Königtums des Archelaos, dem Matthias schließlich ich im ersten Jahr des Kaisertums des Gajus [Caligula]. Den Stammbaum meines Geschlechts führe ich so an, wie ich ihn in den öffentlichen Registern vorgefunden habe, wobei ich mich um die, die versuchen, mich zu verleumden, nicht weiter kümmern möchte.[29]

Mit der Nennung Haschmons als eines Vorfahren seiner Mutter unterstreicht Josephus Flavius seine Abkunft vom königlichen Geschlecht der Hasmonäer. Damit erinnert er gleichzeitig daran, dass seine eigene Ahnentafel bis zum Anfang des dritten Jahrhunderts vor Christus zurückreicht. Die Botschaft ist eindeutig: Ich bin wer. Und das hat Josephus Flavius tatsächlich bewiesen. Bis zur jüdischen Revolte gegen Rom im Jahr 66 hatte er eine wichtige Stellung in der Politik und unterhielt freundschaftliche Kontakte zum Hof Kaiser Neros. Nicht ganz geklärt ist seine Rolle während des Aufstandes. Sicher ist, dass er im Jahr 67 die Festung von Jotapata 47 Tage lang verteidigte, um den Vorstoß des römischen Feldherrn und späteren Kaisers Vespasian abzuwehren. Josephus wäre sicherlich als Gefangener zu Nero geschickt worden, hätte er nicht dem siegreichen römischen Feldherrn die Kaiserkrone vorausgesagt. Josephus' Prophezeiung deckte sich mit Vespasians Ambitionen, und so behielt Vespasian Josephus bei sich, womit er ihm wahrscheinlich das Leben rettete. Als Gefangener Vespasians erlebte Josephus die Unterwerfung Galiläas und Judäas; nach seiner Freilassung blieb er auf der Seite der Römer. Als Begleiter von Vespasians Sohn, des späteren Kaisers Titus, versuchte er im Jahr 70 vergeblich seine Jerusalemer Landsleute zur Kapitulation zu überreden. Anschließend ging er mit Titus nach Rom, wo er bis zu seinem Tod als Geschichtsschreiber unter dem Schutz von Titus und Domitian lebte.

Indem Josephus seinen Stammbaum an den Anfang der Autobiografie stellt, gibt er zu verstehen, dass er nicht irgendein Parvenü ist, der mit irgendwelchen Spekulationen ein Vermögen gemacht hat. Stolz kann er auf eine lange Ahnenreihe und damit auf das Vorgestern und Gestern zurückschauen, was ihm das Recht gibt mitzureden, wenn das Morgen zur Debatte steht. Allerdings findet sich da noch eine Bemerkung, die stutzig macht: »Den Stammbaum meines Geschlechts führe ich so an, wie ich ihn in den öffentlichen Registern vorgefunden habe, wobei ich mich um die, die versuchen, mich zu verleumden, nicht weiter kümmern möchte.« Offenbar geht der Schreiber davon aus, dass manche seiner Landsleute vermuten, ein paar Schösslinge an seinem Stammbaum könnten aufgepfropft sein.

Dass eine Ahnentafel im Alten Orient gelegentlich als Eintrittskarte zu politischen und religiösen Ämtern diente, bezeugt unter anderem die Hebräische Bibel. Ganze Sippenverbände, welche nach der Rückkehr aus dem Babylonischen Exil (586–538 v. Chr.) kein Geschlechtsregister vorweisen konnten, blieben in der Folge vom Tempeldienst und vom Priestertum und damit von gesellschaftlichen Schlüsselstellungen ausgeschlossen (vgl. Esra, Kapitel 2, Verse 59-62; Nehemia, Kapitel 7, Vers 64). Emporkömmlinge, die aufgrund günstiger Umstände dennoch Zugang fanden zu den Schalthebeln der Macht, ließen sich von devoten Chronisten ein Geschlechtsregister kompilieren, welches ihnen eine gloriose Herkunft bescheinigte. Allerdings war die Ahnentafel mehr als ein Statussymbol; sie diente auch der Legitimation.

Das lässt sich bis ins Neue Testament hinein verfolgen. Bekanntlich statten die Evangelisten Matthäus und Lukas auch Jesus mit einem Stammbaum aus, wobei die beiden Ahnentafeln allerdings erhebliche Unterschiede aufweisen. Die erste findet sich gleich am Anfang des Matthäusevangeliums (Kapitel 1, Verse 1-17). Dort führt die Ahnenreihe Jesu von Abraham, dem ›Vater der [messianischen] Verheißung‹, über David bis hinunter zu Jakob, dem Vater Josefs und »Mann Marias«. Lukas führt darüber hinaus auch noch Jesu Vorfahren von Adam bis Abraham an (Kapitel 3, Verse 23-37). In beiden Fällen handelt es sich nicht um wirkliche Ahnentafeln. Vielmehr soll damit der Anspruch Jesu, beziehungsweise der Glaube an ihn als den erwarteten Messias theologisch legitimiert werden. Der erste Evangelist wendet sich an eine Leserschaft, die sich vorwiegend aus dem Judentum rekrutiert. Diese will er davon überzeugen, dass sich die an Abraham und an David ergangenen Verheißungen in Jesus erfüllt haben. Lukas hingegen schreibt für ein heidenchristliches Publikum; ihm geht es darum aufzuzeigen, dass Jesus der Erlöser *aller* Nachkommen Adams, also der gesamten Menschheit, ist. Mittels ihrer Ahnentafeln betonen die beiden Evangelisten, dass die junge Kirche die berechtigte Erbin des Judentums ist, womit sie, zumindest implizit, einen Machtanspruch im Sinne eines Wahrheitsmonopols erheben.

Zur Zeit der Renaissance spielten Stammbäume eine wichtige Rolle im Heiratskarussell der europäischen Fürstenhäuser. Natürlich ging es dabei immer auch um den Zusammenhalt oder die Zusammenführung von Ländereien und damit um Machtkonzentration. Gleichzeitig hatten die Ahnentafeln auch eine Identität garantierende Funktion. Daran hat sich bis heute nichts geändert. Vermutlich würden nur wenige Abkömmlinge irgendeines maroden Adelsgeschlechts das *von* vor ihrem Familiennamen gegen ein diamantenschweres Collier eintauschen. Denn Adel verpflichtet. Und ein Stammbaum lässt sich nun einmal nicht mit Karaten aufwiegen.

Wappen und Orden

Ähnlich wie mit den Ahnenlisten verhält es sich mit den Wappen, die im Hochmittelalter bei den Mächtigen in Mode kamen. Dass ein Wappen mit Macht zu tun hat, zeigt schon der sprachgeschichtliche Befund. Ursprünglich bedeutete ›Wappen‹ so viel wie ›Waffe‹, was in dem Zeitwort ›sich wappnen‹ noch deutlich durchscheint. Wappen, die im Mittelalter die Schilde, Helme und Standarten der in ihrer Rüstung unkenntlichen Ritter zierten, erleichterten im Kampf die Unterscheidung von Freund und Feind. Bis um etwa 1500 war der ›Wappenschild‹ ein echter Kampfschild. Erst im 16. Jahrhundert wird der Begriff ›Wappen‹ ausschließlich für das Schildzeichen verwendet, das Paläste, Amtsgebäude und Kirchen, aber auch Urkunden und Siegelringe ziert – und gleichzeitig daran erinnert, wem das letzte Wort zusteht. Schon bald unterschied man genau zwischen dem Rang und der Stellung der einzelnen Wappenträger. Status und Vorrechte kaiserlich-königlicher, adeliger und kirchlicher Amtsträger und Repräsentantinnen spiegelten sich fortan auch im Beiwerk der Wappen. Da finden sich Rangkronen (Tiara, Kaiserkrone, Lorbeerkranz), Kardinalshüte, Amtsinsignien (die Schlüssel Petri über dem Papstwappen), Wappenmäntel und Schildhalter in Tier- oder Menschengestalt, sowie Wahlsprüche, die auszuwählen den meisten Notabeln leichter fiel, als sie einzulösen.

Das erste sicher datierbare Wappen ist das des Grafen Gottfried V. von Anjou. Es handelte sich dabei um eine Helmzier in Form eines Ginsterstrauchs (lateinisch *planta genista* – daher die Bezeichnung Plantagenet). Gottfried trug diese Helmzier 1127, als er von Heinrich I. von England zum Ritter geschlagen wurde. Rund ein Jahrhundert später, als sich das Wappen als Persönlichkeits-, Eigentums- und Hoheitszeichen allgemein durchgesetzt hatte, begannen auch Prälaten es im Siegel, an Geräten und Denkmälern, sowie an Kirchen und an ihren Residenzen anzubringen. Als erster Nachfolger Petri scheint Innozenz III., unter dem die Herrschaft der Kirche ihren absoluten Höhepunkt erreichte, ein Wappen geführt zu haben. Es zeigt den Adler, das Emblem des Segni-Geschlechts, dem dieser Papst entstammte.

Aufschlussreich sind die auf den Hoheitszeichen prangenden Symbole. Bei manchen handelt es sich lediglich um eine figürliche

Umsetzung des Familiennamens. So führte Papst Martin V. (1417–1431) aus der Adelsfamilie der Colonna eine Säule im Wappen, während das Emblem Marcellus' II. (1555) aus dem Haus Cervini mit einem Hirsch verziert war. Wenn ein neu gewählter Papst aus einfachen Verhältnissen stammte, und das kam sogar in der Renaissancezeit gelegentlich vor, ließ er eben ein Wappenzeichen entwerfen – so etwa Sixtus V. (1585–1590), der den Aufstieg vom Schweinehirten zum obersten Hirten der Christenheit schaffte. Als Wappentier führte er einen stolzen Löwen.

Schon bevor es Wappenzeichen gab, galten starke (›königliche‹) Tiere als Sinnbilder der Macht.[30] Sie verwiesen auf Götter, gelegentlich auch auf die Vorfahren der Herrschenden. Der Dschingis Khan führte sein Geschlecht auf einen Wolf zurück. Der Gott des Pharao war der Horusfalke. Afrikanische Stämme betrachteten Löwen und Leoparden als ›heilige‹ Tiere der Königssippe. Wenn der Leichnam des römischen Kaisers verbrannt wurde, entflog seine Seele in Gestalt eines Adlers aus dem Scheiterhaufen.

Dass vorwiegend kräftige oder Beute jagende Tiere als Wappenzeichen verwendet wurden, lässt sich besonders gut anhand der Papstwappen aufzeigen. Von den 94 Papstwappen von Innozenz III. bis Johannes Paul II. zeigen vierzehn einen Löwen, zehn einen Adler, zwei den Doppeladler, zwei einen Stier. Im Vergleich: Gerade acht enthalten das Kreuz, eines das Doppel- und ein weiteres das vierfache Kreuz. Die Friedenstaube kommt bloß drei Mal vor.

Die Wirkung des Wappens lässt sich steigern durch die Art und Häufigkeit seiner Verwendung. Paläste, Brücken, Brunnen, ebenso wie Hospitäler, Kirchen, selbst die Seitenkapellen in Domen und Kathedralen, ja überhaupt gemeinnützige Einrichtungen wurden seit dem Hochmittelalter immer häufiger mit den Wappenzeichen der Stifter versehen und mehrten so nicht nur deren Ruhm, sondern dokumentierten auch ihre Präsenz. Gleichzeitig erinnerten sie (meist zusammen mit entsprechenden Gedenktafeln) an die Wohltaten, welche die Mächtigen dem gemeinen Volk erwiesen hatten. Dabei kam es nicht selten zu Manifestationen, die an eine Gehirnwäsche gemahnen. So verweisen die drei berühmten Bienen, denen man an allen Ecken und Enden der römischen Innenstadt begegnet, auf den Barberini-Papst Urban VIII. (1623–1644). Auch zahlreiche andere Nachfolger Petri haben mit ihren Wappenzeichen geprunkt. Auf geradezu penetrante Weise hat sich der Borgia-Papst Alexander VI. verewigt, als er 1498 die Kassettendecke der Basilika Santa Maria Maggiore mit dem ersten aus Amerika stammenden Gold ornamentieren ließ. 320 Mal ist der Stier, den er im Wappen führte, an der Decke angebracht.

Ähnlich wie das Wappenschild nicht ohne Zierrat auskommt, sondern von Kordeln und Quasten, von Hüten und Helmen, von Schwertern und von Speeren timbriert ist, schmücken die Mächtigen auch ihren Namen. Selbst wenn dieser bereits mit einem *von* aufgeputzt ist, gehört dazu noch mindestens ein Ehrentitel. Neben Ihrer Majestät und Seiner Heiligkeit tummeln sich die Eminenzen und Exzellenzen, die Paternitäten und Maternitäten, und weiter geht's, nach unten (was in diesem Zusammenhang aber immer noch ziemlich weit oben bedeutet): Generaloberfeldmarschall, Oberhofrat, Hochwürden, Ehrwürden, Mutter Oberin ... Früher gab's überdies den Stall- und den Hofmeister, den kaiserlichen und den päpstlichen Geheimkoch, den Geheimkämmerer, alles Bezeichnungen, die auf eine, wenn vielleicht nur lose Verbindung zur Macht hindeuteten.

Dennoch brauchen die Mächtigen die Massen, von denen sie sich abgrenzen. Sie *sind angewiesen* auf einen Woyzeck, der nach allen Seiten hin buckelt. Sonst hat der Herr Hauptmann ja keinen, den er mit *Er* anreden kann: »Er sieht immer so verhetzt aus! Er hat keine Moral! Wenn ich sag' Er, so mein' ich Ihn!«[31]

Woyzeck hat den Hut zu lüften, wenn der Herr Hauptmann an ihm vorbeiredet. Denn Woyzeck trägt bloß die Uniform eines gemeinen Soldaten. Die Mütze des Hauptmanns hingegen zieren Sterne und Streifen, und die Uniform dient als Auslage für die Orden. Wenn Woyzeck etwas weiter nach oben schielt, erblickt er Marschälle und Generäle und entsprechend breitere Streifen und eine noch größere Anzahl Sterne. Aber wenn ein Woyzeck zufällig einer Persönlichkeit über den Weg liefe, die ganz oben rangiert, würde er in seiner Einfalt vermutlich nicht einmal merken, dass diese weder ein Gesicht noch einen Kopf hat, sondern ein *Antlitz*, und ein *Haupt*.

Klamotten und Küchenzettel

Vom gemeinen Mann und seiner tumben Frau unterscheiden sich die Mächtigen auch durch ihre Kleidung. Nicht einmal das Christentum, das zumindest in seinen Anfängen wenn nicht die Gleichheit, so doch die Gleichwertigkeit aller Menschen betonte (»Es gibt nicht mehr Juden und Griechen, nicht Sklaven und Freie, nicht Mann und Frau; denn ihr alle seid ›einer‹ in Christus Jesus« – so Paulus im Galaterbrief, Kapitel 3, Vers 28), vermochte daran etwas zu ändern. Schon im Jahre 428, der neue Glaube war im Römischen Reich gerade ein knappes halbes Jahrhundert zuvor zur Staatsreligion avanciert, sah sich Papst Cölestin I. genötigt, in einem Brief an die Bischöfe der südfranzösischen Provinzen Vienne und Narbonne gegen gewisse »modische Torheiten« der dortigen Kleriker einzuschreiten:

> Wir haben erfahren, dass einige Priester des Herrn mehr auf abgeschmackte Staffagen bedacht sind, als auf die innere Glaubenshaltung. Umhüllt mit einem langen Talar und die Lenden umgürtet versteifen sie sich darauf, der Schrift dem Buchstaben statt dem Geiste nach zu folgen. Wenn es wirklich auf die wortwörtliche Beobachtung ankommt, warum streifen sie dann nicht gleich mit brennenden Kerzen und einem Stab in den Händen durch die Gegend? Ich kann einfach nicht verstehen, woher dieses neumodische Getue des Talartragens in den gallischen Kirchen kommt und warum das so viele Jahre und unter so vielen Bischöfen Übliche nun verändert wird. Letztendlich sollen wir uns doch von der Masse und von anderen Menschen durch Glaubenswissen, nicht durch Kleidung unterscheiden, durch ein christliches Leben und nicht durch äußerliches Gehabe, durch die innere Haltung und nicht durch die Fixierung auf allerlei Firlefanz.[32]

Vermutlich hatte der Papst diese Worte auf Pergament geschrieben. De facto waren sie in den Wind gesprochen.

Ähnlich wirkungslos blieb ein paar Jahrhunderte später der Appell eines kleinen Kaufmannssohns aus Assisi, der nach seiner Bekehrung die Gefährten ermahnte, sich einfach zu kleiden, und ihnen eine mausgraue Kutte verpasste, das Alltagsgewand der Bauern und Hirten. Schon wenige Jahrzehnte nach seinem Tod ließen sich viele Franziskusjünger ihr Ordensgewand aus feinen schwarzen Stoffen schneidern, die damals der Oberschicht vorbehalten waren.

Noch heute wird es auf dem Petersplatz in Rom erst so richtig bunt, nachdem irgendeine päpstliche Kommission im Vatikan ihre Sitzung beendet hat. Dann spucken Torbogen und Portale die Bischöfe mit ihren violetten Käppchen, goldenen Brustkreuzen und edelsteinbesetzten Ringen gleich grüppchenweise aus. Mit etwas Glück erspäht man gar zwei oder drei ältliche Purpurträger mit silbernen Schnallen an den Schuhen, die leicht vornübergebeugt und gemessenen Schrittes über den Platz schreiten, gerade so, als läge das Schicksal der Kirche nicht in Gottes Hand, sondern einzig und allein auf ihren Schultern.

Unwillkürlich erinnert dieses Bild an Federico Fellinis Film *Roma*, in welchem der berühmte Regisseur nicht nur hohe Würdenträger der Orden, sondern auch die Exzellenzen und Eminenzen wie Models über den Laufsteg schickt, wo sie die neuesten Kreationen klerikaler Mode präsentieren, eine Szene dies, deren realer Hintergrund vom tatsächlichen Anblick wenn nicht übertroffen, so doch bestätigt wird.

Während ein Papst Cölestin die Kleriker, und ein Franziskus seine Gefährten zur Einfachheit und Bescheidenheit ermahnte, waren die Repräsentanten von Staat und Kirche darauf bedacht, sich auch durch ihre Kleidung von den einfachen Volksschichten abzugrenzen. Zur Wahrung der Unterschiede erließen sie immer wieder einmal Gesetze, die es den Untergebenen verwehrten, sich wie ihresgleichen aufzuputzen. Die älteste bekannte Kleiderordnung des Mittelalters stammt aus dem Jahr 808, als Karl der Große den Bauern per Dekret den maximalen Stoffaufwand für Rock und Hose festlegte. Zahlreiche ähnliche Bestimmungen richteten sich später gegen den demonstrativ zur Schau gestellten Luxus der Neureichen, die dem Adel in Sachen Mode den Rang abzulaufen drohten. In München verbot man 1405 die Fütterung der Röcke mit Buntpelz; Mantel und Rock durften höchstens zwei Finger breit am Boden nachschleppen.

Mittels ähnlicher Vorschriften versuchten die herrschenden Schichten zu gewissen Zeiten, auch bei Tisch die Standesunterschiede zu wahren. Ein schönes Beispiel dafür ist eine Verordnung des Primas von Canterbury, der sich im 16. Jahrhundert genötigt sah, seinen erzbischöflichen Kollegen nicht mehr als sechs Fleischgerichte und vier Beilagen je Mahlzeit zu gestatten. Für gewöhnliche Bischöfe waren gerade noch fünf Fleischgänge und drei Nebengerichte vorgesehen; die niedrigeren Chargen im geistlichen Stand wurden entsprechend ihrer Rangstufe noch schmäler gehalten.

Klare Grenzziehungen in Sachen Ernährung gab es immer wieder auch zwischen dem Adel und dem gemeinen Volk. Vom Mittelalter bis in die Neuzeit hinein reservierten sich die Blaublüter das Jagd- und Fischrecht. Die Bauern wurden zu Schmalz und Speck verdonnert; der Genuss von Wildbret blieb den Aristokraten vorbehalten. Diese besaßen im Frankreich des 17. Jahrhunderts außerdem das Privileg, *pain mollet*, eine Art Milchbrötchen (oder ›Königinnenbrötchen‹) aus Weizenmehl verzehren zu dürfen, während die Unterschicht sich mit dem harten Gersten- und Roggenbrot begnügen musste. Als die Bäcker dazu übergingen, die ›Königinnenbrötchen‹ auch an die niederen Stände zu verkaufen, schellten beim Adel die Alarmglocken. Die Pariser Stadtherren witterten in der veränderten Konsumgewohnheit den Versuch, die traditionellen Werte zu unterlaufen und die alte Ordnung auf den Kopf zu stellen. Sie fürchteten, die Zartheit der *mollets* könnten bei der arbeitenden Bevölkerung unrealistische Erwartungen wecken. Der Streit zwischen ›Molletisten‹ und ›Antimolletisten‹, bei dem es nur vordergründig ums Brot, in Wirklichkeit hingegen um eine Prestige- und Machtfrage ging, schwelte noch über hundert Jahre. Entschieden wurde die ganze Angelegenheit erst nach der Französischen Revolution, als in Paris weder Arbeiter noch Aristokraten sondern nur noch *citoyens* herumliefen. Ihnen verordnete die Nationalversammlung mit Dekret vom November 1793 ein »Einheitsbrot der Gerechtigkeit«, das aus drei Teilen Weizen und einem Teil Roggen bestand.

Nach mittelalterlicher und frühneuzeitlicher Vorstellung hatte eben jeder Mensch seinen festen Platz in der von Gott geschaffenen Weltordnung, was sich angeblich auch auf die Kleidung und die Ernährung auswirkte. Praktisch bedeutete das, dass den unteren Schichten die Verwendung von kostbaren Stoffen und Schmuck und der Genuss feiner Speisen verboten war.

In Wahrheit diente diese pseudotheologische Argumentation den Herrschenden dazu, die Standesunterschiede auch nach außen hin zu wahren. Weshalb die von der Französischen Revolution institutionalisierte Gleichmacherei langfristig dann doch nicht vorhielt, ist in Friedrich Nietzsches *Zarathustra* nachzulesen: »Wo ich Lebendiges fand, da fand ich den Willen zur Macht; und noch im Willen des Dienenden fand ich den Willen, Herr zu sein.«[33]

Mortalität und Monument

Mächtige wissen sehr wohl, dass auch sie nicht ewig leben. Deshalb sorgen sie sich beizeiten darum, dass wenigstens die Erinnerung an sie lebendig bleibt. Dazu bedarf es des Denkmals. Dieses geht zurück auf die vorgeschichtlichen Grab- und Kultmäler (Megalithen, Menhire, Dolmen). Zwischen Mortalität und Monument besteht ein kausaler Zusammenhang. Im Alten Ägypten waren Denkmäler für Pharaonen in Form von Pyramiden, Obelisken und überlebensgroßen Skulpturen verbreitet. Die griechisch-römische Antike kannte Mausoleen, Reiterstandbilder, sowie Siegesdenkmäler, die nach einer gewonnenen Schlacht errichtet wurden. Die Römer bevorzugten den Triumphbogen und die Ehrensäule. Noch im 5. Jahrhundert erinnerten in Rom über dreitausendfünfhundert Bildsäulen an Kaiser und andere Herrschergestalten.

Das Monument hält die Erinnerung an denkwürdige Ereignisse wach; Im Grunde jedoch dient es dem Ansehen jener, die Außerordentliches geleistet haben. Gleichzeitig ist es ein probates Mittel, um bestimmte (politische, gesellschaftliche oder religiöse) Strömungen zu fördern – oder aber zu unterdrücken. Besonders deutlich tritt diese ambivalente Funktion zu Tage, sobald man sich die Umstände vergegenwärtigt, unter denen Denkmäler errichtet oder niedergerissen werden. Die alten Römer beispielsweise praktizierten die *damnatio memoriae*, die vollständige Tilgung des Andenkens. Ursprünglich wurde diese Strafe vornehmlich auf Hochverräter angewandt. Allfällige zu ihren Ehren bereits errichtete Standbilder mussten zerstört werden. Den Angehörigen war es verboten, um die Verurteilten zu trauern oder Bildnisse von ihnen aufzubewahren. Die Namen der Verfemten – es handelte sich ja ausschließlich um illustre Persönlichkeiten – wurden von allen öffentlichen Bauwerken entfernt und aus den Staatsakten gestrichen.

Nicht nur Lebenden, sondern auch Verstorbenen machte man gelegentlich den Prozess, wenn sie aufgrund veränderter Machtverhältnisse in ein schiefes Licht gerieten. So fielen Nero (37–68) und Maximinus I. (der erste römische Soldatenkaiser, ›der Thraker‹; 235–238) posthum der *damnatio memoriae* anheim, als der Senat diese Tyrannen nach ihrem Tod zu Staatsfeinden erklärte. Gelegentlich kam es auch vor, dass ein neuer Kaiser aus eigener Initiative die Erinnerung an einen Vorgänger auslöschte. Dieses Schicksal traf den größenwahnsinnigen Caligula (wörtlich: ›Soldatenstiefelchen‹; 37–41), den blutrünstigen Domitian (81–96) und den ebenso zügellosen wie gewalttätigen Commodus (180–192).

Das wohl bekannteste Zeugnis für eine *damnatio memoriae* findet sich auf dem Forum Romanum, am Triumphbogen des Lucius Septimius Severus, den der Senat zu Ehren dieses Kaisers und seiner beiden Söhne gestiftet hatte. Septimius Severus wurde am 11. April 146 in Leptis Magna (nahe dem heutigen Homs in Libyen) geboren. Im Jahre 193 bestieg er den Thron. Nach seinem Tod am 4. Februar 211 übernahm sein Sohn Caracalla zusammen mit dem jüngeren Bruder Publius Septimius Geta die Herrschaft. Beide hatte der Vater schon im Jahre 209 zu Mitregenten ernannt. Während Septimius Severus mancherlei rechtliche und militärische Reformen vorantrieb, war die Herrschaft der Söhne von Extravaganz und Verschwendungssucht geprägt. Caracalla (eigentlich Marcus Aurelius Antonius; der Spitzname Caracalla leitet sich von der Bezeichnung für ein langes gallisches Gewand ab, das er in Rom einführte) war überdies gefürchtet wegen seiner unerhörten Grausamkeit. Gerade ein Jahr an der Macht, ließ er im Februar 212 seinen Bruder und Mitregenten Geta vor den Augen der Mutter umbringen. Wenig später veranlasste er die Ermordung seiner Gemahlin und seines Schwiegervaters. Anschließend wurde auf sein Geheiß der Name seines Bruders am oberen Teil des Triumphbogens des Septimius Severus entfernt und durch eine neue Inschrift ersetzt: *Optimis fortissimisque principibus* – den besten und tapfersten Fürsten (was

sich nun auf Septimius Severus und seinen Sohn Caracalla bezog).
Anhand der Dübellöcher für die Bronzelettern lässt sich der
ursprüngliche Text der vierten Zeile leicht rekonstruieren: *P[ublio]
Septimio Getae nob[ilissimo] Caes[ari]* – dem Publius Septimius Geta, dem vornehmsten Kaiser.

Mit der Veränderung oder Zerstörung des Denkmals wird der
oder die im Monument ›Verewigte‹ zur Unperson erklärt. Diente
das Denkmal vorerst dazu, die Erinnerung an die Geehrten über deren Tod hinaus wach zu halten, so leitet der Akt der Vernichtung das
Totschweigen ein.

Im Römischen Kaiserreich wurde die *damnatio memoriae* plan-
mäßig gepflegt. Später, als das Christentum dem angeblich zappen-
dusteren Heidentum endgültig den Garaus gemacht und die Kirche
die Macht im Staat an sich gerissen hatte, gehörte die Rache an den
Toten keineswegs der Vergangenheit an. Da die Kirche anfänglich
Denkmäler für noch Lebende ablehnte, erstreckte sich die *damnatio
memoriae* naturgemäß auf die Tilgung des Andenkens. Dabei entwi-
ckelten die neuen Herrscher über das Reich einen ausgeprägten
Sinn für das Schauerliche und Makabere. Das abstoßendste und fre-
velhafteste Beispiel dafür bildet die berühmte Leichensynode, welche Papst Stephan VI. im Jahre 897 in Rom inszenierte. Diese hatte
jedoch, wie häufig bei scheinbar religiösen Auseinandersetzungen,
überhaupt nichts mit dem Glauben, desto mehr aber mit Herr-
schaftsansprüchen und mit Politik zu tun.

Gegen Ende des 9. Jahrhunderts stritten der Markgraf Berengar
von Friaul und Herzog Guido II. von Spoleto in wüsten Kämpfen
um die Herrschaft in Italien. Guido vermochte sich durchzusetzen.
Vom Größenwahn gepackt, zwang er Papst Stephan V. im Jahre 891,
ihn zum Kaiser zu krönen. Das führte zu neuen Unruhen, weil
Markgraf Berengar weiterhin nach der Krone strebte. Damals fragten
sich viele, ob es überhaupt rechtens sei, dass der Papst italienischen
Kleinfürsten die Kaiserwürde verlieh. War dieser Rang denn nicht
ausschließlich den Nachkommen Karls des Großen vorbehalten, den
Leo III. an Weihnachten des Jahres 800 zum Kaiser gekrönt hatte?

Papst Stephan V. jedenfalls stirbt schon im September des Krö-
nungsjahres. Zum Nachfolger gewählt wird Formosus, der 75-jäh-

rige Kardinalbischof von Porto. Der aber sympathisiert mit Berengar – und ist im Übrigen der Ansicht, dass die Kaiserkrone eher auf den Kopf des deutschen Königs Arnulf passe. Nach Guidos Tod eilt dessen Sohn Lambert nach Rom, begleitet natürlich von seinen Truppen, um vom Papst die Krone zu fordern. Formosus fügt sich dem Druck, ruft dann aber, kaum dass der Neugekrönte Rom verlassen hat, den deutschen König Arnulf zu Hilfe, um gegen die »schlechten Christen« von Spoleto vorzugehen und den arroganten Lambert abzusetzen. Arnulf marschiert gen Rom, Lambert flieht; es ist dies das erste Mal in der abendländischen Geschichte, dass ein deutsches Heer Rom belagert, weil sein Führer, ein deutscher König, sich die Kaiserkrone holen will. Formosus, von den Römern des Verrats bezichtigt und unter Hausarrest gestellt, wird von den deutschen Truppen befreit; zum Dank krönt er Arnulf im April 896 zum Kaiser.

Den neuen Herrscher hält es gerade drei Wochen in Rom, dann schnappt er sich zwei Adelige als Geiseln und bricht nach Spoleto auf, um Lambert zu bekriegen. Doch statt sich auf dem Schlachtfeld zu bewähren, übt sich der zu Ausschweifungen neigende Arnulf lieber in Bettschlachten, holt sich eine venerische Krankheit und zieht nach Regensburg weiter, wo er 899 stirbt.

Formosus indessen ist durch die Förderung des Deutschen bei den Römern schwer in Misskredit geraten; schon einen Monat nach der Krönung, im Mai 896, lassen seine Kräfte nach; eine kurze Krankheit führt zum schnellen Tod. Sein Nachfolger Bonifaz VI. regiert gerade zwei Wochen; dann stirbt er unversehens. Ob er umgebracht wurde, ist umstritten.

Der nächste Papst, Stephan VI., Sohn eines römischen Presbyters (der Zölibat wurde damals recht lose gehandhabt) und bis anhin Bischof von Anagni, ist eine Kreatur der Spoletaner. Solange Arnulf in Italien weilt, anerkennt ihn Stephan als Herrscher. Kaum jedoch hat der »nordische Barbar« Italien verlassen, schlägt der Papst sich auf die Seite des Schattenkaisers Lambert. Um diesem seine Anhänglichkeit zu beweisen, möglicherweise aber auch aus persönlicher Rachsucht gegenüber seinem Vorgänger Formosus, inszeniert Stephan in der Folge ein grauenhaftes Schauspiel. Er beruft eine

Synode ein, und kaum dass die Kardinäle, Bischöfe und andere geistliche und weltliche Würdenträger sich eingefunden haben, lässt er die Leiche des Formosus aus der Gruft reißen. Dann wird der bereits in Verwesung übergegangene Körper mit päpstlichen Gewändern bekleidet und im Lateranpalast auf einem Thron festgebunden; der Prozess kann beginnen.

Erster und wichtigster Anklagepunkt bei diesem frevelhaften Totengericht: Formosus wurde gegen das geltende Recht zum Papst gewählt. Wie bereits erwähnt, war dieser, bevor er den Stuhl Petri bestieg, Erzbischof von Porto. Nun erinnert man sich plötzlich wieder an weit zurückliegende und längst überholte Entscheidungen früherer Kirchenversammlungen, welche verboten, einen Bischofssitz mit einem anderen zu vertauschen. Ebendies aber habe sich Formosus zu Schulden kommen lassen, indem er aus Ehrgeiz von Porto nach Rom wechselte – ergo sei seine Wahl null und nichtig. »Weshalb«, so der lebende zu dem schon verwesenden Papst, »hast du aus Ehrsucht den apostolischen Stuhl usurpiert, da du doch Bischof von Porto warst?« Wohl hat man dem Toten einen Anwalt zugestanden, der für ihn spricht. Aber der übt sich wohlweislich in Zurückhaltung, weil er befürchten muss, dass man sonst auch mit ihm kurzen Prozess macht ... In der Folge erklärt die vor der Papstleiche tagende Synode sämtliche von Formosus vollzogenen Weihen und Amtshandlungen – und damit auch Arnulfs Krönung – für ungültig. Anschließend unterschreiben die Versammelten ein Absetzungsdekret, während der Henker der Leiche die drei Segensfinger der rechten Hand abhackt. Schließlich wird der Verurteilte vom Thron gerissen, durch die Straßen Roms geschleift und in den Tiber geworfen.

Stephan selber bringt die Leichensynode (wie diese ruchlose Versammlung schon bald genannt wird) kein Glück. Da er alle systematisch verfolgt, welche Formosus in ihre Ämter eingesetzt hat, wächst die Zahl seiner Gegner ständig. Diese verehren den Vorgänger bereits wie einen Märtyrer und bald geht die Rede, dass Rom seinen Wohltäter geschändet habe. Die deutschfreundliche Partei gewinnt zunehmend mehr Sympathisanten und wagt den Aufstand; Stephan wird gefangen gesetzt und im Kerker erdrosselt.

Die geschändete Leiche des Formosus hingegen wird später von Fischern aus dem Tiber gezogen und in Alt-Sankt Peter ehrenvoll beigesetzt. Das Grabmal fiel, wie das so vieler anderer Päpste, im 16. Jahrhundert dem Neubau der Peterskirche zum Opfer. Abgesehen von einem Porträt im Kranz der Papst-Rundbilder, der das Mittelschiff der Basilika San Paolo fuori le Mura ziert, erinnert in Rom kein Monument und keine Inschrift an Formosus.

Wie bereits gesagt, zögerte das Christentum zunächst, für noch Lebende Ehrenmale in Form von Standbildern zu errichten. Deshalb spielen sie in der Kunst des Mittelalters keine Rolle. Zu den wenigen Ausnahmen zählen die Reiterdenkmäler Heinrichs des Löwen in Braunschweig, der berühmte Reiter im Bamberger Dom und das Reiterdenkmal auf dem Magdeburger Marktplatz. Erst zur Zeit der Renaissance entstehen im Zug der Wiederentdeckung der Antike vermehrt Reiterstandbilder, die sich an antike Vorbilder anlehnen.

Mit dem ausgehenden 18. Jahrhundert gewinnt das Denkmal in der Bildhauerei zunehmend an Bedeutung; vor allem Persönlichkeiten des öffentlichen Lebens werden so posthum geehrt – hauptsächlich solche, die dem jeweils herrschenden Zeitgeist, will sagen dem Geschmack der Herrschenden entgegenkamen. Monumentale Schöpfungen wie die von Leo von Klenze konzipierte Walhalla bei Regensburg oder Nationaldenkmäler wie das Kreuzbergdenkmal von Karl Friedrich Schinkel in Berlin hatten (zumindest zeitweise) vorwiegend patriotischen Charakter und damit eine Identität stiftende Funktion. Unter anderem gilt das auch für den 1806 von Napoleon in Auftrag gegebenen *Arc de Triomphe* in Paris oder für das 1885–1911 erbaute *Monumento a Vittorio Emanuele II.* an der Piazza Venezia in Rom.

Vergessen wir hier nicht das Grabmal des Unbekannten Soldaten! Diese Gedenkstätte erinnert an die zahl- und namenlosen ›Heroen‹, die angeblich für Freiheit, Gerechtigkeit und für das Vaterland in den Tod gegangen sind. Angeblich! Denn letztlich dient dieses Denkmal doch nur dazu, den kleinen Mann zu motivieren, die Interessen der Machthabenden zu verteidigen. Und für sie vor die Hunde zu gehen.

Paraden und Prozessionen, Hof und Thron

Wenn Mächtige auftreten, setzen sie sich gleichzeitig in Szene. Dabei entwickeln sie einen ausgeprägten Instinkt für die Psychologie der Massen. Besonders deutlich wird das bei kirchlichen Prozessionen und militärischen Paraden, wenn die Hohen Priester und politischen Führer mit Hunderten von Komparsen sich vom gemeinen Volk bejubeln lassen. Da wird eine ganze Stadt für Stunden plötzlich zur Bühne. Fürstenresidenzen, Patrizierbauten, das Rathaus und der Bischofssitz, Dome und Kathedralen und die mit Fahnen und Flaggen geschmückten Straßen dienen als Kulisse. Das Volk jubelt, feiert, klatscht in die Hände. Wenn die Marschmusik schweigt, ertönen Sprechchöre und Hochrufe, dazwischen werden Gesänge angestimmt, auf Gott und aufs Vaterland. Prozession und Parade wecken patriotische Gefühle und fördern die religiöse Inbrunst. Die psychologischen Mechanismen sind in beiden Fällen die gleichen; die Unterschiede sind bloß inhaltlicher Art. Angeblich gelten die Ovationen Gott oder dem Vaterland. In Wirklichkeit handelt es sich um Personenkult.

Dass die Mächtigen das wissen, zeigt ihr zufriedenes Lächeln. Gleichzeitig aber wissen sie auch, dass Macht verpflichtet. Schon allein deswegen meinen sie, keine Schwäche zeigen zu dürfen.

Kurd von Schlözer, der von 1864–1869 in seiner Eigenschaft als preußischer Legationssekretär beim Heiligen Stuhl in Rom weilte, bringt das in einem seiner Briefe anschaulich zum Ausdruck:

Rom, Fronleichnamstag, 26. Mai 1864. Heute haben wir hier das große Fest *corpus domini* gefeiert. Der Papst ist trotz seiner Körperschwäche nicht zu halten gewesen, er hat die Prozession mitgemacht. Die Anstrengung ist freilich nicht so sehr groß, da er die ganze Zeit hindurch getragen wird und ganz behaglich in seinem Lehnstuhl sitzt. Das darf das Volk aber nicht wissen; er soll eigentlich kniend getragen werden und dabei die Hände zum Gebet erheben. Das würde der alte Herr aber die 1½ bis 2 Stunden natürlich nicht aushalten können. Um dem Volk nicht die Illusion zu rauben, dass er kniet, wird sein Lehnstuhl, in dem er herumgetragen wird, mit Draperien bedeckt und unter ihrem Schutze leicht schräg gestellt, sodass es den Anschein hat, als ob der Papst sich zum Gebet vornüberbeuge. Man sieht von ihm eigentlich nur Kopf, Arme und Hände, das Übrige ist in mystisches Dunkel gehüllt.[34]

Pius IX. war sich offenbar bewusst, dass es die Herde nach starken Hirten verlangt. Man mag dem entgegenhalten, dass ein Johannes Paul II. mit fortschreitendem Alter bei zunehmender physischer Schwäche nichts von seiner Autorität einbüßte. Tatsache ist, dass er immer mehr Leitungsfunktionen an seine Mitarbeiter delegieren musste (denen dies nur zu gelegen kam). Und dass sein Pressesprecher Joaquin Navarro-Valls vom Opus Dei ihm während Jahren einen guten Gesundheitszustand bescheinigte, obwohl doch alle, die einen Fernseher besaßen, sehen konnten, dass er die Unwahrheit sagte. Dies wiederum zeigt, wie sehr jene, die engen Kontakt zu den Mächtigen pflegen, eben doch fürchten, dass mit dem körperlichen Verfall die Macht zu bröckeln beginne.

Bei öffentlichen Auftritten bekunden die Mächtigen ihre Nähe zum Volk. Auf die Huldigungen, die dieses ihnen entgegenbringt, mögen sie auch im Alltag nicht verzichten. Um sich selber und ihren Untergebenen zu beweisen, dass sie nicht zur Gruppe der gewöhnlichen Sterblichen gehören, haben sie den Hof und den Thron.

Der Hof ist eine kleine Welt für sich, in der die Großen sich bewegen; er bildet das Zentrum. Das ist nur bedingt geografisch zu verstehen; denn der Hof kann verlegt werden, wenn der Herrscher oder die Herrscherin es will. In gewisser Hinsicht ist der Hof der Mittelpunkt eines Kreises. Um den Herrscherpalast gruppieren sich die Adelsresidenzen, vergleichbar den Planeten, welche die Sonne umkreisen. Zum Hof gehört der Hofstaat, ein Kern von Menschen, deren Funktion im Einzelnen und aufs Genaueste festgelegt ist. Von Zeit zu Zeit versammeln sie sich, um der Herrscherin oder dem Herrscher zu huldigen. Unbewusst schlüpfen sie dann in die Rolle des Volkes, das dem Kaiser, der Königin oder dem Landesfürsten bei seinen öffentlichen Auftritten zujubelt. »Die Haltung der Höflinge soll auf die übrigen Untertanen ansteckend wirken. Was jene *immer* tun, dazu soll es diese *manchmal* treiben.«[35] Ähnlich wie sich die Untertanen in der Stadt vor dem Einzug der Fürstin in den Straßen versammeln, harrt die höfische Gesellschaft im Festsaal der Ankunft des Königs.

Der lässt sich auf seinem *Thron* nieder. Die Höflinge hingegen setzen sich auf Stühle; oft bleiben sie auch stehen. Ist der Hof der Mittelpunkt des Kreises, bildet der Thron die Spitze der Pyramide. Wer zum Fußkuss vortritt, spürt geradezu physisch, wie der Herrscher ins Unermessliche wächst. Die Erniedrigung des einen bewirkt die Erhöhung des anderen. Die räumliche Annäherung wird aufgehoben durch den Abstand in der Vertikalen.

Zu welch grotesken Konstellationen die Zurschaustellung der Macht gelegentlich führte, lässt sich anhand der Etikette illustrieren, die am Hof des Sonnenkönigs herrschte.

Der König speiste unbedeckten Hauptes an einem kleinen viereckigen Tisch, der eigens in sein Antichambre gebracht wurde. Wenn angerichtet war, traten zunächst die vornehmsten Höflinge und nach ihnen die übrigen der bei Hofe Zugelassenen ein, bevor Ludwig XIV. selbst erschien. Monsieur, dem Bruder des Königs, der sich oft an der Tafel Ludwigs XIV. einfand, gebührte das Vorrecht, der Majestät die Serviette anreichen zu dürfen. Sie wurde dem König zwischen duftenden Kissen in einem silbernen Schiffchen zusammen mit einem Salzfässchen und dem Vorschneidemesser unter den entsprechenden Reverenzbezeigungen präsentiert. Dieses Vorspiel war eine von unzähligen Handreichungen, wie sie sich im Umkreis höfischen Zeremoniells längst schon vor dem Sonnenkönig herausgebildet hatten. Aber sie wurden in Versailles nun in einem solchen Maße aufgewertet und ausgebaut, dass es als ausgesprochenes Prestigemerkmal galt, sich solcher Dienste unterziehen zu dürfen. Dabei wurde die Devotionshaltung, die man der Majestät des Königs gegenüber einzunehmen hatte, auch auf Gegenstände übertragen, denen im Rahmen der höfischen Etikette eine besondere Bedeutung beigemessen wurde. Das silberne Schiffchen, in dem die Mundtücher angereicht wurden, stand, wenn es unbenutzt war, im Vorzimmer des Königs. Es wurde von der Leibgarde bewacht und genoss wie auch das Prunkbett des Monarchen das Vorrecht, dass ihm ebenso wie dem König selbst die gebührende Reverenz erwiesen wurde.

Im Artikel 26 der *Ordonanzen des Königlichen Hauses*, die unter dem Datum des 7. Januars 1681 in einer revidierten Fassung erlassen wurden, legte der König im Einzelnen fest, wie beim Servieren der Speisen verfahren werden sollte. Zwei Mann der Königlichen Garde hatten mit geschultertem Gewehr voranzugehen, darauf folgte der Türhüter des Saales, der Hofmeister mit seinem Stabe, dann der »Gentil homme servant«, der »Contrôleur Général«, der »Contrôleur Clerc d'office« und andere, die für das Auftragen der Speisen zuständig waren, sodann der Küchenvorschneider und der Aufseher für die Gefäße und schließlich noch einmal zwei Soldaten von der Königlichen Garde. Nachdem man sich an der Kredenz gewaschen hatte und die Speisen mit einem Stückchen Brot noch einmal angerührt hatte, nahm der »Gentil homme servant« die erste Schüssel, die andere der »Contrôleur« und die Bedienten vom Mundschenkamt die übrigen. »In dieser Ordnung«, heißt es dann wörtlich, »marschiert der Hofmeister, welcher den Stab in Händen hat, voran, vor ihm aber gehet der Türhüter des Saales her, der einen Stock in seinen Händen trägt, welches ein Markenzeichen seines Amtes ist. Wenn man in dem Speise-Saal angelanget, machet der Hofmeister eine Reverenz vor dem Schiff und der ›Gentil homme‹, der die erste Schüssel trägt, setzet dieselbe auf die Tafel nieder.«

Der Hofstaat hatte während der ganzen Dauer des königlichen Mahles stehend, schweigend und mit den Hüten auf dem Kopf das Szenarium zu bilden, das den Auftritten der Majestät, den »éclats« (wie es in der französischen Version heißt) erst jenen Effekt verlieh, der der Selbsteinschätzung des Königs den gewünschten Ausdruck gab. Nur die Königin, die in der Regel für sich alleine mit einem eigenen Hofstaat zu speisen pflegte, besaß das Privileg, an dem Tisch Platz zu nehmen. Wenn sie während des Soupers in seine Gemächer trat, erhob sich der König halb und verneigte sich mit gewohnt hoheitsvoller Eleganz. Selbst Monsieur, der der Majestät das Silberschiffchen mit den Mundtüchern zu reichen befugt war, durfte sich ohne ausdrückliche Aufforderung des Königs nicht setzen. Vielmehr wurde es als eine Geste außerordentlicher Wertschätzung und tiefer Herablassung empfunden, wenn der König ihn zu Tisch bat.[36]

Es herrscht also Ordnung. Die Verhältnisse sind klar. Die Macht zeigt Profil. Sie sitzt zu Tisch. Gleichzeitig ist sie im Zentrum des Kreises und dort erst noch erhöht, auf der Spitze der Pyramide.

Masken
der Macht

Ein Wolf und ein Lämmlein kamen ohngefähr beide an einen Bach, um zu trinken; der Wolf trank oben am Bach, das Lämmlein aber fern unten. Da der Wolf das Lämmlein gewahr ward, lief er zu ihm und sprach: »Warum trübst du mir das Wasser, dass ich nicht trinken kann?« Das Lämmlein antwortete: »Wie kann ich dir das Wasser trüben, trinkst du doch über mir und möchtest es mir wohl trüben?« Der Wolf sprach: »Wie fluchst du mir noch dazu?« Das Lämmlein antwortete: »Ich fluche dir nicht.« Der Wolf sprach: »So tat es mir dein Vater vor sechs Monden, und du bist ebenso wie dein Vater.« Das Lämmlein antwortete: »Bin ich doch dazumal noch nicht geboren gewesen, wie soll ich für meinen Vater entgelten?« Der Wolf sprach: »So hast du mir aber meine Wiesen und Äcker abgenagt und verdorben.« Das Lämmlein antwortete: »Wie ist das möglich, habe ich doch noch keine Zähne!« – »Ei«, sprach der Wolf, »und wenn du gleich noch so viele Ausreden hast, so will ich dich heute doch fressen«, und würgte also das unschuldige Lämmlein und fraß es.

Die Fabel *Vom Wolf und vom Lamm* findet sich bei Martin Luther (1483 1546), ob er sie selber erfunden hat, bleibe dahingestellt. Für uns ist sie deshalb von Interesse, weil sie zeigt, dass und wie Machtansprüche und Machtmissbrauch sich gegen alle Evidenz scheinbar dennoch ›begründen‹ lassen. Und weil sie gleichzeitig illustriert, dass auch die willkürlichsten Machthaber gelegentlich unter Rechtfertigungszwang stehen – und sei es bloß, um das Gesicht zu wahren.

Vereinnahmung der Quellen

Aufschlussreich ist natürlich, wie solche Legitimationsversuche sich konkret präsentieren. Ein Paradebeispiel dafür ist die so genannte *Zwei-Gewalten-* oder *Zwei-Schwerter-Theorie*, die während des ganzen Mittelalters in der Auseinandersetzung zwischen Kaiser und Papst eine zentrale Rolle spielte.

Anlass zu dieser Theorie, die im Lauf der Jahrhunderte immer wieder modifiziert wurde, gaben die ständigen Spannungen zwischen staatlichen und kirchlichen Autoritäten in der Spätantike. Die daraus resultierenden Streitigkeiten veranlassten Papst Gelasius I. im Jahre 494 zu einem Schreiben an Kaiser Anastasios in Konstantinopel, in welchem er seine Sicht über das Verhältnis von Kirche und Staat darlegt:

Es sind zwei, ehrwürdiger Kaiser, von denen diese Welt prinzipiell regiert wird, nämlich von der heiligen Autorität der Päpste und von der königlichen Gewalt. Unter diesen [beiden] haben die Priester ein umso größeres Gewicht, als sie auch für die Könige unter den Menschen bei göttlicher Prüfung Rechenschaft ablegen müssen. Denn du weißt, mildtätigster Sohn, dass du, obwohl du aufgrund deiner Würde dem Menschengeschlecht vorstehst, dennoch den Verwaltern des Göttlichen demütig den Nacken beugst und von ihnen die Urgründe deines Heils erwartest.[37]

Diese Zwei-Gewalten-Theorie wurde im 11. Jahrhundert von dem Mönch Gottschalk von Limburg, einem der wichtigsten Helfer König Heinrichs IV. im Investiturstreit[38], mit einer Stelle aus dem Lukasevangelium in Verbindung gebracht. Dort ist die Rede davon, wie die Jünger Jesu seine Verhaftung mit Waffengewalt vereiteln wollen: »Herr, hier sind zwei Schwerter.« Worauf Jesus sie in die Schranken weist: »Genug davon« (Kapitel 22, Vers 38)! Wenig später, anlässlich seiner Gefangennahme, verbietet Jesus seinen Jüngern, mit dem Schwert dreinzuschlagen (vgl. Verse 47–53). In seiner mehr als waghalsigen Interpretation dieser Bibelstelle behauptet nun Gottschalk von Limburg, dass die zwei Schwerter sich auf die geistliche und die weltliche Gewalt beziehen würden. Anders als in der Vorstellung von Papst Gelasius aber ist der *gladius materialis* oder *temporalis* (das weltliche Schwert, bzw. die weltliche Macht) dem *gladius spiritualis* (der geistlichen Herrschaft) nicht untergeordnet; vielmehr handelt es sich um zwei *gleichberechtigte* Gewalten. Der König benützt sein ›weltliches Schwert‹, um die Feinde der Kirche in die Knie zu zwingen. Der Papst hingegen übt seine geistliche Macht aus, und sei es durch Exkommunikation, um Unbotmäßige zum Gehorsam gegenüber dem König zu zwingen, der ja an Gottes statt die Regierungsgeschäfte ausübt. Das deckt sich in etwa mit der Ansicht des bolognesischen Mönchs Gratian, des ›Vaters der kirchlichen Rechtswissenschaft‹, der um die Mitte des 12. Jahrhunderts der Kirche allein das »geistliche Schwert« zuerkennt, »welches nicht tötet, sondern [ewiges] Leben schafft«.[39]

Bereits 150 Jahre später jedoch propagieren die Päpste eine ganz andere Ansicht. Jetzt nämlich postulieren sie offen und offiziell den Vorrang der geistlichen Gewalt vor der weltlichen. Kodifiziert wird diese neue Theorie erstmals im Jahre 1302 von Papst Bonifaz VIII., dem ›Erfinder‹ des Heiligen Jahres, in der berühmt-berüchtigten Bulle *Unam Sanctam* über die einzigartige Stellung der Kirche. Anlass zu dieser Bulle war die Auseinandersetzung zwischen dem Papst und König Philipp IV. von Frankreich über die Frage, ob der König das Recht habe, den Klerus zu besteuern.

Eine heilige katholische und ebenso apostolische Kirche zu glauben und festzuhalten, werden wir auf Drängen des Glaubens gezwungen, und diese (Kirche) glauben wir fest und bekennen wir aufrichtig, außerhalb derer weder Heil noch Vergebung der Sünden ist. [...] Die eine und einzige Kirche hat also *einen* Leib, *ein* Haupt, nicht zwei Häupter wie eine Missgeburt, nämlich Christus und den Stellvertreter Christi, Petrus, und den Nachfolger des Petrus; denn der Herr sagte zu Petrus selbst: »Weide meine Schafe« [Johannesevangelium, Kapitel 21, Vers 17]. »Meine«, sagt er, und zwar allgemein, nicht einzeln diese oder jene. Daraus ersieht man, dass ihm alle anvertraut wurden. [...]

Durch die Aussagen der Evangelien werden wir belehrt, dass in dieser ihrer Gewalt zwei Schwerter sind, nämlich das geistliche und das zeitliche. Beide also sind in der Gewalt der Kirche, nämlich das geistliche Schwert und das materielle. Jedoch ist dieses *für* die Kirche, jenes aber *von* der Kirche zu handhaben. Jenes in der Hand des Priesters, dieses in der Hand der Könige und Soldaten, aber auf die Zustimmung und Duldung des Priesters hin. Es gehört sich aber, dass ein Schwert unter dem anderen ist und die zeitliche Autorität sich der geistlichen Gewalt unterwirft. Dass die geistliche Gewalt jedwede irdische sowohl an Würde als auch an Adel überragt, müssen wir umso deutlicher bekennen, je mehr das Geistliche das Zeitliche überragt.

Wenn also die irdische Gewalt abirrt, dann wird sie von der geistlichen Gewalt gerichtet werden; wenn aber eine niedrigere geistliche abirrt, dann von ihrer höheren; wenn aber die höchste, dann wird sie allein von Gott, nicht von Menschen gerichtet werden können, wie der Apostel bezeugt: »Der geistliche Mensch richtet alles, selbst aber wird er von niemandem gerichtet« [1. Korintherbrief, Kapitel 2, Vers 15].

Diese Autorität ist aber, auch wenn sie einem Menschen verliehen wurde und durch einen Menschen ausgeübt wird, keine menschliche, sondern vielmehr eine göttliche Gewalt, die Petrus aus göttlichem Munde verliehen und ihm und seinen Nachfolgern von Christus selbst, den er als Fels bekannt hat, bestätigt wurde, als der Herr zu Petrus selbst sagte: »Alles, was du gebunden hast« usw. [Matthäusevangelium, Kapitel 16, Vers 19]. Wer immer sich also dieser von Gott so angeordneten Gewalt »widersetzt, widersetzt sich der Anordnung Gottes« [Römerbrief, Kapitel 13, Vers 2]. [...]

Wir erklären, sagen und definieren nun aber, dass es für jedes menschliche Geschöpf unbedingt notwendig zum Heil ist, dem Römischen Bischof unterworfen zu sein.[40]

Diese Bulle, welche für den Papst uneingeschränkte und direkte Vollmacht gegenüber den Königen auch in Bezug auf Zeitliches beansprucht, sorgte für große Aufregung und erregte vielfach Anstoß. Bezeichnenderweise fehlt in diesem Text vom 18. November 1302 jene Unterscheidung, die Bonifaz VIII. selber noch am 24. Juni desselben Jahres in Gegenwart der Gesandten Frankreichs gemacht hatte, nämlich, dass der König wie jeder andere Gläubige der geistlichen Vollmacht des Papstes lediglich »im Hinblick auf die Sünde« (*ratione peccati*) unterworfen sei.[41] Gemäß der in der Bulle vorgelegten Neuinterpretation des ominösen Zwei-Schwerter-Wortes aus dem Lukasevangelium hat der Papst als Nachfolger des heiligen Petrus *unmittelbar von Gott beide Schwerter* erhalten, das weltliche und das geistliche. Aus seiner Hand empfängt der Kaiser das weltliche Schwert, mit der Verpflichtung, es *zum Wohl der Kirche* zu gebrauchen. Selbstverständlich beansprucht Bonifaz für sich, dass es ihm als oberstem Lehrer und Leiter der Kirche zukomme, die Bibel verbindlich auszulegen. In dieser Eigenschaft erklärt er, dass die Kirche die einzige Tür sei, die den Menschen Zugang zum ewigen Heil verschaffe: »Wir erklären, sagen und definieren nun aber, dass es für jedes menschliche Geschöpf unbedingt notwendig zum Heil ist, dem Römischen Bischof unterworfen zu sein.« Punkt.

Exegetisch gesehen hat natürlich weder die imperiale noch die pontifikale Lesart am Lukastext einen Anhalt – selbst wenn man in Betracht zieht, dass sich die von den Kirchenvätern gepflegte allegorische Auslegung der Schrift im Mittelalter immer noch großer Beliebtheit erfreute. Zu offensichtlich ist die Tatsache, dass es sich in beiden Fällen nicht um eine sachgerechte Interpretation eines Bibeltextes, sondern um dessen ideologische Vereinnahmung handelt. Im Grunde gleichen die Verfechter beider Theorien Leuten, welche Ostereier verstecken und nachher genau wissen, wo diese zu finden sind.

Im Übrigen sind keinerlei theologische Kenntnisse vonnöten, um die besagte Bibelstelle von den zwei Schwertern richtig zu deuten. Nachdem Jesus seinen bevorstehenden Tod angekündigt hat – »Alles, was über mich gesagt ist, geht in Erfüllung« (Lukasevangelium, Kapitel 22, Vers 37) – wollen ihn die Jünger mit Waffengewalt vor seinem Los bewahren und weisen darauf hin, dass sie bereits im Besitz von zwei Schwertern sind.

Geschichtsklitterung

Neben der ideologischen Vereinnahmung von Quellentexten gehört die bewusste Verdrehung historischer Fakten zu den beliebtesten Mitteln, um Machtansprüche geltend zu machen. Exemplarisch lässt sich das anhand des Romans *Der König David Bericht* von Stefan Heym aufzeigen.[42]

Im Mittelpunkt des Geschehens steht der Autor und Historiker Ethan, der vom König Salomo nach Jerusalem berufen wird zwecks Ausarbeitung des »Einen und Einzigen Wahren und Autoritativen, Historisch Genauen und Amtlich Anerkannten Berichts über den

Erstaunlichen Aufstieg, das Gottesfürchtige Leben, sowie die Heroischen Taten und Wunderbaren Leistungen des David ben Jesse, Königs von Juda während Sieben, und beider Juda und Israel während Dreiunddreißig Jahren, des Erwählten Gottes und Vaters von König Salomo« (10), ein Unternehmen, das unter dem Arbeitstitel »König-David-Bericht« (11) läuft.

Bekanntlich ist David weder als Heiliger noch als heiliger König, sondern lediglich als König in die Geschichte eingegangen; in seinem Leben gab es ja mehr als nur einen dunklen Fleck. Und wenn Salomo von Davids vielen Söhnen der einzig legitime Nachfolger sein soll, muss er ein Interesse daran haben, zweierlei plausibel zu machen, nämlich dass sein Vater Sauls Nachfolge rechtens angetreten und seinen Sohn zum König bestimmt hat. Mit Salomos Worten: »Du wirst mir zustimmen, Ethan ben Hoshaja, dass Erwählung Nummer drei nur Gültigkeit haben wird, wenn Nummer zwei unumstößlich erwiesen ist« (10).

Um diesen Nachweis zu erbringen, forscht Ethan nach in den königlichen Hofakten, in der offiziellen Korrespondenz, in früheren Annalen. Immerhin gilt es, Argumente beizubringen durch die Auswertung von Sprüchen, Legenden und Prophezeiungen. Überdies ist die Beweiskette zu verstärken durch die Einvernahme noch lebender Zeugen und die Zusammenstellung und Harmonisierung alter Überlieferungen. Auf diese Weise soll er »eine Wahrheit aufstellen und dadurch Allem Widerspruch und Streit ein Ende setzen, Allen Unglauben an die Erwählung Davids ben Jesse durch den HErrn Jahweh beseitigen, sowie Allen Zweifel an den Glorreichen Verheißungen ausmerzen, welche unser HErr Jahweh betreffs Davids Samen und Nachkommenschaft gemacht« (11).

Zusammen mit Ethan begreifen auch die Leserinnen und Leser dieses Romans sehr schnell, dass die sprichwörtliche Weisheit Salomos sich vorzugsweise in seinem pragmatischen Verständnis von Geschichtsschreibung manifestiert.

Da sich Salomo bewusst ist, dass die historische Wahrheit der richtigen – lies zweckdienlichen – Deutung bedarf, setzt er vorsichtshalber eine Kommission ein, welcher der Priester Zadok, der Hofprophet Nathan und der Truppenkommandant Benaja angehören. Dieser Kommission hat Ethan die Ergebnisse seiner Nachforschungen zur Begutachtung zu unterbreiten.

Ethan gibt sich durchaus Rechenschaft über seine heikle Lage: »Da wurde mir klar, dass der König Salomo alles bedacht hatte [...]. Ebenso erkannte ich, dass die Sache böse für mich enden mochte, wie es so manchem Schriftgelehrten geschehen war, dem man den Kopf abschlug und den Rumpf an die Stadtmauer nagelte, dass ich anderseits aber auch fett dabei werden und prosperieren könnte, wenn ich nur die Zunge hütete und meinen Griffel weise benutzte« (12).

Je mehr sich Ethan in den Widersprüchen zwischen den Darstellungen ehemaliger Mitkämpfer und Rivalen einerseits und dem offiziellen Davidmythos anderseits verfängt, desto mehr verstärkt sich seine persönliche Bedrohung, denn Salomo und sein Hof werden keinen Bericht dulden, der Salomo als Sohn eines fragwürdigen Usurpators darstellt; ganz von selbst wird Ethan durch sein umfangreiches Wissen zur Bedrohung der Macht.

Begreiflicherweise behindern ausgerechnet die Mitglieder der Kommission Ethans Nachforschungen. Wenn immer er Zeugen anhört – Davids Frau Michal, die Kammerjungfer von Davids Gemahlin Abigail, Davids Tochter Tamar, den unter Salomo in Ungnade gefallenen Feldhauptmann Joab –, taucht der Truppenkommandant Benaja mit seinen Soldaten auf. Und warnt ihn: »Wenn du so viel weißt, Ethan, wie ich glaube, dass du weißt, dann glaube ich, du weißt zu viel« (92).

Tatsächlich fördern Ethans Nachforschungen ebenso Erstaunliches wie Verwirrendes zu Tage und bestätigen so manches unliebsame Gerücht: »David, Jesses Sohn, der zu ein und derselben Zeit einem König und des Königs Sohn und des Königs Tochter als Hure diente, der als Söldling gegen sein eigenes Volk focht, der den eigenen Sohn töten und seine treuesten Diener umbringen ließ, ihren Tod aber laut beweinte, und der einen Haufen elender Bauern und widerspenstiger Nomaden zu einer Nation zusammenschweißte« (12) ... Immer deutlicher erscheint der »Erwählte Gottes« als skrupelloser Machtmensch, der (wie später Salomo) über Leichen ging; der (wie Salomo) sich stets dann auf einen Traum, auf ein Gesicht oder auf eine Eingebung Gottes berief, wenn ihm die Argumente fehlten; der (wie Salomo) vor keinem Verbrechen zurückschreckte ... Aber – so Ethan – war Salomos Vater »ein großer Mörder, so ist dieser ein kleiner Halsabschneider« (73).

Als Autor von Salomos Gnaden muss sich Ethan solche Deutlichkeiten verkneifen; als Historiker von Passion hingegen hofft er, es möchte ihm gelingen, mit etwas Glück und mit Jahwes Hilfe ein Wörtlein hier und eine Zeile dort und noch eine feine Anspielung in den König-David-Bericht einzufügen, aus denen spätere Generationen ersehen würden, wie es wirklich war. Aber die königliche Kommission lässt sich von Ethan genauso wenig an der Nase herumführen, wie die Kulturbehörden der DDR sich von Stefan Heym täuschen ließen; der Roman konnte zunächst nur im Westen erscheinen. Begreiflich, denn die Parallelen zwischen dem ostdeutschen Staatssicherheitsdienst und der salomonischen Kommission waren doch etwas zu frappierend. Diese entschließt sich denn auch kurzfristig zur Intervention und macht Ethan einen kurzen Prozess. Er wird des Hochverrats bezichtigt und zum Tode verurteilt. Zwar bleibt ihm aufgrund eines königlichen Gnadenerlasses die Hinrichtung erspart; dafür soll er, schlimm genug für einen Historiker, totgeschwiegen werden – ein wahrhaft salomonisches Urteil!

Beim *König David Bericht* handelt es sich nicht einfach um eine Nacherzählung biblischer Geschehnisse (wie sie den beiden Büchern Samuel, dem ersten Buch der Könige und den zwei Büchern der Chronik zu Grunde liegen), sondern um deren Entmythologisierung. In der Regel übernehmen Gläubige die von der Bibel selber vorgelegte religiöse Deutung der geschilderten Ereignisse. Diese vertraute Perspektive nun fehlt in Heyms Roman. An ihre Stelle tritt ein profanrationalistisches Geschichtsverständnis. Indem die Weltgeschichte aus dem Zusammenhang der Heilsgeschichte herausgelöst wird, entsteht ein Verfremdungseffekt. In der biblischen Geschichtsschreibung widerspiegelt sich nicht Gottes Heilshandeln; vielmehr erweist sie sich als interessenbedingtes machtpolitisches Unterfangen.

Allerdings handelt es sich hier nicht nur um eine Verfremdung der biblischen Texte (die zu einem guten Teil wörtlich zitiert werden), sondern gleichzeitig auch um eine verfremdende Darstellung einer zeitgeschichtlichen Epoche anhand biblischer Texte.

Welcher Epoche? Wir erinnern uns an Ethans Urteil: »War sein Vater [König David] ein großer Mörder, so ist dieser [Salomo] ein kleiner Halsabschneider« (73). Im Klartext: War sein Vorgänger – Lenin – ein großer Mörder, so ist dieser – Stalin – ein kleiner Halsabschneider. Vor diesem Hintergrund erst erschließen sich uns jene Romanpassagen, die von geschichtlicher Wahrheit und historiografischer Wahrhaftigkeit handeln, in ihrer vollen Tragweite.

Zum Beispiel, wenn der Priester Zadok dem Dogmatismus das Wort redet:

Es gibt, wie es scheint, zwei Arten von Wahrheit, die eine, die unser Freund Ethan zu finden wünscht, und eine andere, welche sich auf das Wort HErrn Jahwehs gründet. [...] Und wo die zwei Arten von Wahrheit nicht übereinstimmen, muss ich verlangen, dass wir der Lehre folgen. Wohin würden wir geraten, wenn jeder alles bezweifelte und sich selbst auf die Suche nach der Wahrheit machte? [...] Widersprüche sind dazu da, um geglättet, nicht um hervorgehoben zu werden. Widersprüche verwirren und verbittern die Seele; aber der Weiseste der Könige, Salomo, wünscht, dass wir alle, und besonders die Autoren, die erbaulichen Aspekte des Lebens betonen. Unsere Aufgabe ist es, die Größe unseres Zeitalters zu widerspiegeln, indem wir einen glücklichen Mittelweg wählen zwischen dem, was ist, und dem, was die Menschen glauben sollen« (37).

Oder, wenn der Hofideologe und Prophet Nathan logische Schlussfolgerungen zieht:

Ich verkehre unmittelbar mit GOtt. Darum meine ich, wir sollten konsequent sein: sind wir uns einig, dass David der Erwählte des HErrn ist [was so viel bedeutet, dass Stalin den richtigen Weg ging], dann dient all sein Tun zu Nutz und Frommen Israels [bzw. dem Vorteil der DDR-Bevölkerung]. Da aber die Kenntnis der Tatsachen den Menschen leicht zu gefährlichen Auffassungen führt, müssen wir die Dinge so berichten, dass sein Denken in die richtigen Bahnen gelenkt wird« (70).

Oder auch wenn Ethan hinsichtlich der Miteinbeziehung unbequemer Tatsachen als Lösung vorsichtig vorschlägt:

(a) alles zu berichten, (b) mit Diskretion zu berichten, (c) gar nicht zu berichten. Alles zu berichten sei offensichtlich unweise; das Volk zöge sehr rasch die falschen Schlüsse und bildete sich ebenso rasch falsche Meinungen über Personen, die hoch geschätzt zu werden verdienten. Gar nicht zu berichten sei ebenso unweise: die Dinge sprächen sich doch herum, und die Leute erführen immer, was sie eigentlich nicht erfahren sollten. Damit verbliebe uns Möglichkeit (b): mit Diskretion zu berichten. Diskretion nun, sagte ich, sei keineswegs gleichzusetzen mit Lüge; der Weiseste der Könige, Salomo, würde den Gebrauch von Lügen in einer Geschichte seines Vaters, König David, bestimmt nie gutheißen. Diskretion sei Wahrheit gezügelt durch Weisheit« (72).

Das ist genau jene Art von Geschichtsschreibung, die man gemeinhin als ›offizielle Version‹ bezeichnet.

Für den Fall, dass trotzdem etwas schief gehen sollte, äußert sich der Truppenkommandant Benaja: »Und wenn da welche sind, die [...] das Werk einer von dem Weisesten der Könige, Salomo, erkannten Kommission anzweifeln wollen: mit diesen werden wir entsprechend verfahren« (44). Was Ethan alsbald zu spüren bekommt.

Anhand der salomonischen Epoche stellt Heym die stalinistische Ära dar. Dabei gelingt ihm das Kunststück zu zeigen, wie Macht sich legitimiert, *und* sie gleichzeitig zu demaskieren, eben indem er die Methoden denunziert, mittels derer die Mächtigen Geschichtsklitterung betreiben. Allerdings wäre es verfehlt, nach detaillierten Parallelen zwischen der salomonischen und der stalinistischen Ära zu suchen. Im *König David Bericht* will Heym die Mechanismen des Staatsterrors offen- und die Stellung des Intellektuellen angesichts absolutistischer Machtverhältnisse darlegen. Wobei sein Roman nicht einfach als versteckte Abrechnung mit der damaligen DDR zu verstehen ist; die geschilderten Mechanismen gelten ganz allgemein für totalitäre Regime – und für eine systemkonforme Geschichtsschreibung, welche »Wahrheit durch Weisheit zügelt«.

Propaganda

Zur Legitimation von Macht gehört auch jene Art von politischer Propaganda, derer sich die Herrschenden regelmäßig bedienen, um wenigstens den Schein von Legalität oder Humanität zu wahren.

Propaganda geschieht durch Werbekampagnen, handle es sich nun um Massendemonstrationen, um ferngesteuerte (in heutiger Diktion: gesponserte) Fernsehsendungen, um Scheckbuchjournalismus, um Flugblattaktionen – der Möglichkeiten sind unzählige, begrenzt sind sie allenfalls durch die finanziellen Ressourcen.

Wer sich mit dem Phänomen Macht beschäftigt, wird sich nicht weiter darüber wundern, dass sich die Machthungrigen oder die Machthabenden zu Propagandazwecken allerlei Ränkespiele, Täuschungen und anderer unlauterer Methoden bedienen. Vor dieser Gefahr sind selbst Institutionen, die sich als moralische Instanzen verstehen, nicht gänzlich gefeit. Wo es um die Macht geht, hört die Moral meistens auf.

Ein klassisches Beispiel dafür bildet der mittelalterliche Freskenzyklus in der Silvesterkapelle der Kirche der *Santi Quattro Coronati* auf dem Monte Celio in Rom.

Die gut erhaltene Bilderfolge vereinigt die Konstantin- und Silvesterlegende. Kaiser Konstantin ist vom Aussatz geschlagen. Die Ärzte sind überzeugt, dass er Heilung nur finden kann, wenn er im Blut unschuldiger Kinder badet. Konstantin indessen, er ist kein zweiter Herodes, lässt sich vom Wehklagen der Mütter erweichen. So viel Verzicht verlangt nach Belohnung, und die kommt wie fast immer in solchen Fällen von oben. Petrus und Paulus erscheinen dem Kaiser im Traum und weisen ihm den Weg zur Heilung – und zum Heil. Und der führt nun einmal nicht an der Kirche vorbei. Zwar hatte Konstantin, obwohl er im Machtkampf mit seinem Rivalen Maxentius mit Hilfe des Kreuzes als Sieger hervorgegangen war (*in hoc signo vinces*), Papst Silvester, den obersten Vertreter und Verkünder des Kreuzes, aus Rom vertrieben, weil er ihn als Gegenspieler betrachtete. Dem Traumgesicht vertrauend, entsendet er jetzt seine Boten zu ihm; der Papst eilt herbei, Konstantin erbittet die Taufe und wird geheilt durch das Wasser des Lebens. Zum Dank schenkt er Silvester nicht nur seinen rotgoldenen Baldachin, sondern auch das Phrygium, die spitze Kopfbedeckung, welche dem höchsten irdischen Herrscher eignet. Auf dem Schlussbild triumphiert die Kirche; der vormals verfolgte Papst, welcher sich früher vor den Nachstellungen des Kaisers in der Einöde verbarg, zieht auf einem Schimmel ein, um von der Ewigen Stadt Besitz zu ergreifen.

Kaiser Konstantin I. (der Große) herrschte von 306–337; er war der erste römische Kaiser, der sich zum Christentum bekannte. Papst Silvester I. leitete die Kirche in der Zeit von 314–335; er war der erste Papst, der sein Amt antrat, nachdem die christliche Kirche im Römischen Reich sich staatsrechtlicher Anerkennung erfreute.

Die Legende um Silvester und Konstantin dürfte ums Jahr 500 entstanden sein. Tatsache ist, dass Konstantin die christliche Religion zwar begünstigte, was ihn aber nicht hinderte, seine Frau Fausta 326, im Jahre seines 20. Regierungsjubiläums, im Dampfbad ersticken zu lassen. Was seine Taufe durch Papst Silvester betrifft, hat die *Historia* alle Gründe, der schwärmerischen *Legenda* entschieden zu widersprechen; der Kaiser ließ sich nämlich erst auf dem Totenbett taufen.

Aber Legenden haben es nun einmal in sich. Zwar vermögen sie ihrer sehr entfernt verwandten Historie den Mund nicht gänzlich zu stopfen, aber die an Kuriosa und Klumpatsch Interessierten haben sie allemal auf ihrer Seite. Und unter denen finden sich immer wieder welche, die selbst die rührendste Episode für handfeste Interessen zu nutzen wissen.

Von daher versteht es sich eigentlich von selbst, dass so ungefähr um die Wende vom 8. zum 9. Jahrhundert (den genauen Zeitpunkt vermochte die gelehrte Forschung bisher nicht zu bestimmen) plötzlich ein gefälschtes Dokument auftaucht, welches unter der Bezeichnung *Constitutum Constantini* (Konstantinische Schenkung) für die Kirchen- wie auch für die Kriminalgeschichte gleichermaßen von Belang ist.

In dem fraglichen Dokument berichtet der Kaiser zunächst von seiner Heilung und von seiner Taufe durch Silvester. In Anerkennung der Schlüsselgewalt, die Christus dem heiligen Petrus verliehen hat (»Ich werde dir die Schlüssel des Himmelreiches geben; was du auf Erden binden wirst, das wird auch im Himmel gebunden sein, und was du auf Erden lösen wirst, das wird auch im Himmel gelöst sein«: Matthäusevangelium, Kapitel 16, Vers 19), gedenke er, Konstantin, der höchste Herrscher des Reiches, den Nachfolgern des Apostels *imperialis potestas, gloriae dignitas, vigor, honorificentia,* will sagen kaiserliche Rechte, Ruhm, Gewalt und jedwede Ehrenwürde zu verleihen. Die Reichsländereien *in Iudaea, Graecia, Asia, Thracia, Africa et Italia vel diversis insulis* wolle er für ewige Zeiten den heiligen Petrus und Paulus übereignen. Da Silvester es abgelehnt habe, über seiner *corona clericatus,* über der Tonsur, das Diadem zu tragen, habe er, Konstantin ihm eigenhändig das Phrygium aufgesetzt und ihm den Dienst des *Strators,* des Steigbügelhalters und Pferdeknechts geleistet. In Zukunft sollen alle Päpste das Phrygium, d. h. die Mitra oder Papstkrone, tragen. Schlussendlich überlässt Konstantin dem Papst Silvester und seinen Nachfolgern gar die *potestas et dictio,* die Macht und Richtgewalt, über das gesamte Abendland.

Offensichtlich will diese Fälschung dazu beitragen, die Kirche mittels einer Erhöhung (oder muss man sagen: Überhöhung?) aus der Bevormundung durch das Kaisertum zu lösen. Während Papst Leo der Große (440–461) das römische Papsttum gleichwertig *neben* das römische Kaisertum gestellt hatte, zögert der Fälscher nach dem Zusammenbruch des Westreiches nicht, dem Papst außer dem universalen geistlichen Primat auch die politische Macht über das ganze Abendland zuzuschreiben.

Die Kämpfe um den machtpolitischen Universalanspruch allerdings sind damit keineswegs beendet, sondern dauern weiter an, bis das mittelalterliche Papsttum im 12. Jahrhundert unter Innozenz III. (1198–1216) den absoluten und unbestrittenen Gipfel seiner Macht erreicht. Schon wenige Jahrzehnte später jedoch kommt es im Konkurrenzkampf zwischen Papst Innozenz IV. (1243–1254) und dem Stauferkaiser Friedrich II. (1220–1250) zur Eskalation. Und eben um diese Zeit, nämlich im Jahre 1246, wird die Silvesterkapelle im Monasterium *Santi Quattro Coronati* mit Fresken ausgeschmückt, welche auf den ersten Blick eine erbauliche Legende schildern. In Wirklichkeit jedoch handelt es sich um gesponserte Propaganda, welche den Anspruch der päpstlichen Oberhoheit gegenüber dem Kaiser plausibel vermitteln möchte.

Wenn wir den Freskenzyklus vor diesem Hintergrund betrachten, erkennen wir schlagartig, dass hier weniger eine theologische Theorie (Kirche als Vermittlerin des Heils, Taufe als Wasser des Lebens ...) als vielmehr ein politisches Programm ins Bild gesetzt ist. Während der Künstler die Wände mit der Silvester- und Konstantinlegende ausschmückt, hat er seine Zeitgenossen Papst Innozenz IV. und Kaiser Friedrich II. vor Augen – und schielt dabei erst noch ständig auf die Konstantinische Schenkungsurkunde (an deren Echtheit er natürlich keinen Grund hatte zu zweifeln).

Angesichts dieses Sachverhalts begreifen wir schlagartig, dass der Kaiser, welcher den Papst verfolgt, nicht zufällig vom Aussatz befallen wurde. Wer sich mit dem Papst überwirft, dessen Macht kränkelt. Wer das Fundament, nämlich Petrus und Paulus, verlässt, riskiert den Untergang – die weltliche Macht bleibt auf die Kirche angewiesen. Konstantins Sendlinge, die den geflüchteten Papst einholen, erscheinen nicht als Boten, sondern als Bittsteller auf den Knien – die kaiserliche Macht kriecht zu Kreuze. Während die Kirche (Silvester) in der Verfolgung überlebt, ist ein Herrscher ohne die Kirche (Konstantin) dem Tod geweiht. Die Folgen die sich aus diesen Prämissen ergeben, sind evident. Wem gebührt der Thron, auf dem Konstantin auf dem ersten Bild sitzt? Natürlich dem Papst, der ihn am Ende des Zyklus besetzt! Wer hat den absoluten Anspruch auf Macht? Der, dem Konstantin seinerzeit das Phrygium übereignet hat – und die diesem auf dem Stuhl Petri nachfolgen! An wen tritt Konstantin den kaiserlichen Baldachin ab? An den Papst! Wer führt am Ende den Schimmel, auf dem der Papst einzieht in die Ewige Stadt? Konstantin! Was also ist der Kaiser? Der Steigbügelhalter und Pferdeknecht des Papstes!

Dieser Freskenzyklus soll den Kaiser das Fürchten lehren und die Fürsten in ihre Schranken weisen. Wir unsererseits staunen nicht nur über die Ausdruckskraft dieser Bilder, sondern auch über das Geschick der Gottesgelehrten, die es fertig brachten, eine scheinbar harmlose Legende mit einer solchen Menge politischen Sprengstoffs aufzuladen.

»Wer bezahlte die Spesen?«

Maskiert tritt die Macht zumeist in Erscheinung, die Fratze überdeckt mit Schichten von Schminke; ihre blutigen Hände hat sie mit allen Wassern der Unschuld gewaschen. Das Röcheln der auf dem Schlachtfeld Krepierenden übertönen die Siegesfanfaren. Vergessen sind die Opfer am Wegrand der Geschichte; bald wächst Gras auf den Gräbern der Toten. Ausgelöscht ist die Erinnerung an die in Eile Verscharrten. Triumphbögen und Marmortempel erinnern an Siege. In den offiziellen Geschichtsbüchern haben allein die Sieger das Sagen; Historiografie gerät zur Geschichtsklitterung – zumindest bis zu dem Zeitpunkt, an welchem die Nachgeborenen den Mut haben, Rückfragen zu stellen.

Vielleicht wäre ein Napoleon schon im Zenit seines Ruhmes gescheitert, wenn statt seiner Feldmarschälle und Offiziere die Soldaten zu Wort gekommen wären. Und zweifelsfrei hätte sogar ein Hitler früher abgewirtschaftet, wenn die Volksempfänger statt seiner hysterischen Stimme ein paar Abschnitte aus den Briefen der in Stalingrad Eingeschlossenen gesendet hätten. Aber welcher Machthaber, und sei er der Totengräber der Nation, gräbt sich schon sein eigenes Grab?

Die überzeugendste Legitimation der Macht ist der Sieg. Wer einen Machtkampf gewinnt, ist immer im Recht. Die Geschichte gemacht haben, schreiben sie auch. Was rechtens ist, bestimmen nic die Besiegten. Wir tun deshalb gut daran, Geschichtswerke kritisch zu lesen. Ein Gedicht von Bertolt Brecht könnte uns dabei etwas auf die Sprünge helfen. Es trägt den Titel *Fragen eines lesenden Arbeiters*[43].

Wer baute das siebentorige Theben?
In den Büchern stehen die Namen von Königen.
Haben die Könige die Felsbrocken herbeigeschleppt?
Und das mehrmals zerstörte Babylon –
Wer baute es so viele Male wieder auf? In welchen Häusern
Des goldstrahlenden Lima wohnten die Bauleute?
Wohin gingen an dem Abend, wo die chinesische Mauer fertig war,
Die Maurer? Das große Rom

Ist voll von Triumphbögen. Wer errichtete sie? Über wen
Triumphierten die Cäsaren? Hatte das viel besungene Byzanz
Nur Paläste für seine Bewohner? Selbst in dem sagenhaften Atlantis
Brüllten doch in der Nacht, wo das Meer es verschlang,
Die Ersaufenden nach ihren Sklaven.

Der junge Alexander eroberte Indien.
Er allein?
Cäsar schlug die Gallier.
Hatte er nicht wenigstens einen Koch bei sich?
Philipp von Spanien weinte, als seine Flotte
Untergegangen war. Weinte sonst niemand?
Friedrich der Zweite siegte im Siebenjährigen Krieg. Wer
Siegte außer ihm?

Jede Seite ein Sieg.
Wer kochte den Siegesschmaus?
Alle zehn Jahre ein großer Mann.
Wer bezahlte die Spesen?

So viele Berichte.
So viele Fragen.

Machtkämpfe

Seine großen Bühnenwerke hat Bertolt Brecht als »Lehrstücke« verstanden. Dieser Literaturgattung zuzuordnen sind auch seine *Geschichten vom Herrn Keuner.* In einer von ihnen plädiert der Augsburger Dichter und Dramatiker dafür, sich gegen jede Form von Gewalt und Machtmissbrauch und die damit verbundenen Ungerechtigkeiten zur Wehr zu setzen; sie trägt den Titel *Der hilflose Knabe.*[44]

Herr K. sprach über die Unart, erlittenes Unrecht stillschweigend in sich hineinzufressen, und erzählte folgende Geschichte:
Einen vor sich hinweinenden Jungen fragte ein Vorübergehender nach dem Grund seines Kummers. »Ich hatte zwei Groschen für das Kino beisammen«, sagte der Knabe, »da kam ein Junge und riss mir einen aus der Hand«, und er zeigte auf einen Jungen, der in einiger Entfernung zu sehen war. »Hast du denn nicht um Hilfe geschrien?«, fragte der Mann. »Doch«, sagte der Junge und schluchzte ein wenig stärker. »Hat dich niemand gehört?«, fragte der Mann weiter, ihn liebevoll streichelnd. »Nein«, schluchzte der Junge. »Kannst du denn nicht lauter schreien?«, fragte der Mann. »Nein«, sagte der Junge und blickte ihn mit neuer Hoffnung an. Denn der Mann lächelte. »Dann gib auch den her«, sagte er, und nahm ihm den letzten Groschen aus der Hand und ging unbekümmert weiter.

Welche Moral beinhaltet diese Geschichte? Die Handlung ist denkbar einfach und entsprechend transparent. Auf jeden Fall scheint die Erwartung gerechtfertigt, dass der Mann dem weinenden Jungen helfen wird, zumal er lächelt und ihn liebevoll streichelt. Aber dann stellt sich heraus, dass das nur zu seiner Taktik gehört. Sobald er erfährt, dass er nichts zu befürchten hat, weil der Junge nicht lauter schreien kann, entreißt er ihm auch den zweiten Groschen und geht unbekümmert seiner Wege.

Für den Jungen bedeuten die zwei Groschen ein kleines Vermögen; für den Mann handelt es sich um einen geradezu läppischen Betrag. Warum aber beraubt er dann den Knaben, statt ihm zu helfen? Oder will er ihm vielleicht doch helfen, sozusagen längerfristig und auf eine hintersinnige, nachhaltige Art? Handelt er aus pädagogischen Motiven? Dann wäre sein scheinbar skrupelloses Vorgehen und sein unbekümmertes Weggehen eine zwar schmerzliche, aber letztlich doch nützliche Lektion, sozusagen eine Lehre fürs Leben: Mein lieber Junge, was du brauchst, ist eine ganz besondere Art von Stimmschulung; denn solange du nicht fähig bist, lauter zu schreien, wirst du stets zu den Opfern gehören ...

Wer die Geschichte so interpretiert, liest sie gegen den Strich. Der Mann ist kein Pädagoge, sondern ein Schuft, ein Halsabschneider und Ausbeuter. Denn erst nachdem er sich Gewissheit über die Hilflosigkeit und die Schwäche des Knaben verschafft hat, entreißt er ihm sein letztes Geld.

Eine pädagogische Absicht allerdings verfolgt der von Brecht vorgeschobene Erzähler Herr Keuner (und damit der Autor selber). Dessen Botschaft lautet: So ist es nun einmal im Leben; so brutal geht es tatsächlich zu. Wer sich nicht zu wehren weiß, dem nimmt man auch das Allerletzte. Wer sich duckmäuserisch verhält, gehört von vornherein zu den Verlierern; wer seine Schwächen zeigt, gerät unweigerlich unter die Räder.

Dass Brechts Doktrin in diese Richtung zielt, geht aus dem einleitenden Satz hervor, der gleichzeitig den Schlüssel zum Verständnis der ganzen Geschichte bildet: »Herr K. sprach über die Unart, erlittenes Unrecht stillschweigend in sich hineinzufressen.« Die darauf folgende Episode zeigt im Grunde nur, wohin diese schlechte Gewohnheit führt: Wer alles schluckt, bleibt ewig ein armer Schlucker. Damit steht die Moral von der Geschichte zweifelsfrei fest:

Erlittenes Unrecht darf man nie und nimmer hinnehmen. Gelegentliche Aufsässigkeit und halbherzige Proteste tragen nichts bei zur Verbesserung der Lage. Vielmehr gilt es, seine Wut und seinen Zorn hinaus- und laut und lange genug um Hilfe zu schreien.

Aber das hat Konsequenzen; es gibt ja Menschen, die besitzen nicht bloß eine starke Stimme, sondern auch eine noch stärkere Hand. Und in der Hand haben sie ein Messer, einen Säbel, ein Gewehr. Nur sich selber haben sie nicht in der Hand.

Wer an der Macht ist, und da ist Brecht zuzustimmen, greift häufig zur Gewalt, um sich Vorteile zu verschaffen oder um die eigenen Vorstellungen durchzusetzen. Die Fronten verhärten sich, und die Gewalt eskaliert. Dann stellt sich sehr wohl eine Frage, mit der sich Brecht in seinem kleinen Lehrstück aber nicht weiter befasst: Wie viel Unrecht soll ein Mensch schlucken, bevor er beschließt, sich zu wehren?

Gewalt erzeugt fast notwendigerweise Gegengewalt. Je mehr die Gewalt eskaliert und je länger die Machtkämpfe andauern, desto unabsehbarer sind die Konsequenzen und umso größer sind die Schäden.

Der Wolf von Gubbio

Dass Machtkämpfe auch anders ausgetragen werden können, erweist sich, wenn die Beteiligten sich von den Regeln der Vernunft leiten lassen, statt das Prinzip der Vergeltung anzuwenden. Die mittelalterliche Legende *Von dem grimmigen Wolf, den der heilige Franz zu großer Sanftmut zähmte* vermag das aufs Schönste zu illustrieren.[45]

Etwas Wundersames, was des rühmenden Andenkens würdig ist, geschah bei der Stadt Gubbio. Da war nämlich zu Lebzeiten des seligen Vaters Franz in der Umgegend jener Stadt ein Wolf, der war von schreckhafter Größe und in seinem Hunger von grimmiger Wildheit. Er verschlang nicht nur Tiere, sondern auch Männer und Frauen, sodass er alle Bürger ob solcher Plage in Angst versetzte, und alle gingen bewaffnet, wenn sie die Stadtmauer verließen, als gelte es, einen gefährlichen Krieg zu führen.

Trotz alldem konnten sich die Leute der schrecklichen Wut des Wolfes nicht erwehren, wenn einer dem Zähnefletschenden unglücklicherweise begegnete. Ein solcher Schrecken hatte alle befallen, dass kaum einer sich sicher fühlte, wenn er über das Weichbild der Stadt hinausgehen musste.

Gott aber wollte den Bewohnern der Gegend die Heiligkeit Franzens kundtun. Da nämlich der selige Vater gerade nach Gubbio kam, empfand er Mitleid mit den Leuten und beschloss, dem Wolf entgegenzutreten. Die Bürger sprachen zu ihm: »Hüte dich, Bruder Franz, über das Stadttor hinauszugehen. Der Wolf, der schon viele gefressen hat, wird dich jämmerlich töten.«

Der heilige Franz aber setzte seine Hoffnung auf den Herrn Jesus Christus, der über alles Fleisch gebietet, und so schritt er, nicht mit Schild und Helm gewappnet, sondern unter dem Schutze des heiligen Kreuzzeichens vor das Stadttor und ging dem Wolf ohne Furcht entgegen.

Und siehe, angesichts der vielen Menschen, die von erhöhten Orten aus zuschauten, rannte der schreckliche Wolf mit offenem Rachen auf den heiligen Franz zu. Der selige Vater aber machte über diesen das Zeichen des Kreuzes, und die göttliche Kraft, die von ihm ausging, zähmte den Wolf; er hielt plötzlich inne, und der schaurig aufgesperrte Rachen schloss sich. Franz rief ihn her und sprach: »Komm zu mir, Bruder Wolf! Im Namen Christi befehle ich dir, weder mir noch sonst jemand einen Harm zu tun!«

Und wunderbar, auf das Kreuzzeichen hin schloss das Untier den wilden Rachen, und wie der Heilige ihm geboten, kam es gesenkten Kopfes heran und legte sich gleich einem Lamme zu seinen Füßen.

Wie er so vor ihm lag, sprach zu ihm der heilige Franz: »Bruder Wolf, du richtest viel Schaden in dieser Gegend an und hast schlimme Übeltaten verbrochen, da du Gottes Geschöpfe erbarmungslos umgebracht hast. Und nicht nur unvernünftige Tiere tötest du, sondern, was schlimmer ist, du wagst es, Menschen, nach Gottes Bilde geschaffen, umzubringen und zu verschlingen! Darum verdienst du, dass man dich als Räuber und bösen Mörder einem schrecklichen Tod überliefert. Alle klagen mit Recht über dich und sind dir böse, und die ganze Gegend ist dir Feind. Aber jetzt, Bruder Wolf, will ich zwischen dir und den Leuten Frieden machen. Es darf keinem mehr ein Leid von dir geschehen, und sie sollen dir alle vergangenen Missetaten erlassen, und weder Menschen noch Hunde sollen dich weiter verfolgen.«

Da gab der Wolf mit Bewegungen des Schwanzes und der Ohren, mit Gebärden und Kopfnicken zu erkennen, dass er auf den Vorschlag des Heiligen eingehe, worauf dieser, fortfahrend in seiner Rede, beifügte: »Bruder Wolf, weil du damit einverstanden bist, diesen Frieden zu schließen, verspreche ich dir: Ich will dir, solange du lebst, durch die Leute dieser Gegend deine tägliche Kost verschaffen. Du wirst keinen Hunger mehr leiden müssen; denn ich weiß sehr wohl, du tust alles Schlimme nur vom Hunger getrieben. Aber weil ich, mein Bruder Wolf, dir solche Gunst erwirke, musst du mir auch versprechen, dass du nie wieder einem Tier oder Menschen ein Leid zufügst. Versprichst du mir das?«

Der Wolf gab durch Kopfnicken deutlich zu erkennen, dass er damit einverstanden sei. Darauf sprach der heilige Franz: »Bruder Wolf, du musst mir ein Pfand geben, dass ich mich auf das, was du versprochen hast, verlassen kann.« Und der heilige Franz streckte seine Hand aus, um das Pfand der Treue entgegenzunehmen; und der Wolf hob die rechte Tatze und legte sie zutraulich und sanft in die Hand des heiligen Franz. Damit gab er ihm das Zeichen der Treue, so gut er's vermochte.

Zuletzt sprach der Heilige: »Bruder Wolf, ich befehle dir im Namen des Herrn Jesus Christus, komm nun ohne Bangen mit mir zu den Häusern der Menschen, damit wir im Namen des Herrn diesen Frieden besiegeln!« Und der Wolf gehorchte und folgte dem heiligen Franz gleich einem sanften Lamme.

Wie das die Leute sahen, waren sie aufs Höchste verwundert, und sogleich ging die Neuigkeit durch die ganze Stadt, sodass alle, Männer und Frauen, Groß und Klein, auf dem Stadtplatz zusammenkamen, wo sich der Heilige mit dem Wolf befand. Vor der zahlreichen Menge des Volkes hielt der heilige Franz eine wundersame Predigt und schloss: »Höret denn, meine Lieben, dieser Bruder Wolf, der vor euch steht, hat mir versprochen und mir ein Treupfand gegeben, dass er Frieden mit euch schließen will. Niemandem von euch wird er ferner ein Leides tun, sofern auch ihr ihm versprecht, für seinen täglichen Unterhalt aufzukommen. Ich verbürge mich für Bruder Wolf, dass er den Friedensvertrag getreulich achten wird.«

Da versprachen alle Versammelten mit lautem Zuruf, sie wollten fortan den Wolf ernähren. Und der Wolf lebte noch zwei Jahre und ließ sich von Tür zu Tür die Nahrung geben, ohne jemand ein Leid zu tun; und auch die Leute taten ihm nichts zu Leide und fütterten ihn freundlich. Und sonderbar, nie bellte ein Hund gegen ihn.

Schließlich starb Bruder Wolf an Altersschwäche. Die Bürgersleute waren über seinen Tod sehr traurig. Denn wenn er so friedlich und in sanfter Geduld durch die Stadt ging, erinnerte er sie an die wundersame Tugend und Heiligkeit des seligen Franz. – A laude di Cristo. Amen.

Eine erbauliche Geschichte?

A laude di Cristo, zu Lob und Ehren unseres Herrn Jesus Christus also wurde diese Geschichte aufgeschrieben, wenn wir denn den Schlusssatz buchstäblich und den Chronisten beim Wort nehmen wollen. Aber so ganz wörtlich scheint das nicht einmal der Erzähler selbst verstanden zu haben. »Wundersam« nennt er das Ereignis, das er für die Nachwelt überliefert. Immer wieder ist da die Rede vom »heiligen Franz« und vom »seligen Vater«; von ihm wird gesagt, dass er seine ganze »Hoffnung auf den Herrn Jesus Christus setzt«, dass er mit dem Kreuz in der Hand und mit einem Gebet auf den Lippen ungeachtet der »schrecklichen Wut« des Wolfes diesem entgegentritt und bewirkt, dass das »Untier« sich in ein »Lamm« verwandelt. Und woran erinnert der Wolf die Bewohner von Gubbio, wenn er nach seiner Bekehrung »friedlich und in sanfter Geduld« durch die Stadt geht? Woran denken die späteren Generationen, wenn sie einander immer neu diese Geschichte vom Wolf erzählen, gegen den »nie ein Hund bellte«, nachdem der »selige Vater Franz« ihn bezähmt hatte »im Namen Christi«? Richten sich dabei ihre Gedanken auf Gottes wundersames Wirken? Auf den Mann aus Nazaret, der die Friedliebenden selig preist? Dem Chronisten zufolge denken sie vielmehr »an die wundersame Tugend und Heiligkeit des seligen Franz.« – A laude di Cristo?

Wohl eher a laude di Francesco, zu Lob und Ehren des seraphischen Vaters, hat der Chronist diese Episode aufgezeichnet! Denn – und davon spricht jeder Abschnitt und jede Zeile – seinen Ruhm galt es zu mehren, seinen Namen zu ehren, sein Gedächtnis wach zu halten, in der Hoffnung, dass dabei ein kleiner Lichtglanz auch über seine Jünger sich ergieße.

Nachdem Franziskus in dem etwas außerhalb von Assisi gelegenen Kirchlein San Damiano in seinem Herzen die Stimme des

Gekreuzigten vernommen (»Stelle mein Haus wieder her!«) und mit seinem Vater gebrochen hat (»Von nun an will ich sagen: ›Vater unser im Himmel‹ und nicht mehr ›Vater Pietro Bernardone‹«) und noch gar nicht recht weiß, was er eigentlich will, zieht es ihn nach Norden. Den Straßenräubern und Strauchdieben, die sich ihm in den Weg stellen, gibt er sich als »Herold des großen Königs« zu erkennen, worauf diese ihn verprügeln. Zwei Wegstunden vor Gubbio pocht er ans Tor eines Benediktinerklosters, wo er ein paar Tage als Küchenknecht arbeitet und nichts sehnlicher wünscht, als mit einem Stück Brot und einem Löffel Suppe seinen Hunger zu stillen. Aber die Mönche sind hartherzig und neiden ihm jeden Schluck und jeden Bissen. Also verlässt Franz das ungastliche Kloster und wandert weiter, Gubbio zu, wo er ein paar Mal zaghaft ums Leprosenheim herumstreicht und sich schließlich der Pflege der Aussätzigen widmet. Dieser erste Aufenthalt im Städtchen fällt ins Jahr 1207. Danach kehrt Franz nach Assisi zurück und beginnt, das verfallene Kirchlein San Damiano in Stand zu setzen.

Francesco hat sich später noch öfters in Gubbio aufgehalten. So verwundert es nicht, dass dort schon gegen Ende des 13. Jahrhunderts zu seinen Ehren ein Kloster gebaut und eine Basilika geweiht wird. Im Jahre 1618 errichten die dort ansässigen Franziskanerbrüder das Kirchlein San Francesco della Pace, und zwar an der Stelle, an welcher der Überlieferung zufolge der gezähmte Wolf begraben liegt. Tatsächlich kam im Jahre 1900 anlässlich archäologischer Nachforschungen neben dem Kirchlein ein entsprechender Schädelknochen zum Vorschein. Damit schien die Inschrift über dem Eingang des Gotteshauses bestätigt, derzufolge Franziskus im Jahre 1220 mit dem Wolf hier den Friedenspakt geschlossen hatte. Noch heute ziehen zwei Steinplatten im Innern des Kirchleins die Aufmerksamkeit der Gläubigen auf sich, nämlich der Altartisch und der Deckel eines antiken Sarkophags, der ursprünglich das Grab des Wolfes kennzeichnete. Bei Ersterem hingegen soll es sich um die Steinplatte handeln, auf der Franziskus den Wolf versöhnte.

Die frühen Biografen des heiligen Franz scheinen diese Überlieferung nicht zu kennen. Jedenfalls findet sich nicht die geringste Spur davon in ihren Schriften. Erstmals erwähnt wird die wundersame Begebenheit in der Legendensammlung eines unbekannten Verfassers, die dieser in den Jahren 1322–1329, also ziemlich genau ein Jahrhundert nach dem Tod des Heiligen, zusammenstellte und unter der Bezeichnung *Fioretti* in Umlauf brachte. Wie der Titel sagt, handelt es sich dabei um einen Blütenkranz aus erbaulichen Geschichten und erhebenden Erzählungen, den die schlichte Volksfrömmigkeit dem Poverello gewunden hat. Diese Schilderungen sind von einer entwaffnenden Unmittelbarkeit; einzelne Episoden wie etwa die Vogelpredigt oder die Zähmung des grimmigen Wolfes werden mit ihrer Tiefe und Anschaulichkeit sogar dichterischen Ansprüchen gerecht. In fast allen Erzählungen findet sich jene Mischung von Naivität und Gläubigkeit, die nichts mit arglosem Aberglauben zu tun hat, sondern von einem feinen Gespür für das Stimmige und Wesentliche zeugt. Hier erzählt das Volk dem Volke, und wer diese Geschichten hört, hört gleichzeitig heraus, dass sie viel mehr bedeuten, als sie sagen. Wie der Wind eine Harfe zum Klingen bringt, so berühren die *Fioretti* die Saiten der Seele und wecken Empfindungen, welche sich genauso wenig in Worte fassen lassen wie die Visionen der Mystiker und die Gesichte der Seherinnen.

Gerade deshalb besteht die Gefahr, dass man sich bei der Lektüre auf das Erbauliche und Beschauliche beschränkt. Die frommen Schilderungen passen dann bestens zu jener naiven Vorstellung, nach welcher der kleine Kaufmannssohn aus Assisi lediglich ein naturseliger Schwärmer und unbeschwerter Spielmann war, ein Gottesnarr eben, der den Tauben Nester baute, den Spinnen ihre Netze flickte und den Vögeln predigte, die schon damals geduldiger zuhörten als die geplagten Christenmenschen. Eine Geschichte wie die von dem grimmen Wolf, der sich von der Sanftmut und Herzenseinfalt des Poverello besiegen lässt, fügt sich nahtlos in dieses Bild.

Zu diesem Bild wiederum passt, dass die, welche daran gemalt haben und weiterhin daran malen, um alles in der Welt beweisen wollen, dass es den Tatsachen entspricht. Wie aber lässt sich Derartiges belegen? Indem man darauf verweist, dass der einfache, von keinerlei theologischen Spekulationen verdorbene Volksglaube seit jeher einen wachen Sinn entwickele für das Wahre, das Echte, das

Unverfälschte. Wo aber findet sich dieses Unverfälschte, Echte und Wahre? Vorzugsweise in den Legenden. Und was ist das Wichtigste an den Legenden? Natürlich der historische Kern, den sie allesamt enthalten!

Zu welch schalen Ergebnissen eine solche Sicht führt, dokumentiert ein Franziskaner aus dem heute erloschenen Zweig der Reformaten in einer 1886 erschienenen Schrift *Die wundersamen Taten des heiligen Franziskus in Gubbio*[46]. Zunächst empört sich der gelehrte Kuttenmann darüber, dass manche das Wolfswunder überhaupt anzuzweifeln wagen. Dass die ersten Lebensbeschreibungen des Franziskus darüber nichts berichten, versteht sich für ihn von selbst, da bekanntlich kein Biograf sämtliche Ereignisse aus dem Leben des Heiligen aufgezeichnet hat. Uneinsichtige werden überdies darauf hingewiesen, dass der Grabstein des Wolfes in Gubbio noch immer zu sehen ist. Wo sich ein solcher Grabstein findet, muss auch ein Wolf begraben sein. Ein Wolfsgrab wiederum konnte nur errichtet werden, weil die Bestie sich bekehrt hatte – oder wäre vielleicht denkbar, dass man irgendeinem umherstreunenden Isegrim ein Begräbnis bereitete?! Außerdem, so der fromme Forscher, legen in Gubbio zahlreiche Gemälde und Fresken davon Zeugnis ab, dass die in den *Fioretti* geschilderte Begebenheit sich tatsächlich ereignet hat. Deshalb wendet sich der geschichtskundige Franziskusjünger vehement gegen eine allegorische Interpretation, nach welcher es sich (wie manche mutmaßen) bei dem ›Wolf‹ in Wirklichkeit um eine Dirne handelte, die sich auf die Predigt des Franziskus hin bekehrt habe. Wann aber – dies der gewichtigste Einwand gegen diese Deutung – »hat man je gehört, dass eine Buhlerin Männer verschlingt? Und dass diese zu den Waffen greifen müssen, um sich eines liederlichen Frauenzimmers zu erwehren? Wie sollte denn ein feiges Weib nur fähig sein, eine ganze Stadt in Angst und Schrecken zu versetzen!«[47] Zu guter Letzt beteiligt sich der gelehrte Klostermann noch an einem Streit, der, Gott sei's gedankt, nicht mit Schwertern und Schilden, sondern bloß mit Gänsefedern und Federkielen ausgetragen wurde. Dabei ging es um die heikle Frage, ob das gezähmte Untier nun ein Wolf oder eine Wölfin war. Nachdem der Verfasser die einschlägigen Darstellungen in den Kirchen von Gubbio etwas genauer betrachtet hat, meint er, mit einiger Sicherheit sagen zu können, dass es sich bei der Bestie um eine Wölfin handelte. 1886, als diese Erkenntnis im Druck erschien, feierte Sigmund Freud gerade seinen dreißigsten Geburtstag.

Was hinter der Legende steckt

Wer sich für Legenden nur interessiert, um einen möglichen historischen Kern zu ermitteln, sollte der Poesie nicht weiteren Schaden zufügen, sondern sich besser mit Dingen befassen, bei denen bloß die harten Fakten zählen, beispielsweise mit Börsenkursen oder mit Bankgeschäften.

Mehr Gespür für das eigentliche Anliegen der Wolfslegende bewiesen gegen Ende des 19. und zu Beginn des 20. Jahrhunderts zwei noch heute oft zitierte Franziskus-Forscher, nämlich der Franzose Paul Sabatier und der Däne Johannes Jörgensen.[48]

Für Jörgensen, der seine Lebensbeschreibung im Jahre 1907 veröffentlichte, ist der Wolf von Gubbio eine literarische Verhüllung einer von Franz herbeigeführten Verwandlung eines bösartigen Ortstyrannen in einen edelmütigen Bürgermeister. Die allegorische Verfremdung erklärt Jörgensen aus der Rücksicht, welche der Erzähler auf die Empfindsamkeit der Feudalherren genommen habe.

Sabatier, dessen Studie im Jahre 1894 erschien, sieht in der Legende eine narrative Ausgestaltung einer anderen Geschichte aus den *Fioretti*, welche von der Bekehrung dreier Räuber handelt[49], in der sich konkrete Erfahrungen des heiligen Franz widerspiegeln.

Eines Tages kommen drei Räuber zur Behausung der Brüder und wollen den Klostervorsteher zwingen, ihnen zu essen zu geben. Doch der verjagt sie unter Schmäh- und Schimpfreden. Kurz darauf kehrt Franz mit einer Tasche voll Brot und einer Flasche Wein vom Bettelgang zurück. Als der Klostervorsteher ihm voller Stolz erzählt, wie er die Räuber verjagt hat, erteilt Franz ihm einen scharfen Verweis: Er habe sich unfromm benommen; Sünder würden eher durch Sanftmut denn durch Drohungen zur Besinnung gebracht. »Du nimmst sofort diese Tasche voll Brot und das Korbfläschchen mit Wein, das ich erhalten habe, und mit eifrigem Suchen wirst du den

Räubern über Berg und Tal nachgehen, bis du sie findest, und wirst ihnen alles Brot und den Wein in meinem Namen anbieten, vor ihnen dich niederwerfen und sie demütig um Entschuldigung bitten wegen deiner Unfreundlichkeit und Härte. Dann bittest du sie in meinem Namen, sie möchten fernerhin nicht mehr so üble Dinge aushecken, sondern Gott fürchten und den Menschen nicht wehtun. Wenn sie dies erfüllen wollten, so wolle ich jederzeit dafür sorgen, dass sie nicht Mangel am Nötigen leiden. Dann, wenn du ihnen dies in aller Demut gesagt hast, kehre heim!« So viel Nachsicht führt zur Einsicht. Noch während die Räuber die von Franz geschickten Gaben verzehren, beschließen sie, den Heiligen aufzusuchen und in seiner Gemeinschaft um Aufnahme zu bitten.

Gelegentlich wurde auch vermutet, dass die Wolfslegende eine Paraphrase der Geschichte von den bösen Geistern darstelle, welche die Niederlassung von Portiunkula belagern würden.[50] Allerdings vermag keiner von den Abergeistern in das Haus einzudringen, weil die Brüder allesamt ein gottgefälliges Leben führen. »Nach einiger Zeit aber fand sich ein Bruder von zorniger Ungeduld erregt und schürte gehässige Intrigen gegen einen der Gefährten; und weil hierdurch die Pforte der Tugend aus den Angeln gehoben und der Eingang für das Böse freigelegt war, konnte der Teufel hereinkommen.« Franziskus jedoch – und hier besteht nun tatsächlich eine sachliche Querverbindung zur Wolfslegende – bemerkt, »dass der Wolf sich an eines seiner Schäflein heranmacht, um es zu verschlingen«. Er lässt den Fehlbaren rufen, der daraufhin in sich geht. »Wie sich das Schäflein dem Rachen des grausamen Untiers entrissen fühlte, dankte es Gott und dem seligen Franz und verharrte von nun an, dank der Verdienste seines Hirten, in einem frommen Wandel bis zu seinem Lebensende.«

Beweisen lässt sich keine der drei Lesearten. Wahrscheinlicher ist, dass der Wolfslegende ein biografischer Hintergrund durchscheint.

»Etwas Wundersames« sei er im Begriffe zu berichten, sagt der Chronist, bevor er mit seiner Erzählung beginnt. Die meisten Leser und Leserinnen werden ihm zustimmen, noch bevor sie mit der Lektüre zu Ende sind. »Von schreckhafter Größe« und in seinem Hunger »von grimmiger Wildheit« ist der Wolf, der eine ganze Stadt und deren Umfeld bedroht. Wehren können sich die Bewohner nur mit Waffen. Und wer bewaffnet geht, hat Übles vor – oder hat Angst.

Es ist dies eine Situation, welche Franziskus selber nicht fremd war. Seit seiner Geburt im Jahre 1182 liegt seine Heimatstadt mit dem benachbarten Perugia in blutiger Fehde wegen der wirtschaftlichen Vorherrschaft. Überfälle, Schlägereien, regelrechte Schlachten gehören zum Alltag. Aber auch in Assisi selber herrscht Kampfstimmung. Die *Majores*, die auf den Kaiser vereidigten Edelleute, unterdrücken die *Minores*, die aufstrebende Bürgerschaft. Diese macht sich im Jahre 1200 die Abwesenheit des Herzogs von Spoleto, des Deutschen Konrad von Irslingen, zu Nutze, stürmt die Zwingburg über der Stadt, zerstört die Festung, ruft die Republik Assisi aus und metzelt die Adeligen nieder, sofern ihnen nicht die Flucht gelingt. Zwei Jahre später zieht die Bürgerwehr von Assisi gegen Perugia ins Feld und erleidet beim Ponte San Giovanni eine vernichtende Niederlage. Franziskus, der bei dem Unternehmen dabei ist, verbringt fast ein Jahr als Kriegsgefangener in einem dunklen Verlies in Perugia. Kaum zurück in Assisi, denkt er schon wieder an Krieg. Im Sommer 1204 zieht es ihn hinunter, nach Süden, wo er sich dem Anführer der päpstlichen Truppen, dem siegreichen Walter von Brienne anschließen will, dessen Söldner in Apulien herumlümmeln und die Bauern schikanieren. Schon in Spoleto überfallen ihn Zweifel; er gerät ins Nachdenken, gleicht immer mehr dem Ritter von der traurigen Gestalt – und kehrt um. Er hat genug von den Schlächtereien. Später wird er seinen Gefährten sogar verbieten, bei ihren Wanderungen einen Stock zu benützen, weil der als Waffe dienen könnte.

Wer dem Feind mit einer Waffe in der Hand entgegentritt, muss auf- und nachrüsten – und das gilt gleicherweise für den Gegner. Wenn der Erstere knurrt, wird der Letztere mit den Zähnen fletschen, der Erste wird zum Stock greifen, der Zweite sich eine Axt besorgen … »Bewaffnet« nur wagen sich die Bewohner von Gubbio ins Freie, den Wolf bedrohend. »Zähnefletschend« streift der Wolf durch die Gegend, Panik verbreitend. Bedarf da das Symbol der Stadtmauer noch eigens der Deutung? Angesichts dieser Lage gibt es nur ein Hier oder ein Dort, ein Diesseits oder ein Jenseits, ein Entweder oder ein Oder – bis einer auf den verrückten Gedanken verfällt, die Waffen zu Hause und die Mauer hinter sich zu lassen.

Der Anblick des Kreuzes schon zähmt den Wolf. Der Legendendichter mag damit die »göttliche Kraft« gemeint und an ein Wunder gedacht haben. Das eigentliche Wunder aber besteht doch wohl darin, dass ein Mensch plötzlich erkennt, dass diese ganze irrsinnige Geschichte nur so lange dauern kann, als sich alle an die Spielregeln halten.

Dabei verhält es sich keineswegs so, dass Franz sich passiv verhält. Täte er dies, so wäre er schlicht von Sinnen. Vielmehr *begründet* er sein ungewöhnliches Verhalten, wobei er selbst auf verbale Gewalt verzichtet. Seine Rede ist getragen vom Vertrauen auf die Einsicht dessen, dem es, überrascht von so viel Beherztheit, die Sprache verschlägt, oder, wie die Legende sagt, von Zutrauen zu dem, der vor Überraschung seinen »wilden Rachen« schließt. Nicht mit Duldermiene tritt Franz dem Wolf entgegen, sondern furchtlos und energisch: Du bist ein »Räuber und Mörder«; was du dir herausnimmst, ist mehr als bloßer Mundraub, und deshalb würdest du den Tod verdienen! Nichts wird verharmlost, nichts unter den Tisch gewischt, nichts unter den Teppich gekehrt. Aber? Aber es wird auch nicht verschwiegen, dass, weil alle sich streng an die Regeln dieses unseligen Gesellschaftsspiels gehalten haben, gewisse Sachzwänge eingetreten sind, und dass mildernde Umstände vorliegen. »Ich weiß sehr wohl, du tust alles Schlimme nur vom Hunger getrieben.« Im Klartext: Du bist der böse Wolf nur, weil die Bewohner von Gubbio keine Unschuldslämmer sind. »Ich will dir«, sagt Franz, »solange du lebst, durch die Leute dieser Gegend deine tägliche Kost verschaffen.« Zur Erinnerung: Das Gleiche hatte Franz auch den drei Räubern versprochen. Und wie diesen gewährt der Heilige auch dem Wolf Amnestie. Wohl ist damit eine Bedingung verbunden, die sich eigentlich von selbst versteht, nämlich, »dass keinem mehr ein Leid geschehen darf« Aber von einer Strafe ist nicht die Rede, begreiflicherweise. Im Unterschied zur Sühne eignet der Strafe etwas Äußerliches. Sie besteht immer in einer Sanktion, die über die Schuldigen verhängt wird, sei es um der abschreckenden Wirkung willen, sei es, um das Verlangen nach Gerechtigkeit zu stillen. Die Sühne hingegen besteht in der Auseinandersetzung mit einer Schuld, in deren Aufarbeitung und in der Wiedergutmachung und wird von den Schuldigen selber geleistet. Welchen Sinn aber hat die Strafe noch, wenn der Wille vorhanden ist, diese Voraussetzungen zu erfüllen? Redet der barmherzige Vater in Jesu gleichnamigem Gleichnis (Lukasevangelium, Kapitel 15, Verse 15–32) vielleicht von Strafe, als der verloren geglaubte Sohn einsichtig und voll Reue zu ihm zurückfindet?

Wie kommt der Wolf dazu, seinen Sinn zu ändern? Sicher geschieht dies nicht aus der Überraschung heraus, dass einer ihm waffenlos entgegenkommt. Dieser Anblick bewirkt bloß, dass »sein schaurig aufgesperrter Rachen« sich schließt. Mit anderen Worten, was er da erlebt, macht ihn fassungslos. Die Reaktion ist Verblüffung, aber noch keine Sinnesänderung. Man könnte auch andersherum fragen: Warum kann Franz dem Wolf entgegentreten? Wie findet er den Mut dazu? Offenbar ist es nicht sein Gottesglaube allein, der ihn zu diesem Schritt bewegt; es hätten ja sonst auch die Gottesfürchtigen unter den Bewohnern von Gubbio auf den gleichen Gedanken kommen können.

Wie kommt der Wolf dazu, seinen Sinn zu ändern? Warum kann Franz dem Wolf entgegentreten? Die Antwort auf beide Fragen ist die gleiche. Und sie liegt auf der Hand. Während der Erzähler selber den Wolf als *lupo terribile*, als »Untier«, bezeichnet, und die Bewohner der Stadt ihn als Ungeheuer betrachten, spricht Franz ihn – und zwar gleich neun Mal! – als *frate lupo*, als »Bruder Wolf« an, eine Benennung, die sich der Erzähler ganz am Schluss selber zu Eigen macht (»Schließlich starb *Bruder Wolf* an Altersschwäche«), gerade als hätte er seinerseits eine Lehre gezogen aus dieser Geschichte.

Konflikte sind unvermeidbar. Sie entstehen im privaten Leben und im öffentlichen Bereich. Mauern sind schnell errichtet, die Waffen leicht zur Hand. Im Grunde hat man dann nur die Wahl zwischen dem Gleichgewicht des Schreckens und dem Schwergewicht des Vertrauens. Wer auf Letzteres setzt, kommt nicht darum herum, den ersten Schritt zu tun. Das gelingt wohl nur, wenn man selbst im Gegner und in der Feindin den Bruder oder die Schwester sieht.

Dass Franziskus das erkannt hat, belegt eine kurze Stelle aus seiner ersten Ordensregel, die er im Jahre 1221 für seine Gefährten verfasste: »Und mag zu ihnen [den Brüdern] kommen, wer da will, Freund oder Feind, Dieb oder Räuber, sie sollen alle in Güte aufnehmen.«[51] Wenn die Legende vom gezähmten Wolf einen historischen Kern enthält, dann ist er hier zu finden. Dass sie eine zeitlose Wahrheit enthält, beweist die Tatsache, dass von einem, der 1700 Jahre früher und zehntausend Kilometer von Assisi entfernt lebte, Ähnliches erzählt wird: »Der Erleuchtete spricht: Auf der Berghalde weilend, zog ich Löwen und Tiger durch die Kraft der Freundschaft zu mir. Von Löwen und Tigern, von Pantern, Bären und Wölfen, von Antilopen, Hirschen und Ebern umgeben, lebe ich im Wald. Kein Wesen erschrickt vor mir, und auch ich bin bar jeglicher Furcht vor allem Lebendigen.«[52]

Wölfe sind auch nur Menschen.

Bisher haben wir die ganze Legende auf der Objektstufe betrachtet. Wenn wir von Objektstufe reden, meinen wir damit, dass die einzelnen auftretenden Gestalten als individuelle Wesen gesehen werden. Dies bedeutet, dass wir uns mit unseren Gefühlen und Erfahrungen und Fragen in der einen oder anderen der auftretenden Personen wiedererkennen und uns mehr oder weniger bewusst mit ihr identifizieren.

Anders verhält es sich, wenn wir eine Erzählung subjektstufig interpretieren. Auf der Subjektstufe repräsentieren die einzelnen Figuren, aber auch Tiere, Pflanzen oder Symbole jene Neigungen, Charaktereigenschaften und Handlungsmuster, die uns selber eigen sind und die unser Denken prägen und unser Tun bestimmen.

Subjektstufig gesehen gehören die beiden von Franziskus miteinander versöhnten Parteien, der Wolf und die Bevölkerung von Gubbio, zusammen. Bei näherem Hinsehen erweist sich nämlich, dass der erste Eindruck, den die Lektüre dieser Legende hinterlässt, trügt. Nur scheinbar verhält es sich so, dass die Bewohner im Recht sind, weil hier gute Menschen gegen einen bösen Wolf kämpfen. Der Wolf hat genauso eine Daseinsberechtigung wie die Leute von Gubbio. Wenn Franziskus sagt, dass der Wolf »Gottes Geschöpfe erbarmungslos« umbringt, so stellt er sich damit zweifellos hinter die Bürgerschaft. Allerdings darf man nicht übersehen, dass er dieses Urteil sofort relativiert und gleichzeitig auch für den Wolf Partei ergreift, indem er ihm zugute hält, dass er »alles Schlimme nur vom Hunger getrieben« tut. Tatsächlich unterscheiden sich der Wolf und die Bevölkerung nicht wesentlich voneinander. Beide liegen miteinander im Streit, und zwar in einem Streit auf Leben und Tod. Beide sind bewehrt; der Wolf zeigt »zähnefletschend« seinen »wilden Rachen«, während die Leute sich nur noch »bewaffnet« vor die Stadtmauer wagen. Beide sind auf der Hut und fürchten sich voreinander. Sie meiden einander, wenn Gefahr droht und greifen einander an, wenn sie eine Chance sehen, den Gegner zu vernichten. Die Bevölkerung und der Wolf stehen also gewissermaßen für *ein und dieselbe Person*. Wölfe sind eben auch nur Menschen. Und Menschen verhalten sich leider oft wie Wölfe. Tiefenpsychologisch ausgedrückt: Der Wolf hat die Funktion des Schattens. Und die Abwehrmechanismen, die eine Person entwickelt, um den eigenen Schatten nicht zu sehen, erinnern an den Stadtwall, hinter dem sich die Bürgerschaft von Gubbio verschanzt.

Schatten meint hier jene unterdrückten und verdrängten (›gleichgeschlechtlichen‹) Eigenschaften, die im Unbewussten ihr heimliches Wesen treiben.[53] Abgelehnt werden diese Eigenschaften, weil sie mit den übrigen, mehr oder weniger bewusst gewählten, unverträglich erscheinen. In gewisser Weise ist der Schatten also der dunkle Bruder beziehungsweise die dunkle Schwester unseres Ichs, wobei zwischen dem persönlichen Schatten und dem kollektiven Schatten zu unterscheiden ist. Ein geradezu klassisches Beispiel dafür findet sich in Goethes *Faust*. In der Szene vor dem Tor gesteht Faust seinem Famulus, dass es ihn rauschhaft drängt »zu neuem bunten Leben«. Famulus Wagner (»Ich hatte selbst oft grillenhafte Stunden, / Doch solchen Trieb hab ich noch nie empfunden.«)[54] verkörpert den persönlichen, Mephisto hingegen den kollektiven Schatten Fausts. Die Gegenüberstellung von Ich und Schatten taucht in der Mythologie und in der Literatur häufig auf; Beispiele dafür sind die Geschwisterpaare Romulus und Remus, Kain und Abel, Rahel und Lea. In der modernen Literatur wird, wie der »Schattenbruder« in E. T. A. Hoffmanns *Elixieren des Teufels* zeigt, das Problem des Schattens seit langem thematisiert. In Dostojewskis Roman *Die Brüder Karamasow* begegnet Iwan seinem Schatten im Fiebertraum in der Gestalt des Teufels. In *Der Idiot* tritt der Wüstling Rogoschin als Gegenspieler des arglosen Fürsten Myschkin in Erscheinung, während *Narziss und Goldmund* in Hermann Hesses gleichnamigem Roman die Zerrissenheit zwischen Sinnlichkeit und Geistigkeit verkörpern. Psychologisch gesehen ist allerdings stets von einer einzigen Person die Rede, welche ihren Schatten weder akzeptiert noch integriert hat und sich deshalb als zwiespältig erlebt.

Offenbar neigen wir dazu, unseren Schatten zu verleugnen, weil wir die Eigenschaften, die wir an uns nicht bejahen können, als peinlich empfinden. Wir ziehen es vor, gleichsam im Schatten unseres Schattens zu leben. Dennoch lässt sich nicht vermeiden, dass wir von unserem Schatten immer wieder einmal eingeholt werden, so etwa, wenn wir, ganz entgegen unserem Willen und unseren Absichten, die Kontrolle über uns verlieren. So kann es geschehen, dass wir im Affekt oder aus Aggressivität einen Menschen, den wir eigentlich ganz gut mögen, anschreien, beleidigen oder demütigen. Hinterher sind wir dann verwundert, dass wir uns derart vergessen konnten. Und fragen uns wohl im Stillen: Wie war das bloß möglich; das war doch nicht ich. Aber wer denn sonst?

Solange wir nicht fähig sind, zu unserem Schatten zu stehen, zielen unsere ganzen Anstrengungen darauf, ihn zu verdrängen. Das hat zur Folge, dass wir andere Menschen aufgrund eben jener Eigenschaften ablehnen, die wir an uns selber nicht ausstehen können – und so in den anderen letztlich uns selber bekämpfen. Auf diese Weise bringen wir unsere ganze Kreativität zum Ersticken. Solange es uns nicht gelingt, unseren Schatten gleichsam bei der Hand zu nehmen, versperrt er uns den Weg zu den in unserem Unbewussten brachliegenden schöpferischen Fähigkeiten. Menschen, die ihren Schatten und damit einen wesentlichen Teil von sich selber verleugnen, stehen unter einem permanenten Druck. Ihr geistiges Niveau ist, wie Jolande Jacobi bemerkt, »keineswegs etwas natürlich Gewachsenes, sondern vielmehr ein künstlich erzwungenes und gewaltsam aufrecht erhaltenes Gerüst und läuft ständig Gefahr, schon unter der geringsten Belastung einzubrechen. Wir sehen, wie diese Menschen Mühe haben oder überhaupt unfähig sind, zu ihrer inneren Wahrheit zu stehen, eine richtige Beziehung einzugehen oder eine lebendig durchpulste Arbeit zu leisten, und wie sie sich immer stärker in den Fangarmen der Neurose verstricken, je mehr Verdrängtes sich ihrer Schattenschicht auflagert.«[55] Wobei zu sagen ist, dass die Gegenwart des Schattens keine Frage der Moral ist. Die Frage ist vielmehr, wie wir uns gegenüber unserem Schatten verhalten.

Das Wölfische in uns

Bezüglich dieser Problematik kann uns die Legende vom gezähmten Wolf ein paar wichtige Einsichten vermitteln. Dabei ist allerdings zu beachten, dass der Wolf ein ambivalentes Symbol darstellt.[56]

In seinem negativen Aspekt verkörpert der Wolf das Böse schlechthin. In der germanischen Mythologie erscheint er als Begleiter Wotans, des Gottes der Winde und der Schlachten und des Totenreiches. Gleichzeitig herrscht dort die Vorstellung, dass das Ende der Welt gekommen ist, wenn der Fenriswolf sich losmacht und Sonne und Mond und Götter verschlingt. Im Alten Rom ist der Wolf dem Kriegsgott Mars zugehörig. Auch im Hinduismus begegnet man ihm in der Gesellschaft Schrecken erregender Gottheiten. In den Sagen vieler Völker gilt er als Sinnbild des Krieges und der Aggression. Dieser destruktive Aspekt kommt auch darin zum Ausdruck, dass Hades, der Fürst der Unterwelt, einen Mantel aus Wolfspelz trägt. Der reißende Wolf verkörpert Rücksichtslosigkeit und Brutalität, aber auch unersättliche Gier, worauf der Ausdruck *Wolfshunger* hindeutet, sowie der Umstand, dass im Englischen *wolf* auch als Verb gebraucht wird, in der Bedeutung von *gierig verschlingen* (wörtlich: *wolfen*). Daneben wird freilich übersehen, dass der Wolf außerdem einen positiven, geistverwandten Aspekt repräsentiert. Da er in der Dunkelheit gut sieht und wegen seiner erstaunlichen natürlichen Intelligenz, kannte man ihn in Nordeuropa auch als lichthaftes Symbol. In der griechischen Mythologie gehört der Wolf zum Sonnengott Apoll, dem Bewusstseinsprinzip. Im Fernen Osten verehrte man ihn als himmlisches Wesen, bei den Mongolen als Ahnvater des Dschingis Khan, bei den Chinesen als Wächter des Himmelspalastes. Die legendäre Wölfin, welche Romulus und Remus säugte, gilt als Sinnbild Leben spendender animalischer und chthonischer Mächte.

Dieser Befund zeigt, dass das, was wir als Schatten *betrachten*, nicht notwendigerweise oder zumindest nicht ausschließlich negativ zu bewerten ist. Das gilt auch für den Wolf unserer Legende, welcher den kollektiven Schatten versinnbildet.

Es kann also nicht darum gehen, das ›Wölfische‹ in uns zu verleugnen; vielmehr gilt es, diesen Aspekt zu integrieren. Wie das geschieht, zeigt uns wiederum die Legende, und zwar auf überaus eindrückliche und plastische Weise. Während die Bevölkerung des Städtchens nur ein Ziel kennt, nämlich das »Untier« zu töten, geht Franziskus auf den Wolf zu. Jeder Schritt, der zu dem Wolf hinführt, ist gleichzeitig ein Schritt in Richtung *Schattenakzeptanz*. In dem Augenblick, in welchem das »Untier« zum »Bruder Wolf« wird, beginnt die *Schattenintegration*, was die Legende mit dem Pakt ausdrückt. Dieser Pakt mit dem Wolf kann aber nur zu Stande kommen, wenn auch für ihn auf eine Weise gesorgt ist, dass er sich nicht mehr gezwungen sieht, über andere herzufallen. Das bedeutet, dass die Leute ihm die »tägliche Kost verschaffen« müssen.

An dieser Stelle legt es sich nahe, den Schatten, den der Wolf verkörpert, näher zu benennen. Wir gehen wohl nicht fehl, wenn wir in diesem Wolf ein Symbol für die menschlichen Triebe und Urinstinkte sehen, zu denen auch der Machttrieb gehört. *Dieser* Wolf verschlingt die Menschen reihenweise. Hinterhältig lauert er denen auf, die ihn ausrotten wollen, was aber offensichtlich nicht gelingt. Und am helllichten Tag fällt er über jene her, welche sich ihm leichtsinnig nähern. Franziskus indessen geht auf den Wolf zu, wohl wissend, in welch große Gefahr er sich begibt, gleichzeitig aber auch in der Gewissheit, dass diese Gefahr gebannt wird, wenn man den Wolf als Geschöpf Gottes und als Bruder betrachtet. Der reißende Wolf schließt seinen Rachen, sobald man ihm mit Vertrauen begegnet. Und er ist von dem Augenblick an nicht mehr gefährlich, in dem er auf geordnete Weise bekommt, was er zum Leben braucht.

Damit erweist sich, dass gerade jene Seiten, die wir oft nicht akzeptieren (vielleicht auch deshalb, weil sie gesellschaftlich nicht akzeptiert werden), ein großes Potenzial an Entfaltungsmöglichkeiten beinhalten und so zu einer »subversiven Lebenskraft«[57] und damit zu einer Quelle ungeheurer Kreativität werden können. Die Legende deutet dies an, wenn sie davon erzählt, wie »Männer und Frauen, Groß und Klein« dem *gezähmten* Wolf »freundlich« begegnen, und dass »kein Hund bellte gegen ihn«. Im Klartext: Der Schatten ist nicht nur akzeptiert, sondern auch integriert.

Gelingt die Schattenintegration nicht, schlägt sie um in Aggression. Besonders deutlich äußert sich das in Bezug auf das menschliche Machtstreben. Aber die wenigsten sind bereit, das zuzugeben. Deshalb werden die (meist als negativ empfundenen) Machtgelüste mit einem moralischen Feigenblatt versehen. Man spricht von Gerechtigkeit und meint Rache. Man erinnert an die Gleichheit aller Menschen; in Wirklichkeit geht es bloß um eine Umverteilung der Macht – die Herren sollen zu Knechten gemacht werden.

Kanadische Untersuchungen zur Zeit des Kalten Krieges haben ergeben, dass damals gerade kirchentreue Katholiken einer Politik der friedlichen Koexistenz eher ablehnend gegenüberstanden.[58] Eine Mehrzahl von ihnen begrüßte die atomare Abschreckung oder nahm sie unwidersprochen hin, während Kirchendistanzierte sich in dieser Hinsicht viel konzilianter zeigten und sich für die Abrüstungspolitik aussprachen. ›Geschlossene‹ Systeme neigen offensichtlich zum Totalitarismus und damit zu Konfliktlösungen mittels Gewalt. Ideologisch verbrämte Machtgelüste, die durch verletzten Stolz, Neid, Rechthaberei oder Minderwertigkeitsgefühle bedingt sind, können so ausgelebt werden unter dem Deckmantel der Verantwortung, der Gerechtigkeit oder des Pflichtbewusstseins. Derartige Mechanismen beweisen aber gerade, dass in jedem Menschen ein kleiner Machiavelli steckt.

Die Freiheit des Gewissens und die Arroganz der Macht

Ja, das ist wahr! Man hat auch ein Gewissen.
Friedrich Schiller, Wallensteins Tod, 5. Aufzug, 2. Auftritt.

Das Gewissen ist die verborgenste Mitte und das Heiligtum im Menschen, wo er allein ist mit Gott, dessen Stimme in diesem seinem Innersten zu hören ist.
Zweites Vatikanisches Konzil, Pastoralkonstitution über die Kirche in der Welt von heute, Gaudium et spes, Nr. 16.

Zu den bemerkenswertesten Dokumenten des Zweiten Vatikanischen Konzils gehören zweifellos das Ökumenismusdekret *Unitatis redintegratio* (verabschiedet am 21. November 1964), die Erklärung über das Verhältnis der Kirche zu den nichtchristlichen Religionen *Nostra aetate* (28. Oktober 1965) und die Erklärung über die Religionsfreiheit *Dignitatis humanae* (7. Dezember 1965).

Sozusagen ein Präludium zu diesen Dokumenten stellt die am 5. Juni 1960 erfolgte Errichtung des Einheitssekretariats (*Segretariato per l'unità dei cristiani*) durch Papst Johannes XXIII. dar, welches die Beziehungen zwischen der katholischen Kirche und den übrigen christlichen Konfessionen pflegen und vertiefen soll. Der Bekräftigung und Vertiefung der erwähnten Konzilsbeschlüsse hingegen diente die Errichtung zweier weiterer Sekretariate durch Paul VI. am 6. Januar 1966, von denen eines dem Dialog mit den Nichtchristen, das zweite hingegen dem Gespräch mit den Nichtgläubigen eine institutionelle Basis verschaffen sollte. Letzteres wurde 1993 von Johannes Paul II. dem *Päpstlichen Rat der Kulturen* eingegliedert.

Die historische Bedeutung dieser theoretischen Verlautbarungen und praktischen Vorkehrungen wird erst dann deutlich, wenn man den Vergleich zu früher zieht.

Päpstliche Machtworte

Noch im Jahre 1928 bezeichnete Papst Pius XI. in seiner Enzyklika *Mortalium animos* die an der Ökumene Interessierten despektierlich als *panchristiani*, was man am besten mit dem Begriff ›Allerwelts-christen‹ übersetzt. Das 1917 promulgierte und bis zum Erscheinen des neuen Kodex im Jahre 1983 gültige Kirchenrecht verbot den Katholiken, ohne Erlaubnis des Papstes oder des zuständigen Bi-schofs an religiösen Diskussionen mit Nichtkatholiken teilzuneh-men (Can. 1325 § 3).

Der von Pius IX. im Jahre 1864 veröffentlichte *Syllabus* (eine Liste so genannter »modernistischer Irrtümer«) verurteilt die Ansicht als häretisch, nach welcher es den Menschen freisteht, sich zu einer Religion zu bekennen, von deren Wahrheit sie überzeugt sind. In dem im selben Jahr erschienenen Rundschreiben *Quanta cura* er-klärt der Papst die Forderung nach Gewissens- und Religionsfreiheit als unvereinbar mit der kirchlichen Lehre. Dabei beruft er sich aus-drücklich auf die Enzyklika *Mirari vos arbitramur* Papst Gregors XVI. aus dem Jahre 1832, in welcher dieser das Recht auf Gewissens-freiheit als »unsinnige Ansicht oder vielmehr als Wahnsinnsidee« (*absurda ac erronea sententia seu potius delireamentum*) und als »äu-ßerst verderblichen Irrtum« (*pestilentissimus error*) brandmarkt. Zwar erfolgte diese Äußerung im Hinblick auf die Forderung nach einer *extrem* ethischen Autonomie der menschlichen Vernunft, ein Umstand, der aber die undifferenzierte Haltung des kirchlichen Lehramts und dessen Blindheit gegenüber der Würde des mensch-lichen Gewissens keineswegs entschuldigt.

Von Gregor XVI. führt die Linie geradewegs zurück zu Leo X., der in seiner Bulle *Exurge Domine* im Jahre 1520 eine Reihe von Sät-zen Martin Luthers als mit dem katholischen Glauben unvereinbar qualifizierte – so unter anderen die Äußerung des Reformators, dass es gegen den Willen Gottes sei, die Ketzer zu verbrennen.

Dass man Andersdenkenden damals nicht gerade die eigenen Kirchenräume zur Verbreitung ihrer Lehren zur Verfügung stellte, ist aus heutiger Sicht verständlich (so wie ja auch ein Martin Luther nicht im Traum daran dachte, dass dereinst katholische Priester im Zuge eines ›Kanzeltausches‹ vor einer protestantischen Gemeinde predigen würden). Verständlich ist auch die Tatsache, dass man die Gläubigen vor dem Umgang mit ›Irrlehrern‹ warnte. Weniger leicht nachvollziehbar erscheint die Entscheidung des 3. Laterankonzils im

Jahre 1179, welches den Gläubigen bei Strafe des Kirchenbannes verbot (*sub anathemate prohibemus*), den ›Irrlehrern‹ Unterkunft zu gewähren oder ihnen zu erlauben, sich auf ihren Besitztümern aufzuhalten oder gar Handel mit ihnen zu treiben. Entgegen einer weit verbreiteten Ansicht ist das Embargo keineswegs eine Erfindung Napoleons.

Im Übrigen pflegte man Gläubige, welche sich nicht uneingeschränkt zur offiziellen Lehre bekannten, kurzerhand aus der kirchlichen Gemeinschaft auszuschließen. Indem man der Exkommunikation eine ebenso feierliche wie fürchterliche Verfluchung hinzufügte, wurde die von Jesus verliehene Binde- und Lösegewalt (vgl. Matthäusevangelium, Kapitel 18, Vers 18) allerdings über die Maßen strapaziert. Die hierfür verwendeten Formeln stammen zu einem guten Teil aus dem kirchlichen Strafrecht des Mittelalters. Das folgende Beispiel vermag zu illustrieren, was die Wendung *anathema sit* (er oder sie sei im Banne; er oder sie sei ausgeschlossen aus der Kirche) ursprünglich meinte oder zumindest mitmeinte:

In der Autorität des Allmächtigen Gottes, des Vaters, des Sohnes und des Heiligen Geistes, wie der heiligen Canones, der heiligen und unbefleckten Jungfrau und Gottesgebärerin Maria, aller himmlischen Mächte, der Engel, Erzengel, Throne, Herrschaften, Mächte, Cherubim und Seraphim, der heiligen Patriarchen, Propheten, aller Apostel und Evangelisten, der heiligen Unschuldigen, die allein für würdig befunden wurden, vor dem Lamm das neue Lied zu singen, und der heiligen Märtyrer, der heiligen Bekenner und der heiligen Jungfrauen, und aller Heiligen und Erwählten Gottes zugleich, exkommunizieren und verfluchen wir diesen Dieb oder diesen Übeltäter, und wir entfernen ihn von der Schwelle der heiligen Kirche Gottes, dass er für seine Peinigung in den ewigen Strafen ergriffen werde mit Dathan und Abiron und denen, die da gesagt haben zu unserem Herrn und Gott: Weiche von uns, denn die Kenntnis deiner Wege wollen wir nicht. Und wie Feuer von Wasser gelöscht wird, so soll sein Licht ausgelöscht sein für immer, es sei denn, dass er sich besinnt und Genugtuung leistet. Amen. Es verfluche ihn Gott, der Vater, der den Menschen geschaffen hat; es verfluche ihn der Sohn Gottes, der für den Menschen gelitten hat; es verfluche ihn der Heilige Geist, der in der Taufe ausgegossen worden ist. Es verfluche ihn das heilige Kreuz, das Christus im Triumph über seine Feinde zu unserem Heil bestiegen. Es verfluche ihn die heilige Gottesgebärerin und immerwährende Jungfrau Maria, es verfluche ihn der heilige Michael, der Geleiter der heiligen Seelen; mögen ihn verfluchen alle Engel und Erzengel, Herrschaften und Mächte und die gesamte Miliz des himmlischen Heeres. Es verfluche ihn der heilige Johannes, der Vorläufer und große Täufer Christi. Es verfluche ihn der heilige Petrus, der heilige Paulus, der heilige Andreas, alle Apostel Christi [sollen ihn verfluchen]; zugleich die übrigen Jünger, auch die vier Evangelisten, die durch ihre Predigt die ganze Welt bekehrt haben. Es verfluche ihn die wunderbare Schar der Märtyrer und Bekenner, die durch ihre guten Werke wohlgefällig befunden wurden. Verfluchen sollen ihn die Chöre der heiligen Jungfrauen, die um der Ehre Christi willen die Eitelkeiten dieser Welt verabscheut haben. Verfluchen sollen ihn alle Heiligen, die vom Beginn der Welt an in alle Ewigkeit als von Gott geliebt erscheinen. Verfluchen sollen ihn Himmel und Erde und alles Heilige, das es darin gibt. Er sei verflucht, wo immer er sich befinden mag, im Haus, auf dem Feld, auf der Landstraße, auf dem Feldweg, im Wald, im Wasser, in der Kirche. Er sei verflucht, wenn er stirbt, wenn er isst, wenn er trinkt, wenn er hungert, wenn er dürstet, wenn er fastet, wenn er einschläft, wenn er schlummert, wenn er wach ist, wenn er geht, wenn er steht, wenn er sitzt, wenn er liegt, wenn er arbeitet, wenn er ruht, wenn er pisst, wenn er scheißt, wenn er zur Ader gelassen wird. Er sei verflucht in allen Kräften seines Körpers. Er sei verflucht inwendig und auswendig, verflucht in den Haaren, verflucht im Gehirn, verflucht im Scheitel, in den Schläfen, in der Stirn, in den Ohren, in den Augenbrauen, in den Augen, in den Wangen, in den Kinnladen, in den Nasenflügeln, in den Schneidezähnen, in den Mahlzähnen, in den Lippen, in der Gurgel, in den Handgelenken, in den Armen, in den Händen, in den Fingern, in der Brust, im Herzen, in allen Eingeweiden bis zum Magen hinunter, in den Nieren, in den Weichen, in den Schenkeln, in den Geschlechtsteilen, in den Hüften, in den Knien, in den Beinen, in den Füßen, in den Knöcheln, in den Zehennägeln. Verflucht sei er in allen Bändern seiner Glieder, vom Scheitel des Kopfes bis zur Fußsohle sei nichts Gesundes an ihm. Es verfluche ihn Christus, der Sohn des lebendigen Gottes, mit der ganzen Macht seiner Majestät; es erhebe sich gegen ihn der Himmel mit allen

Mächten, die sich bewegen um ihn zu verdammen, wenn er nicht Buße tut und Genugtuung leistet. Amen, so sei es, so sei es! Amen.[59]

Zweifellos hat das kirchliche Lehramt nicht nur das Recht, sondern auch die Pflicht, über die Glaubenslehre zu wachen. Und gewiss hat dieses Lehramt die Aufgabe einzuschreiten, wenn eine bestimmte Person sich von der kirchlichen Gemeinschaft distanziert hat (also ›außerhalb‹ der Kirche steht), weil sie *hartnäckig* schwer wiegende Irrtümer vertritt.[60]

Verfolgung von Juden, ›Ungläubigen‹ und Abweichlern

Für unsere Problemstellung (Religions- und Gewissensfreiheit) aber ist eine andere Beobachtung von Bedeutung: Je weiter wir in der Geschichte zurückgehen, umso ungebrochener ist die Macht der Kirche und entsprechend intoleranter ihre Haltung gegenüber Andersdenkenden. Diese Intoleranz wirkte sich zunächst auf der Ebene der Lehre aus. Diese bildete dann ihrerseits das theoretische Fundament für die praktische Umsetzung des Anspruchs auf ungeteilte Gefolgschaft.

Die von der Kirche praktizierte Verfolgung der Juden, der Krieg gegen die Muslime und die rücksichtslose Eliminierung Andersdenkender vermögen das bestens zu veranschaulichen.

Verfolgung der Juden. Einer weit verbreiteten Ansicht zufolge lässt sich die judenfeindliche Haltung der Kirche bis ins Neue Testament hinein zurückverfolgen. Vorwiegend wird dabei auf Paulus verwiesen, dem man oft vorgeworfen hat, durch die Verwerfung des jüdischen »Gesetzes« zu Gunsten von »Christus« (vgl. Galaterbrief, Kapitel 2, Vers 21) oder, auf anderer Ebene, durch die Lehre von der Rechtfertigung nicht aus (vom Gesetz vorgeschriebenen) »Werken«, sondern einzig durch den »Glauben« (Römerbrief, Kapitel 3, Verse 27 und 28) die theologischen Grundlagen für den kirchlichen Antijudaismus geschaffen zu haben.

Solche Anschuldigungen entbehren jedoch jeder Grundlage. Sie übersehen, dass Paulus, obwohl er zu wiederholten Malen von der »Verstockung« Israels redet (vgl. u.a. Römerbrief, Kapitel 10, Verse

2–3 und 18–19), sein Volk niemals vom messianischen Heil ausschließt, sondern ganz im Gegenteil davon überzeugt ist, dass »ganz Israel gerettet wird« (Römerbrief 11,26), und dass die »Verstockung« *eines Teils* Israels nur solange dauert, »bis die Heiden in voller Zahl das Heil erlangt haben« (Römerbrief 11,25). Außerdem entwickelt Paulus die Basissätze seiner Gesetzes- und Rechtfertigungslehre (Galaterbrief 2,11–21) *nicht gegen die Juden,* sondern gegen jene Christgläubigen, welche die Ansicht vertreten, dass auch die getauften Heiden sich beschneiden lassen und nach den jüdischen Gesetzesvorschriften leben müssen. Tatsache ist, dass Paulus die Bezeichnung »Jude« nie in einem antijüdischen Sinn verwendet.

Weniger eindeutig ist die Sachlage im Johannesevangelium, in dem häufig in einem negativen Zusammenhang von »den Juden« die Rede ist. Gemeint sind damit aber stets nur *einzelne Repräsentanten* des jüdischen Volkes: Die Pharisäer und Hohen Priester (vgl. Johannesevangelium, Kapitel 7, Vers 13 mit Vers 32), die Pharisäer und Gesetzeslehrer (vgl. 9,18 mit 9,13.15.16), die Angehörigen der jüdischen Zentralbehörde (10,31.39. Alle diese Stellen ergeben nur einen Sinn, wenn die hier genannten »Juden« Polizeigewalt innehaben!); ferner die Opponenten aus den führenden Schichten (19,15.38; 20,19), die Machthaber, die Jesus eliminieren wollen und *deshalb* als »Teufelssöhne« bezeichnet werden (vgl. 8,44 mit 8,37.40), die Mitglieder des Synedriums (d.h. des Hohen Rates; vgl. 18,35). Was schließlich Jesu Rede über das »Himmelsbrot« betrifft (6,22–59), so gibt diese Szene nicht ein historisches Ereignis wieder, sondern spiegelt die innerkirchliche Situation zur Zeit der Niederschrift des Evangeliums; die dort genannten »Juden« stehen nicht für das jüdische Volk, sondern für die Gegenpartei, gegen deren spiritualisierende Interpretation der Verfasser die ›Realpräsenz‹ (wie man heute sagen würde) Christi im eucharistischen Brot verteidigt. Eine eingehende Analyse des Begriffs ›Juden‹ im vierten Evangelium zeigt: Fast durchwegs werden die Juden mit den führenden Schichten, vor allem mit den Kreisen der Tempelaristokratie, gleichgesetzt. Diesen Sachverhalt hat die Kirche in der Folge übersehen und Bezeichnungen wie »Mörder« (vgl. Johannesevangelium, Kapitel 8, Vers 40) und »Teufelssöhne« (vgl. 8,44) auf alle Juden schlechthin angewandt.

Eine Grundlage und Rechtfertigung für eine antijüdische Haltung glaubte man aus einer anderen Schriftstelle herleiten zu können, in der von der so genannten Selbstverfluchung des jüdischen Volkes die Rede ist, die sich im Matthäusevangelium findet: »Als Pilatus sah, dass er nichts erreichte, sondern dass der Tumult immer größer wurde, ließ er Wasser bringen, wusch sich vor allen Leuten die Hände und sagte: Ich bin unschuldig am Blut dieses Menschen. Das ist eure Sache! Da rief das ganze Volk: Sein Blut komme über uns und unsere Kinder!« (Kapitel 27, Verse 24–24). Aufgrund dieser Äußerung sah sich die Christenheit über Jahrhunderte hin legitimiert, das jüdische Volk in seiner Gesamtheit als ›Gottesmörder‹ zu verunglimpfen und zu verfolgen, wobei sie das ihm zugefügte Unrecht auch noch als Strafe Gottes interpretierte. Historisch betrachtet ist es völlig unwahrscheinlich, dass Pilatus als Vertreter der römischen Staatsmacht einem unterworfenen Volk gegenüber sein Urteil als Justizmord darstellte. Außerdem ist es absolut undenkbar, dass alle anlässlich des Passahfestes in Jerusalem anwesenden Juden, geschweige denn das »ganze Volk« (!) vor dem Tribunal des Pilatus versammelt war.

Bekanntlich entstand das Matthäusevangelium erst, *nachdem* die Römer im Jahre 70 nach Christus in Palästina ein furchtbares Blutbad angerichtet und Jerusalem zerstört hatten. Diese nationale Katastrophe bringt der Verfasser nun mit der Ablehnung Jesu durch das jüdische Volk in Verbindung. Offensichtlich handelt es sich bei der erwähnten ›Selbstverfluchung‹ nicht um ein historisches Ereignis, sondern um eine theologische Interpretation der Zerstörung der Hauptstadt. Angesichts dieser Sachlage bemerkt Franz Mußner zu Recht: »Kein Christ kann sich guten Gewissens zur Rechtfertigung seines Antijudaismus auf die Matthäusstelle im 27. Kapitel berufen. Wenn Jesu Blut über die Kinder Israels kommt, kommt es über sie als Erlöserblut.«[61]

Gerade diese Tatsache hat die Christenheit zunächst übersehen und später nicht sehen wollen und wurde so an der vielhundertjährigen Leidensgeschichte des jüdischen Volkes mitschuldig. *Mit*schuldig, denn bekanntlich gab es schon einen vorchristlichen Antijudaismus, der mit dem religiösen Nonkonformismus der Juden zusammenhängt, welcher sich notwendigerweise auch politisch auswirkte – etwa in der Ablehnung des Götter- und Kaiserkultes. Gerade darin unterschied sich die Christenheit der ersten drei Jahrhunderte übrigens nicht von der Judenheit; tatsächlich galten ja die Vertreter und Anhängerinnen beider Religionen als *atheoi*, als Gottlose! Als Kaiser Theodosios I. (der Große) im Jahre 380 das Christentum im Römischen Reich zur Staatsreligion erklärte, wurden die ehemals verfolgten Jesusleute ihrerseits zu Verfolgern.

Schon vorher hatten die ersten christlichen Kaiser nach Konstantin die Juden mancherlei gesetzlichen Beschränkungen unterworfen. So verbot ihnen Konstantius im Jahre 339, christliche Sklaven zu halten oder die Ehe mit einer Christin einzugehen Von Honorius wurden sie im Jahre 404 vom Heeresdienst und von Theodosios II. 438 von jedem öffentlichen Amt überhaupt ausgeschlossen. Später mussten sie eine besondere Kleidung tragen. Seit dem 11. Jahrhundert wurden sie in Gettos abgedrängt, eine Maßnahme, welche das 3. Laterankonzil 1179 nachhaltig durchzusetzen versuchte. Die Bezeichnung *Getto* allerdings stammt erst aus dem Jahre 1516, als die Juden Venedigs in den Stadtteil, in dem sich die neue Gießerei, der *Ghetto nuovo*, befand, umgesiedelt wurden. Als die Beulenpest in den Jahren 1248–50 in weiten Teilen Europas wütete, bezichtigte man die Juden der Brunnenvergiftung. Dazu gesellten sich ebenso grundlose wie hartnäckige Gerüchte, die sich über Jahrhunderte hin hielten: Die Juden würden Kruzifixe verunehren, Hostien schänden, Christenkinder zu rituellen Zwecken schlachten … Solche Verleumdungen kosteten unzähligen Juden das Leben. Auch die Reformation brachte keine Verbesserung der Lage. Hatte Luther in seiner Frühzeit jegliche Diskriminierung der Juden abgelehnt (*Dass Christus ein geborener Jude sei*; 1523), so forderte er zwanzig Jahre später (*Von den Juden und ihren Lügen*; 1543) aus der Enttäuschung heraus, dass die Juden sich nicht zum Christentum bekehren ließen, die Zerstörung ihrer Häuser, die Verbrennung der Synagogen, die Beschlagnahme ihrer heiligen Schriften und ein Gottesdienstverbot unter Todesstrafe.

Humanismus, Aufklärung und Französische Revolution leiteten zwar die bürgerliche Gleichberechtigung der Juden ein, vermochten aber den Antijudaismus nicht zu bezwingen, der im Holocaust des vergangenen Jahrhunderts ein geradezu dämonisches Ausmaß annahm.

Wie war dies alles möglich in einer Gesellschaft, welche auf dem Boden des Christentums gewachsen war? Hans Küng bemerkt in diesem Zusammenhang:

> Wir fragen dies jetzt schlicht als Christen, als Angehörige einer Gemeinschaft, die sich – im Gegensatz zum alten Gottesvolk – das neue Gottesvolk nennen will. Wir können diese Frage nicht fragen ohne zu verstummen, vor Scham und Schuld. Könnten wir noch reden wollen, wo Millionen verstummt sind? Um uns zu rechtfertigen in verschämter oder unverschämter Apologetik, die moralisch (Auch die Juden haben Fehler gemacht! Gewiss!) oder historisch (Man muss alles aus der Zeit heraus verstehen! Alles?) oder theologisch (Das war nicht die wahre Kirche selbst! Wer und wo ist denn diese wahre Kirche selbst?) oder gar politisch (Man musste abwägen, es war opportuner nichts dagegen zu tun! War es auch christlich, evangelisch?) zu argumentieren versucht. Wie weit wird solche Selbstrechtfertigung kommen, beim unermesslichen Bleigewicht der Schuld? Die Kirche hat Liebe gepredigt und mörderischen Hass gesät, sie hat das Leben verkündet und den blutigsten Tod verbreitet. Und dies gerade an den leiblichen Brüdern dessen, von dem sie es hörte: »Was ihr dem geringsten meiner Brüder getan, das habt ihr mir getan« (Matthäusevangelium, Kapitel 25, Vers 40)! Die Kirche stand so zwischen Israel und Jesus und hinderte Israel, ihn als seinen Messias zu erkennen.[62]

Damit wird nicht behauptet, dass die ganze Leidensgeschichte des jüdischen Volkes unter dem Nationalsozialismus der Kirche anzulasten wäre. Aber diese Leidensgeschichte ist auch nicht denkbar ohne die Vorgeschichte des kirchlich nicht nur tolerierten, sondern über Jahrhunderte hin auch praktizierten Antijudaismus.

Angesichts dieser Tatsache hat die Kirche sich in der Konzilserklärung über ihr Verhältnis zu den nichtchristlichen Religionen zu ihrer Schuld bekannt:

Im Bewusstsein des Erbes, das sie mit den Juden gemeinsam hat, beklagt die Kirche, die alle Verfolgungen gegen irgendwelche Menschen verwirft, nicht aus politischen Gründen, sondern auf Antrieb der religiösen Liebe des Evangeliums alle Hassausbrüche, Verfolgungen und Manifestationen des Antisemitismus, die sich zu irgendeiner Zeit und von irgendjemandem gegen die Juden gerichtet haben.[63]

Allerdings ist zu bemerken, dass es sich bei dieser Erklärung um ein überaus verklausuliertes Schuldbekenntnis handelt. Tatsächlich ist bloß die Rede von »Hassausbrüchen«, die »zu irgendeiner Zeit und von irgendjemandem« erfolgten. Das schwere Versagen der Kirche hingegen wird nicht eigens erwähnt.

Ausdrücklich nimmt die gleiche Erklärung die durch die Jahrhunderte in Predigt und Katechese verbreitete Behauptung zurück, nach welcher die Juden ein Volk von Gottesmördern und als solche von Gott verflucht sind:

Obgleich die jüdischen Obrigkeiten mit ihren Anhängern auf den Tod Christi gedrungen haben (vgl. Johannesevangelium, Kapitel 19, Vers 6), kann man dennoch die Ereignisse seines Leidens weder allen damals lebenden Juden ohne Unterschied noch den heutigen Juden zur Last legen. Gewiss ist die Kirche das neue Volk Gottes, trotzdem darf man die Juden nicht als von Gott verworfen oder verflucht darstellen, als wäre dies aus der Heiligen Schrift zu folgern. Darum sollen alle dafür Sorge tragen, dass niemand in der Katechese oder bei der Predigt des Gotteswortes etwas lehre, das mit der evangelischen Wahrheit und dem Geiste Christi nicht in Einklang steht.

In diesem Zusammenhang ist daran zu erinnern, dass Johannes XXIII. schon 1959 die Fürbitte für die »treulosen Juden« (*pro perfidis Iudaeis*) wegen ihres beleidigenden Charakters aus der Karfreitagsliturgie gestrichen hatte.

Gleichzeitig besinnt sich das Konzil auf das »Christen und Juden gemeinsame geistliche Erbe« und nimmt sich vor, »die gegenseitige Kenntnis und Achtung [zu] fördern, die vor allem die Frucht biblischer und theologischer Studien sowie des brüderlichen Gesprächs ist«. Dialog statt Polemik, Annäherung statt Ausgrenzung, Verständnis statt Ablehnung – wenn die Kirche dieses Programm wirklich und konsequent in die Tat umsetzt, hat tatsächlich ein neues Zeitalter im Zusammenleben zwischen Juden und Christen begonnen.

Kriege gegen die ›Ungläubigen‹. Zu den dunkelsten Kapiteln der Kirchengeschichte gehören nicht nur die unzähligen blutigen Machtdemonstrationen gegenüber Andersgläubigen, sondern auch die zahlreichen Kriege gegen die ›Ungläubigen‹ (mit diesem Begriff bezeichnete man vom Mittelalter bis zur Zeit des Humanismus die Muslime).

Gemeinhin werden die Religions- oder Glaubenskriege gegen die Anhänger des Islams als Kreuzzüge bezeichnet. Letztlich aber meint dieser Begriff nichts anderes als die Ausbreitung des Glaubens durch das Schwert. Allerdings spielten *ursprünglich* die Eroberungsabsichten der abendländischen Staaten im Orient noch nicht die entscheidende Rolle. Ausschlaggebend war zunächst vielmehr das Frömmigkeitsideal der Ritterschaft des 10. bis 13. Jahrhunderts. Dabei wurde die alte germanische Vorstellung der Gefolgschaftstreue zum Landesherrn auf den ›Lehnsherrn‹ Christus bezogen. Seine Sache galt es zu verteidigen und ihr zum Sieg zu verhelfen. Die zeitgenössische Ritterdichtung bringt das deutlich zum Ausdruck. Erinnert sei an das *Rolandslied*, an den *Heliand* oder an Wolfram von Eschenbachs *Parzival*. Die Zugkraft dieses Frömmigkeitsideals überraschte selbst Papst Urban II. Als der byzantinische Kaiser diesen um Hilfe anging und der Papst im November 1095 auf der Synode zu Clermont in der Auvergne die Christenheit zur Befreiung des heiligen Grabes aufrief, scholl ihm von allen Seiten der Ruf *Deus lo vult* (Gott will es) entgegen. Innerhalb eines Jahres schon stand ein Heer von etwa 30 000 Mann bereit, das über Konstantinopel, Kleinasien und Syrien nach Jerusalem zog. 1099 wurde die Stadt erobert – und anschließend ein furchtbares Blutbad angerichtet.

Dieser Ausgang ist charakteristisch für die ganze Kreuzzugsbewegung, die bis gegen Ende des 13. Jahrhunderts andauerte. Immer mehr traten die religiösen Beweggründe zurück; immer weniger war das eigentliche Motiv die Verkündigung des Glaubens. Handfeste materielle Interessen und politische Erwägungen bestimmten –

wenn auch nicht ausschließlich, so doch zu einem guten Teil – diese Kreuz- oder besser Kriegszüge.

Häufig hat eine auf Beschönigung und Harmonisierung bedachte Kirchengeschichtsschreibung versucht, die damals von den Christen verübten Grausamkeiten und Gräueltaten aus dem damaligen Zeitgeist heraus zu ›erklären‹ und so zu entschuldigen. Das erweist sich schon deshalb als unmöglich, weil, zumindest in einer fortgeschrittenen Phase, durchaus die Überzeugung verbreitet war, dass man den Glauben an Christus keinesfalls mit Gewalt verbreiten dürfe. Dieser Gedanke einer gewaltlosen Verbreitung des Glaubens kam, allerdings auf völlig fehlgeleitete Art, auch im Kinderkreuzzug im Jahre 1212 zum Tragen, als tausende von Kindern aus Deutschland und Franken aufbrachen und anschließend in die Sklaverei oder in Bordelle verkauft wurden, sofern sie den Anstrengungen nicht schon unterwegs erlegen waren.

Aber nicht nur die Muslime, sondern auch häretische Bewegungen innerhalb der Kirche, wie etwa jene der Albigenser, wurden mittels der Kreuzzüge bekämpft.[64]

Auch die Türkenkriege im 15. Jahrhundert waren fast ausschließlich politisch motiviert, galt es doch, die Expansionsversuche der Osmanen zu bremsen. Kaum mehr von religiösen, sondern von politischen Beweggründen schließlich sind die ›Religionskriege‹ seit der Reformation bestimmt (Hugenottenkriege, 1562–1598; Dreißigjähriger Krieg, 1618–1648), in denen der Glaubenseifer als Feigenblatt für massive Machtinteressen herhalten musste.

Eine gewaltsame Art der Glaubensverbreitung fand zeitweise auch auf dem Gebiet der Heidenmission statt, vor allem in Mexiko, wo die Franziskaner 1523 den Einheimischen die Verehrung ihrer Gottheiten schlichtweg verboten, sowie in Paraguay, Uruguay, Argentinien und im portugiesischen Brasilien, wo vor allem zu Beginn der zweiten Hälfte des 16. Jahrhunderts Zwangsbekehrungen und Zwangstaufen an der Tagesordnung waren.

Heute besteht wohl weniger die Versuchung, die eigenen Glaubensvorstellungen gegenüber den Anhängern und Anhängerinnen anderer Religionen gewaltsam durchzusetzen, als vielmehr die Gefahr, dass man für deren Wertvorstellungen blind ist. Deshalb – so das

Zweite Vatikanische Konzil – mahnt die Kirche »ihre Söhne [wo bleiben die Töchter?], dass sie mit Klugheit und Liebe, durch Gespräch und Zusammenarbeit mit den Bekennern anderer Religionen, sowie durch ihr Zeugnis des christlichen Glaubens und Lebens jene geistlichen und sittlichen Güter und auch die sozial-kulturellen Werte, die sich bei ihnen finden, anerkennen, wahren und fördern.«[65]

Unterdrückung Andersdenkender. Fast noch mehr als gegenüber den Anhängern und Vertreterinnen anderer Religionen legte die Kirche hinsichtlich der Andersdenkenden in den eigenen Reihen eine geradezu unerträgliche Intoleranz an den Tag. Dabei ist nicht nur an jene blutige Unterdrückung zu erinnern, die durch die Inquisition (vom Lateinischen *inquirere* = nachforschen, untersuchen) praktiziert wurde, sondern auch an deren Vor- und Nachgeschichte.

Entgegen einer weit verbreiteten Ansicht ist die Inquisition keineswegs eine mittelalterliche Erfindung zur Ketzerbekämpfung. Zwar wurde sie erst unter Gregor IX. im Jahre 1231 zu einer *päpstlichen* Einrichtung erhoben (und im folgenden Jahr von Kaiser Friedrich II. auf das ganze Reich ausgedehnt). Ihre *eigentlichen* Ursprünge reichen bis in das christliche Altertum zurück. Anfänglich waren gegen Häretiker nur geistliche Zuchtmittel (Ausschluss aus der Kirchengemeinschaft) vorgesehen. Die Ausübung physischer Gewalt wurde ausdrücklich abgelehnt (so u. a. von Tertullian und Origenes). Aber kaum dass sich die neue Glaubensgemeinschaft als Reichskirche etabliert hatte, wurden Häretiker mit Güterenteignung und Verbannung und vereinzelt sogar mit dem Tod bestraft.

Unter dem byzantinischen Kaiser Justinianos I. (dem Großen; 527–565), galt Häresie, insofern sie sich gegen die Staatsreligion richtete, als Majestätsbeleidigung und der Häretiker als Hochverräter, der mit dem Feuertod zu bestrafen war.

Mit Beginn des zweiten Jahrtausends wurde diese Strafe auch im Abendland verhängt und vermochte sich trotz des anfänglichen Protests vieler Theologen (u. a. eines Bernhard von Clairvaux) schnell durchzusetzen. Als Feind des Gemeinwohls war der Häretiker mit allen Mitteln zu bekämpfen. Angesichts der schnellen Ausbreitung der Katharer und Waldenser drohte das Vierte Laterankonzil 1215 jenen Fürsten, welche die Häretiker nicht bestraften, mit Exkommunikation und Konfiskation der Ländereien.

Auf diesen Grundlagen entstand die mittelalterliche Inquisition, als Ergebnis der Zusammenarbeit zwischen Papst Gregor IX. und Kaiser Friedrich II. Dem Staat oblag es jetzt, Ketzer und der Häresie Verdächtige aufzuspüren. Aufgabe der Kirche war es, sie zu prüfen und zu richten. Mit der Vollstreckung des Urteils wiederum wurde der Staat betraut.

An sich handelte es sich bei diesem Inquisitionsverfahren um einen Fortschritt in der Rechtsprechung, insofern nun eine gewisse Gewaltentrennung gewährleistet war. Der Staat fungierte als Ankläger, die Kirche als Richterin. Außerdem sollte das Inquisitions- oder Untersuchungsverfahren einen fairen Prozess garantieren.

Aber bald konnte von einer Gewaltentrennung nicht mehr die Rede sein. Schon 1231 besorgten päpstlich ernannte Inquisitoren (meist Dominikaner und Franziskaner) das Aufspüren von Häretikern. Eine ebenso verhängnisvolle wie folgenschwere Entwicklung der Inquisition sanktionierte Innozenz IV., welcher 1252 die Anwendung der Folter (die durch die weltliche Obrigkeit vorgenommen wurde) zur Erzwingung von Geständnissen guthieß. Nach ihrer Verurteilung wurden die »Schuldigen« dem »weltlichen Arm« übergeben. Die gleichzeitig vorgebrachte Bitte, ihr Leben zu schonen, kann nur als Ausdruck eines bodenlosen Zynismus oder aber einer unüberbietbaren Naivität verstanden werden. Denn staatliche Amtsträger, welche die Todesstrafe nicht vollstrecken ließen, gerieten dadurch selbst unter Häresieverdacht.

Während Skandinavien, England und, in geringerem Ausmaß, auch Deutschland von der Inquisition weitgehend verschont blieben (deren *Verfahrensweisen* sich dort aber auf die Hexenprozesse auswirkten, vor allem von der Mitte des 15. bis gegen Ende des 17. Jahrhunderts, und auch auf die Reformatoren, die ihrerseits die Ketzerverfolgung guthießen), forderte diese vor allem in Holland und in Frankreich tausende von Opfern. Am schlimmsten wütete sie in Spanien – und ausgerechnet nach spanischem Vorbild erneuerte Papst Paul III. (der auch das Konzil von Trient einberief) die Inquisition und unterstellte sie einem Kardinalskollegium, dem späteren

Sanctum Officium Sanctissimae Inquisitionis, einer Behörde, die heute die harmlose Bezeichnung *Glaubenskongregation* trägt. Abgeschafft wurde die bis anhin gängige *Praxis* der Inquisition in den südeuropäischen Ländern in der ersten Hälfte des 19. Jahrhunderts (Spanien, Portugal) und, ganz zuletzt, im Jahre 1870, auch im Kirchenstaat. Der *Geist* der Inquisition allerdings wirkt innerhalb der Kirche bis heute weiter; wir werden darauf später, im Zusammenhang mit der gegenwärtigen »Verfahrensordnung der Glaubenskongregation für die Lehrüberprüfung« zurückkommen.[66]

Im Hinblick auf die Vergangenheit aber ist zu bedenken: Die Geschichte der Häresie ist *auch* die Geschichte der Blindheit der Kirche gegenüber den Zeichen der Zeit – und damit gleichzeitig die Geschichte jener Wahrheiten, über welche die Kirche sich infolge einer etwas einseitigen Interpretation des Wortes von der Taubeneinfalt und der Schlangenklugheit (vgl. Matthäusevangelium, Kapitel 10, Vers 16) vorsichtig ausschwieg und die dann – meist einseitig und *deshalb* verzerrt – von den Häretikern zur Sprache gebracht wurden. Diese Tatsache müsste dazu führen, dass man sich mit der Häresie auseinander setzt, *und zwar auch in Form einer Gewissenserforschung*. Lehrt nicht gerade das Zweite Vatikanische Konzil, dass die Kirche als Volk Gottes während seiner irdischen Pilgerschaft der Sünde ausgesetzt bleibt und daher ständig der Erneuerung und Bekehrung bedarf?[67]

Außerdem hat das Konzil sich in seiner Erklärung über die Religionsfreiheit ausdrücklich zur Schuld der Kirche bekannt, die diese in der Auseinandersetzung mit Andersdenkenden auf sich geladen hat: »Gewiss ist bisweilen im Leben des Volkes Gottes auf seiner Pilgerfahrt – im Wechsel der menschlichen Geschichte – eine Weise des Handelns vorgekommen, die dem Geist des Evangeliums wenig entsprechend, ja sogar entgegengesetzt war; aber die Lehre der Kirche, dass niemand zum Glauben gezwungen werden darf, hat dennoch die Zeiten überdauert.«[68]

Diese letztere Bemerkung allerdings darf nicht darüber hinwegtäuschen, dass die erwähnte »Lehre« in der Praxis eben nicht nur »bisweilen«, sondern über Jahrhunderte hin auf menschenverachtende Weise desavouiert wurde.

Die geistigen Voraussetzungen der Intoleranz

Etwas anderes freilich ist es, nicht nur die Mitglieder der Kirche selber, sondern die Menschen überhaupt zu zwingen, eine bestimmte Lehre sich anzueignen und danach zu leben – und dabei auch noch Gewalt anzuwenden. Genau das hat die Kirche praktiziert, solange sie die Möglichkeit hatte. Dabei hätten es zumindest die Vertreter des Lehramts aufgrund ihrer Bibelkenntnisse besser wissen müssen. So ist es nach dem Johannesevangelium der freien Entscheidung der Einzelnen anheim gestellt, an Jesus »Anstoß zu nehmen« (Kapitel 6, Verse 61 und 66) und sich von ihm abzuwenden (6, 67) – und sei es, indem man ihn verrät (13,27)!

Ebenso wie man niemandem zum Glauben zwingen darf, ist es vom Neuen Testament her erlaubt, jemanden daran zu hindern, nach seinem Gewissen zu leben. Genau dies kommt der Sache nach in der Antwort zum Ausdruck, die Petrus und die Apostel dem Hohen Rat auf dessen Anschuldigungen hin zuteil werden lassen: »Man muss Gott mehr gehorchen als den Menschen« (Apostelgeschichte, Kapitel 5, Vers 29). Gleiches lehrt auch der Apostel Paulus, wenn er im Hinblick auf die jüdischen Speisevorschriften betont, dass alles, was gegen die Überzeugung getan wird, Sünde ist, und dass alles, was aus redlicher Überzeugung stammt, Gott wohlgefällig ist (vgl. Römerbrief, Kapitel 14, Verse 23–24).

Dass diese und ähnliche Bibelstellen praktisch in den Sand geschrieben waren, ist vorzugsweise dem Einfluss des heiligen Augustinus (354–430) zu ›verdanken‹. Zusammen mit vielen anderen Kirchenvätern vertrat dieser anfänglich die Ansicht, dass niemand mit Gewalt zum Glauben gezwungen werden dürfe. Später aber, im Kampf gegen die Donatisten (Anhänger einer nordafrikanischen Sonderkirche im 4. Jahrhundert, benannt nach Bischof Donatus von Karthago, der eine strenge Kirchenzucht forderte), gab er diese Auffassung auf. In seinen *Retractationes* (Widerrufen) erklärt er, aus purer Unkenntnis über die Schlechtigkeit der Häretiker diesen gegenüber bislang Zwangsmaßnahmen abgelehnt zu haben. Eine biblische Grundlage für seine Wandlung glaubte Augustinus (der die Todesstrafe für Häretiker allerdings ausschloss) in Jesu Gleichnis vom Gastmahl zu entdecken, genauer in jenem Wort, das der Hausherr an einen Diener richtet, nachdem die Gäste seiner Einladung keine Folge geleistet haben: »Hol sie herbei« (Lukasevangelium, Kapitel 14, Vers 23)! Wobei Augustinus das werbende Herbei*holen* im Sinne eines gewaltsamen Herbei*zerrens* interpretierte. Da der Bischof von Karthago für die mittelalterlichen Theologen eine unbestrittene Autorität darstellte, trug diese Deutung und die ihr zugrunde liegende intolerante Haltung viel zu der damaligen Ketzergesetzgebung bei.

Diese ›biblische‹ Begründung der Gewaltanwendung wurde in der Folge mittels einer philosophischen These abgestützt. Kirchlicherseits vertrat man bis in die Neuzeit hinein die Auffassung, dass Werte wie Barmherzigkeit, Gerechtigkeit, Liebe … *als solche*, also unabhängig von den Menschen, die sich dafür einsetzen, in der Wahrheit gründen. Dabei verstand es sich von selbst, dass der Wahrheit alle, dem Irrtum jedoch keinerlei Existenzberechtigung zukommt. Dies wiederum impliziert, dass die Wahrheit zu verteidigen, der Irrtum hingegen mit allen Mitteln zu bekämpfen ist. Die Konsequenzen, die sich daraus für die Gewissens- und Religionsfreiheit ergeben, liegen auf der Hand. Das Recht, ihre Religion auszuüben, haben einzig die, welche sich zur wahren Religion, also zum katholischen Glauben bekennen. Was aber, wenn jemand *im Gewissen* davon überzeugt ist, eine andere religiöse Überzeugung vertreten zu müssen?

Ein paar grundsätzliche Überlegungen zu dieser Frage hat Thomas von Aquin angestellt. Nach ihm verpflichtet das sichere Gewissen die Menschen auch dann, wenn sie im guten Glauben irren. Denn, so Thomas, wer seinem irrenden Gewissen folgt, tut dies mit dem Wunsch, Gottes Willen zu erfüllen. Was aber gegen diesen Wunsch geschieht, ist sündhaft, und deshalb ist auch das irrende Gewissen zu achten. Das gilt allerdings nur für die Juden und die Ungläubigen. Gegenüber den Häretikern schließt Thomas Gewalt nicht aus.[69]

Wie lässt sich nun diese These mit jener anderen vereinbaren, nach welcher dem Irrtum keinerlei Existenzberechtigung zukommt? Hier stellt sich für Thomas das Problem der Religionsfreiheit: »Darf man die Religion der Ungläubigen [*infideles*; gemeint sind hier Juden *und* Heiden] dulden?«[70]. Thomas löst die Frage mit Hilfe der Theorie von der Güterabwägung. Ein kleines Übel ist in Kauf zu nehmen, wenn dadurch ein größeres vermieden werden kann. So erduldet etwa ein Staat manche Ungerechtigkeiten seitens eines anderen, wenn dadurch ein verheerender Krieg abgewendet werden kann. Bezüglich dieser Überlegung hat Thomas auch das Neue Testament auf seiner Seite. Im Gleichnis vom Unkraut und vom Weizen (vgl. Matthäusevangelium, Kapitel 13, Verse 24-30) zeigt Jesus, dass Gott selber Schlechtes duldet, weil durch dessen Ausrottung ein größeres Gut gefährdet würde. Das Gut, welches es nach Thomas zu schützen gilt, ist hinsichtlich der Juden die Ehre, die diese dem gleichen Gott zuteil werden lassen wie die Christen. Bezüglich der Heiden bemerkt er, dass manche von ihnen sich im Lauf der Zeit zum rechten Glauben bekehren können. Leider vermochte diese Auffassung des Thomas die kirchliche *Rechtspraxis* (Verfolgung Andersdenkender über Jahrhunderte hin) kaum nachhaltig zu beeinflussen.

Auf *diesen* Voraussetzungen (Berechtigung einzig der Wahrheit und damit ausschließlich des einen wahren Glaubens; allfällige Toleranz eines Gewissensirrtums und damit der nichtkatholischen Bekenntnisse und der nichtchristlichen Religionen zur Vermeidung eines größeren Übels) beruhte die vorkonziliäre Lehre der Kirche von der Religionsfreiheit, die Leo XIII. 1855 in seiner Enzyklika *Immortale Dei* darlegte.

In diesem Rundschreiben vertritt der Papst die Auffassung, dass die wahre Religion ein unverzichtbares Element des Gemeinwohls darstellt. Aus dem Irrtum hingegen kann der Mensch keinerlei Nutzen ziehen. Dem Staat kommt unter anderem die Aufgabe zu, das Gemeinwohl und damit die wahre Religion zu schützen und zu fördern und die Ausbreitung der übrigen Religionen tunlichst zu verhindern, da jeder Irrtum sich schädlich auf das Gemeinwohl auswirkt. Als *praktische* Konsequenz dieser Auffassung ergibt sich: Ist die Mehrheit in einem Staat katholisch, so muss der Staat ebenfalls ›katholisch‹ sein. Das implizierte, dass man Andersgläubigen das Recht bestritt, ihren Glauben öffentlich zu bekennen. Allenfalls gestand man zu, dass der Staat um des öffentlichen Friedens willen, also wegen eines höheren Gutes, andere Bekenntnisse tolerieren könne. Angesichts einer nichtkatholischen Mehrheit im Staat aber forderte man für die katholische Minderheit und damit für die Kirche volle Freiheit bezüglich der öffentlichen Ausübung der Religion.

Wenn man die Denkvoraussetzungen mit einbezieht, unter denen diese befremdliche Auffassung zu Stande kam, wird man nicht behaupten dürfen, sie sei *nur* Ausdruck von Arroganz und Intoleranz. Aber die Frage muss doch erlaubt sein, ob die katholische Kirche nicht ein bisschen früher zu einer besseren Einsicht hätte gelangen können. Jedenfalls darf man sich schon darüber wundern, dass die Kirche, wenn sie schon nicht maßgeblich daran beteiligt war, die Menschenrechte zu promovieren, auch noch so lange brauchte, um sie zu assimilieren.

Die Wende

Offiziell hat das Lehramt seine geänderte Haltung hinsichtlich des menschlichen Rechts auf Gewissens- und damit auch auf Religionsfreiheit in der diesbezüglichen Konzilserklärung vom 7. Dezember 1965 zum Ausdruck gebracht. Darin heißt es unter anderem:

> Das Vatikanische Konzil erklärt, dass die menschliche Person das Recht auf religiöse Freiheit hat. Diese Freiheit besteht darin, dass die Menschen frei sein müssen von jedem Zwang, sowohl von Seiten Einzelner wie gesellschaftlicher Gruppen, wie jeglicher menschlicher Gewalt, sodass in religiösen Dingen niemand gezwungen wird, gegen sein Gewissen zu handeln, noch daran gehindert wird, privat und öffentlich, als Einzelner oder in Verbindung mit anderen – innerhalb der gebührenden Grenzen – nach seinem Gewissen zu handeln. Ferner erklärt das Konzil, das Recht auf religiöse Freiheit sei in Wahrheit auf der Würde der menschlichen Person selbst gegründet, so wie sie durch das geoffenbarte Wort Gottes und durch die Vernunft selbst erkannt wird.[71]

Im Vergleich zu früheren lehramtlichen Verlautbarungen stellt diese Äußerung eine kopernikanische Wende dar. Zu Stande kommen konnte sie aufgrund einer Überlegung, welche man bei der

Erarbeitung der ›traditionellen‹ Lehre in keiner Weise berücksichtigt hatte. Diese war angesichts der Alternative *Wahrheit oder Irrtum* entwickelt worden. Dabei übersah man, dass Werte nicht unabhängig von Personen existieren. Immer ist es eine *menschliche Person*, welche eine Überzeugung vertritt. Jede menschliche Person aber besitzt fundamentale Menschenrechte, die ihr nicht von außen her (etwa von Seiten des Staates oder einer Kirche) gewährt, sondern die schlicht gewahrt werden müssen, weil sie in der Würde der menschlichen Person selbst verwurzelt sind. Diese *bereits bestehenden Rechte* hat der Staat zu schützen, indem er sie in seiner Verfassung verankert.

Allerdings macht das Konzil gleichzeitig eine wichtige Präzisierung: Die Gewissens- und Religionsfreiheit steht den Einzelnen nicht in uneingeschränktem Sinne zu, sondern nur »innerhalb der gebührenden Grenzen«. Worin diese Grenzen bestehen, wird an anderer Stelle erläutert: »Es geschieht also ein Unrecht gegen die menschliche Person und gegen die Ordnung selbst, in die die Menschen von Gott hineingestellt sind, wenn jemandem die freie Verwirklichung der Religion in der Gesellschaft verweigert wird, *vorausgesetzt, dass die gerechte öffentliche Ordnung gewahrt bleibt.*«[72] Mit anderen Worten, die Religionsfreiheit (wie die Gewissensfreiheit überhaupt) stößt da an Grenzen, wo das Wohl anderer Menschen auf dem Spiel steht.

Gewissens- und Religionsfreiheit bedeutet demnach nicht, dass Menschen sich nach eigenem Gutdünken und Belieben ihren Glauben selber aussuchen können, sondern dass sie sich nach ihrem Gewissen richten müssen.

Denn der Mensch hat nicht nur das Recht, sondern geradezu die Pflicht, nach seinem sicheren Gewissen zu leben. *Sicheres Gewissen:* Das bezieht sich auf die persönliche Überzeugung (d. h. auf die subjektive Gewissheit), so und nicht anders entscheiden zu sollen. Das sichere Gewissen ist *richtig,* wenn es mit der ›objektiven‹ Norm übereinstimmt. Es ist *irrend,* wenn jemand im guten Glauben von dieser Norm abweicht. Die Tatsache des Gewissensirrtums ist im alltäglichen Leben sicher recht häufig gegeben. Das schließt natürlich die Verpflichtung mit ein, sich um die Bildung und Schulung des eigenen Gewissens zu bemühen. Solange aber ein Mensch einen Irrtum nicht feststellt, ist das sichere (also auch das irrende) Gewissen die einzige sittliche Instanz, der er zu gehorchen hat. Denn, wie schon Thomas in Übereinstimmung mit Paulus lehrte, ist der Gehorsam gegenüber dem eigenen Gewissen die einzige Möglichkeit, Gott zu gehorchen.

Das sichere Gewissen eines Menschen ist unbedingt zu respektieren – vorausgesetzt, dass dadurch das Wohl anderer nicht gefährdet wird. Daraus ergibt sich, dass man auch den konkreten Verhaltensweisen Andersdenkender mit Achtung begegnen und ihnen die Möglichkeit einräumen muss, sich öffentlich zu ihrer Religion zu bekennen:

Denn die Verwirklichung und Ausübung der Religion besteht ihrem Wesen nach vor allem in inneren, willentlichen und freien Akten, durch die sich der Mensch unmittelbar auf Gott hinordnet; Akte dieser Art können von einer rein menschlichen Gewalt weder befohlen noch verhindert werden. *Die Sozialnatur des Menschen erfordert aber, dass der Mensch innere Akte der Religion nach außen zum Ausdruck bringt,* mit anderen in religiösen Dingen in Gemeinschaft steht und seine Religion gemeinschaftlich bekennt.[73]

Unsere bisherigen Darlegungen zeigen, dass die Haltung der Kirche gegenüber den Religionen sich im Lauf der Jahrhunderte stark verändert hat. Der Weg führt von der erbitterten Bekämpfung über die widerwillig geübte Toleranz bis zur Anerkennung der Gewissensfreiheit. Diese Wende ist ein Beispiel dafür, dass die mit dem Lehramt Beauftragten fähig sind, ihre Ansichten zu ändern. Dies wiederum gibt zu der Hoffnung Anlass, dass in manchen Angelegenheiten, bezüglich derer sie *heute* eine restriktive (und gelegentlich geradezu verbohrte) Haltung einnehmen, das letzte Wort ebenfalls noch nicht gesprochen ist.

Der Machtanspruch der Päpste

Im Jahre 366 steht in Rom wieder einmal eine Papstwahl an. Zwei Männer, Damasus und Ursinus, streiten sich um den Posten. Eine Minderheit setzt sich für den Diakon Ursinus ein und lässt ihn in der Basilika Santa Maria in Trastevere zum Bischof weihen. Die Mehrheit stellt sich hinter den populären Diakon Damasus. Um seinen Anspruch auf den Bischofsstuhl von Rom durchzusetzen, heuert Damasus einen Schlägertrupp an, der unter den Anhängern des Ursinus ein drei Tage währendes Massaker anrichtet. Am ersten Oktober besetzt Damasus mit seiner Meute die Lateranbasilika und lässt sich dort zum Bischof von Rom weihen. Anschließend veranlasst er den Stadtpräfekten, Ursinus zu verbannen. Es ist dies das erste Mal in der Papstgeschichte, dass ein Nachfolger des Petrus die weltliche Obrigkeit für seine persönlichen Interessen in Anspruch nimmt. Die Unruhen indessen halten bis zum 26. Oktober an. An diesem Tag stürmen die Leute des Damasus die Basilika Santa Maria in Trastevere, wo die Anhänger des Ursinus Zuflucht gefunden haben. Bilanz dieser gewaltsamen Auseinandersetzung: 127 Tote und der Verlust der Glaubwürdigkeit.

Tatsächlich gehen diese Dinge sogar dem freigeistigen Historiker Ammianus Marcellinus ein bisschen zu weit: »Sie brannten in unmenschlicher Gier darauf, sich des Bischofssitzes zu bemächtigen und bekämpften sich aufs Erbittertste. Ihre Anhänger lieferten sich regelrechte Straßenschlachten mit Toten und Verwundeten.«[74] Irgendwie versteht der Chronist zwar, dass, wer in der Reichshauptstadt Bischof werden will, ein gewisses Durchsetzungsvermögen benötigt, um dieses Ziel zu erreichen. Aber dann kommt's, knüppeldick: »Haben sie es erreicht, dann gehen sie einer sicheren Zukunft entgegen. Sie werden reich durch die Spenden adeliger Matronen.«

Tatsächlich versteht sich Damasus meisterhaft darauf, wohlhabende Damen und vermögende Witwen in kleinen feinen Zirkeln um sich zu scharen, die ihm, dem geselligen und gern gesehenen Gastgeber da ein Erbe überschreiben, dort eine Spende zukommen lassen und hier ein Geschenk übergeben, in der Hoffnung, dass vom Glanz dieses anerkannten Gesellschaftslöwen ein kleiner Lichtstrahl auch auf sie abfalle. Damasus' späterer Sekretär Hieronymus, der als Bibelübersetzer große Bedeutung erlangen wird, scheint in dieser Beziehung ebenfalls nicht ganz ungeschickt gewesen zu sein.

Ammianus Marcellinus weiß ferner zu berichten, dass auch andere höher gestellte Kleriker den Witwen jeden Alters gern zur Seite stehen, insbesondere dann, wenn es gilt ein Testament aufzusetzen. Dass es sich dabei keineswegs um üble Nachrede handelt, geht aus einem Erlass des Kaisers Valentinianus aus dem Jahre 370 hervor, der dem Klerus den Zutritt zu den Häusern der Witwen strikt untersagte. Aber nicht nur Erbschleicherei, sondern auch der prunkvolle Lebensstil des römischen Bischofs und seiner Umgebung sind vielen ein Dorn im Auge. Ammianus Marcellinus wundert sich, dass diese Leute jetzt »nur noch im Wagen sitzend in der Öffentlichkeit erscheinen, sie tragen prächtige Kleider und halten üppige Mahlzeiten ab, sodass ihre Gastereien sogar eine königliche Tafel übertreffen.« Nicht nur Machtgier und Skrupellosigkeit, sondern auch Luxus und Völlerei also wirft der heidnische Chronist den christlichen Würdenträgern in der Hauptstadt vor. Und hält ihnen gleichzeitig das Beispiel der »kleinen Provinzbischöfe« vor Augen, »die sich durch ihre äußerste Bescheidenheit in Speise und Trank der ewigen Gottheit und ihren wahren Verehrern als reine und tugendhafte Männer empfehlen«. Dass Damasus es trotz seiner zweifelhaften Lebensweise schafft, ins kirchliche Guinnessbuch der

Rekorde aufgenommen zu werden (im liturgischen Heiligenkalender hat er seinen festen Platz am 11. Dezember), erstaunt nicht weiter. Tatsächlich gelten die ersten 35 Päpste, angefangen von Petrus bis Julius I. († 352) allesamt als heilig. Unterbrochen wird die Serie erst von Damasus' Vorgänger, dem etwas wankelmütigen Liberius († 366). Es war eben nicht die Lebensführung, sondern das höchste Amt, welches den Nimbus gewissermaßen *ex nihilo*, also ganz von selbst, zum Leuchten brachte.

Der Bischof von Rom wird Papst.

Bekanntlich ist Rom nicht an einem Tag erbaut worden. Das gilt auch für das Rom der Päpste. Allmählich nur vermochte sich die ehemals verfolgte Minderheit der Christen in der Hauptstadt des römischen Kaiserreiches zu etablieren. In dem Maße, als die Neugläubigen dort Fuß fassten, verstanden es die Päpste, die Hauptstadt schrittweise zu einem Machtzentrum auszubauen, indem sie ihre anfänglich rein geistliche Autorität zusehends weltlich vermummten.

Diese politische Entwicklung wird später mit der berühmten Verheißung religiös verbrämt, die Jesus dem Matthäusevangelium zufolge an Petrus gerichtet hatte: »Du bist Petrus [d.h. der Fels], und auf diesen Felsen will ich meine Kirche bauen« (Kapitel 16, Vers 18). Allerdings hat der Verfasser des Matthäusevangeliums dabei den persönlichen Glauben des Petrus im Blick und nicht einen Sonderstatus im *juristischen* Sinn, der sich auch auf die Nachfolger des Apostels erstreckt (wie manche Interpreten später entgegen jeder historischen und exegetischen Evidenz behaupten werden). Erst in nachkonstantinischer Zeit, also um die Mitte des 4. Jahrhunderts, beginnt sich die Vorrangstellung des Bischofs von Rom in der gesamten Kirche durchzusetzen. Vorher waren es die römischen Kaiser (die sich zunächst als Schutzherren der neuen Glaubensgemeinschaft ausgaben), welche sich als Herren über die Kirche gebärdeten (das Konzil von Nikaia wurde vom Kaiser einberufen und tagte im Jahre 325 unter seinem Vorsitz!). Nachdem durch die Verlegung des kaiserlichen Hofes nach Konstantinopel in Rom ein Machtvakuum entstanden ist, verlangt die neue Konstellation nach einem römischen Gegenspieler. Naturgemäß fällt diese Rolle dem geistlichen Oberhaupt der Christen zu, das inzwischen eine nicht unbedeutende gesellschaftliche Position erlangt hat. Ein erstes Zeichen dafür bildet ein 343 erlassenes Dekret der Kirchenversammlung von Sardica (Sofia), welches abgesetzten Bischöfen die Appellationsmöglichkeit beim Bischof von Rom ermöglicht. Wenig später verfällt Damasus I. (366–384) auf den Gedanken, die an Petrus ergangene Verheißung auch auf die späteren Vorsteher der römischen Christengemeinde auszuweiten. Von Damasus stammt auch die Idee, die Bezeichnung *Apostolischer Stuhl* für den römischen Bischofssitz zu reservieren. Bis anhin nämlich schmückten auch andere Bischöfe, deren Gemeinden angeblich von einem Apostel gegründet worden waren, ihren Amtssitz mit diesem Titel.

Im Römischen Reich ist die Kirche inzwischen in fünf Großräume aufgegliedert, an deren Spitze je ein Patriarch steht. Der einzige und alleinige Patriarch im Westreich ist der Bischof von Rom, während das Ostreich unter vier Patriarchen aufgeteilt ist, die in Alexandreia, Jerusalem, Antiocheia und Konstantinopel residieren.

Siricius, der 384 zum Bischof von Rom gewählt wird, verfolgt die Linie seines Vorgängers Damasus konsequent weiter. Kaum im Amt, kramt er aus Schränken und Schubladen die alten Dokumente seiner Vorgänger hervor und stößt dabei auf einen Erlass, mit dem Kaiser Gratianus (367–383), ein erklärter Förderer des Christentums, allen römischen Bischöfen die oberste Gerichtsbarkeit und Entscheidungsgewalt über die Kirchen im westlichen Reich zugestanden hat. Der Fund bleibt nicht ohne Folgen. Kleriker aus der Provinz, die mit irgendwelchen Anfragen an ihn gelangen, werden fortan nicht mehr wie bisher üblich mit Ermahnungen oder Ratschlägen überhäuft, sondern mit amtlichen Verordnungen eingedeckt. Dabei weist Siricius ausdrücklich darauf hin, dass seine Entscheidungen ebenso verbindlich sind, wie die Verordnungen von Synoden. Logische Folge: Liturgische, theologische oder disziplinarische Bestimmungen, die für eine einzelne Kirchenprovinz gefällt werden, sind jetzt für alle anderen gleichfalls verbindlich!

Siricius ist es auch, der sich als erster Nachfolger Petri mit dem Titel *Papa* (Papst, vom Griechischen *pappas*) schmückt, mit dem die

Mitglieder der östlichen Kirchenprovinzen ihre Bischöfe anreden. Gegen Ende des 5. Jahrhunderts gilt der Papsttitel als Monopol des »Apostolischen Stuhls«.

Hatte die Bezeichnung *Papa* unter Siricius noch etwas Ehrerbietig-Väterliches an sich, so ändert sich das mit Innozenz I., welcher im Jahr 401 als direkter Nachfolger seines Vaters Anastasius' I. (399– 401) zum Bischof von Rom gewählt wird. Die 36 von ihm erhaltenen Briefe sind allesamt in einem Ton gehalten, der keinerlei Zweifel daran aufkommen lässt, wer in der gesamten Westkirche das Sagen hat. Glaubenslehre, Kirchendisziplin und Liturgie haben sich fortan an der Römischen Kirche, will sagen an den diesbezüglichen päpstlichen Vorstellungen zu orientieren. Streitfragen über wichtige Dinge werden vom römischen Bischof entschieden. Damit ist die Marschrichtung vorgegeben, in der sich die künftigen Päpste beim Ausbau ihrer Jurisdiktionsgewalt fortbewegen werden. Begreiflich daher, dass manche Kirchenhistoriker und -historikerinnen Innozenz I. als den ersten *eigentlichen* Papst bezeichnen.

Wie seine Vorgänger ist auch Leo I. (der Große; 440–461) ein Anhänger der Petrus-Doktrin. Von einer – und sei es bloß relativen – Autonomie der übrigen Bischöfe will er nichts wissen. Der römische Bischof steht über allen, er ist *vicarius Petri*, der Stellvertreter des Petrus – so der Titel, den Leo I. für sich beansprucht. Die neue Bezeichnung geht auf das römische Erbrecht zurück, welches den Erben als *vicarius* bezeichnet, der zusammen mit den materiellen Gütern auch den juristischen Status (d.h. alle Rechte und Pflichten) des Erblassers übernimmt. Entsprechend diesem juristischen Modell hinterlässt der ›Erblasser Petrus‹ alle seine Rechte, Pflichten und Privilegien seinem einzigen und rechtmäßigen Erben, nämlich dem Bischof von Rom. Allerdings erbt der Papst *nur das Amt* und nicht etwa die persönlichen Vorzüge oder Verdienste des Petrus. Die *Person*, auf welche das Erbe übergeht, ist zweitrangig. Moralische Defizite fallen so wenig ins Gewicht wie menschliche Qualitäten. Das Amt ist entpersonalisiert. Der Form nach ist es zu vergleichen mit der Monarchie der römischen Kaiser. Ein *qualitativer* Unterschied ergibt sich jedoch aus der Sache. Während das kaiserliche Imperium historisch gewachsen ist, ist das päpstliche Imperium von Jesus gestiftet. Offen bleibt, ob Leo sich darüber Rechenschaft gab, dass er mit dieser Argumentation vom juristischen in den theologischen Bereich hinüberwechselte. Fest steht nur, dass diese neue Sicht faktisch das hierarchische Prinzip impliziert. Der aus dem Griechischen stammende Begriff *Hierarchie* bedeutet nicht nur *heilige Herrschaft* (wie manche meinen), sondern auch *heiliger Anfang, heiliger Ursprung* oder *heilige Ordnung*. Aber so unheilig die Methoden sein mögen, mittels derer diese Herrschaft ausgeübt wird, heilig ist sie nach Leo I. dennoch, und zwar aufgrund ihres göttlichen Ursprungs. Was die praktischen Konsequenzen aus diesen Prämissen betrifft, kann sich Papst Leo I. auf die *Kirchengeschichte* des theologischen Wendehalses Eusebios von Kaisareia (um 265–339) berufen: »Wer Petrus [d. h. dem jeweiligen Papst] den Vorrang abzustreiten wagt, kann dessen Würde in keiner Weise mindern, sondern stürzt sich, vom Geiste des Hochmutes gebläht, selbst in die Hölle.«[75] Um ihre Macht abzusichern, werden spätere Päpste dieser Aussage Nachdruck verleihen, indem sie Andersdenkende mit der Strafe der Exkommunikation belegen.

Die östlichen Kirchen nehmen den neu entstehenden römischen Zentralismus und die damit verbundenen Ansprüche anfänglich nicht allzu ernst. In Konstantinopel, dem ›Zweiten Rom‹, gilt *neben* dem Kaiser nicht etwa der Papst als höchste Autorität, sondern das vom Kaiser (!) einberufene Ökumenische Konzil, dem sich auch der Bischof von Rom zu fügen hat. Den Papst betrachtet man im Osten lediglich als Patriarchen des Westens; tatsächlich stellt ihn das Konzil von Chalkedon (451) auf eine Ebene mit dem Patriarchen von Konstantinopel. Das ändert aber nichts daran, dass die römischen Päpste ihre Position zunächst festigen und sogar ausbauen können. Äußerlich kommt diese Stärkung auch im päpstlichen Hofzeremoniell zum Ausdruck, in welches jetzt vermehrt vormals dem Kaiser vorbehaltene Elemente integriert werden. Bei liturgischen Feiern schreiten dem Papst Kerzen- und Weihrauchträger voran; begrüßt wird er mit der Prokynese, dem bislang dem weltlichen Herrscher reservierten Kniefall, und wie der Kaiser unterzeichnet der Papst seine Erlasse nun mit roter Tinte. Schließlich übernimmt der römische Bischof auch den ursprünglich dem heidnischen Oberpriester

vorbehaltenen Titel eines *Pontifex maximus* (›oberster Brücken-
bauer‹).

Der Kirchenstaat

Schon zu Zeiten Leos I. war Rom längst keine Weltmacht mehr.
Nach dem Tod Kaiser Theodosios' I., der 394 das gesamte Römische
Reich unter seiner Herrschaft vereinigte, wurde dieses unter seinen
beiden Söhnen aufgeteilt. Honorius regierte über den Westen, Arca-
dius hingegen über die östlichen Gebiete. Die zunehmende Bedrohung durch die Germanenstämme, einander in rascher Folge ablö-
sende Herrscher im Westen und Rivalitäten zwischen den beiden
Reichsteilen beschleunigten Roms Niedergang.

Die Lage verbesserte sich nur kurzfristig, als Justinianos I. (der
Große) im Jahr 527 als letzter römischer Kaiser in Konstantinopel
den Thron bestieg. Gleich nach seinem Amtsantritt begann er mit
der Wiederherstellung des Römischen Reiches, dessen westlicher
Teil während des 5. Jahrhunderts an die Barbaren gefallen war. Gemäß seiner Losung »ein Kaiser, ein Reich, eine Kirche« wurde Rom
eng in den Osten eingebunden. Der Kaiser behielt sich das Recht
vor, die Papstwahl zu bestätigen.

Im 7./8. Jahrhundert dann, als die Muslime Konstantinopel
bedrohten und die Kaiser zur Sicherung der Grenzen wieder einmal
Geld brauchten, verfielen sie auf den Gedanken, auch für die kirchlichen Besitztümer Steuern einzufordern. Papst Gregor III. (731–
741) reagierte empört; die Lage zwischen Konstantinopel und Rom
spitzte sich zu. Als der Papst Kaiser Leon III. die Unterstützung in
seinem Kampf gegen die Bilderverehrung versagte, konfiszierte dieser alle päpstlichen Ländereien in Süditalien und Sizilien. Damit
war der Papst fast ohne Einkommen. Gleichzeitig war Mittelitalien
wieder einmal von den Langobarden bedroht, die sich nach der Völ-
kerwanderung im Norden der Halbinsel niedergelassen hatten.

In dieser schwierigen Situation richtete sich die Hoffnung der
Päpste auf Pippin III. (den Jüngeren). Der war nach dem Verzicht
seines Bruders Karlmann, des Hausmeiers von Austrasien, seit 747
alleiniger Hausmeier und faktisch Regent über das ganze Franken-

reich. 751 setzte er Childerich, den letzten merowingischen Herrscher, ab und ließ sich in Soissons zum König wählen. Ende 753 fasste Papst Stephan II. den Entschluss, Pippin um Hilfe zu bitten. Als erster Nachfolger Petri überquerte er die Alpen. Pippin empfing ihn am 6. Januar 754 in der champagneschen Pfalz Ponthion. Der König demonstrierte bei dieser ersten Begegnung keine Macht, sondern zeigte Stil. Er fiel vor dem Papst auf die Knie und führte das Pferd des Besuchers ein Stück weit am Zügel. Dieser ›Stratordienst‹ hatte vermutlich im (oströmischen?) Kaiserzeremoniell seinen Ursprung. Am folgenden Tag schon jedoch bot sich den Höflingen ein völlig anderes, realistischeres Bild. Der Papst erschien im Bußgewand vor dem König und bat ihn, die Stadt Rom von den Langobarden zu befreien. Die Entscheidung fiel am 14. April 754. Pippin verpflichtete sich, und das sollte auch für seine Söhne gelten, die Römische Kirche und die *Vorrechte des heiligen Petrus in der Gestalt des Papstes* zu schützen. Außerdem versprach er, die noch von den Langobarden besetzten Gebiete in Mittelitalien dem Papst wieder zuzuführen. Dieses Versprechen wurde 754 und 756 in zwei Feldzügen eingelöst. Die eroberten Gebiete machte Pippin dem »heiligen Petrus« (beziehungsweise seinen legitimen Erben) zum Geschenk. Diese so genannte *Pippinische Schenkung* bildete die Grundlage für den späteren Kirchenstaat, der bis 1870 Bestand haben sollte.

Dass Pippin keineswegs aus purer Kirchentreue oder aus reiner Glaubensüberzeugung handelte, zeigt der weitere Verlauf der Ereignisse. Am 28. Juli 754 salbte Papst Stephan II. Pippin in Saint Denis zum König. Außerdem verlieh er ihm und seinen Söhnen den Ehrentitel *Patricius Romanorum*, (militärischer) Schutzherr der Römer. Bis dahin war diese Ehrenbezeichnung, welche die Schutzgewalt über Rom implizierte, den kaiserlich-byzantinischen Statthaltern in Italien vorbehalten. Für die Byzantiner bedeutete die Neuvergabe des Titels, dass sie in Italien nichts mehr verloren und deshalb dort auch nichts mehr zu suchen hatten.

Zwar war Pippin schon einmal, nach seiner Machtergreifung im Jahre 751, mit dem heiligen Öl gesalbt worden, vermutlich durch Erzbischof Bonifatius. Die neuerliche Salbung durch den ›Stellvertreter Gottes auf Erden‹ bildete nicht nur einen Ersatz für das fehlende königliche Geblüt, sondern diente gleichzeitig der Legitimation. Seinerseits konnte der Papst mit diesem Weiheakt demonstrieren, *wer* einzig befugt war, die Königswürde zu verleihen. Im Grunde waren beide, König und Papst, aufeinander angewiesen. Auf Dauer konnte das nicht gut gehen.

Durch die Pippinische Schenkung entstand für den Papst eine völlig neue Situation – er war jetzt nicht mehr bloß das geistliche Oberhaupt der Christenheit, sondern gleichzeitig auch politischer Machthaber mit allen daraus resultierenden Konsequenzen. Wie der König benötigte er nun seinerseits eine Legitimation für seine weltliche Herrschaft.

Heute nehmen die meisten Geschichtsforschenden an, dass das damit verbundene Problem von einem findigen Kopf aus der Umgebung Papst Pauls I. (757–767), dem Bruder und Nachfolger Stephans II., einer Lösung zugeführt wurde. Einem von der päpstlichen Umgebung gestreuten Gerücht zufolge nämlich hatte irgendein Kopist oder Skribent oder sonst ein Federspitzer in einer Schublade oder hinter einem Wandschrank einen alten Schriftsatz entdeckt, der sich als Abschrift eines noch älteren Dokuments erwies, das, man staune, angeblich aus der Kanzlei Kaiser Konstantins des Großen stammte. Dem Vernehmen nach bestätigte das fragliche Dokument – es gibt da nicht etwa verschiedene Lesarten oder Rezensionen, wie die Fachleute das später nennen werden –, dass Kaiser Konstantin seinem Zeitgenossen Papst Silvester I. und dessen Nachfolgern nicht nur die mittelitalienischen Ländereien, sondern auch seine Kaiserkrone geschenkt hatte.[76] Nicht dass die Päpste dieses Dokument nun allen Sendboten anderer Fürstenhöfe vorgezeigt hätten (so plump verhält sich selbst der unbedarfteste Fälscher nicht), noch wurde der fragliche Wisch in einem offiziellen Text erwähnt. Vielmehr verwahrten die Päpste das Pergament sorgfältig in der Schublade; die Rede davon verbreitete sich ja ganz von selbst. Mit dem Herzeigen konnte man ruhig zuwarten, bis die Papstanhänger vom Wahrheitsgehalt überzeugt waren; die Gegner ließen sich dann leichter widerlegen. Und wer später immer noch an der Echtheit des ominösen Schriebs zweifelte, war für die Folgen solchen Unglaubens selber verantwortlich (wie ein gewisser Johannes Drändorf, der 1425 in Heidelberg als

Ketzer verbrannt wurde, weil er die so genannte *Konstantinische Schenkung* als Fälschung bezeichnet hatte).

Zu Zeiten eines Damasus' I. war die Inbesitznahme des Apostolischen Stuhls, soziologisch betrachtet, eine reine Macht- und Prestigefrage. Seit der ›Pippinischen Schenkung‹ aber waren die Päpste Herren über ein Territorium; fortan ging es nicht mehr bloß um die geistliche Leitung und um den Zusammenhalt einer Glaubensgemeinschaft, sondern auch um territoriale Ansprüche. Diese neue Konstellation bot insbesondere für die Mitglieder der römischen Aristokratie verlockende Aussichten. Denn wer in der Hauptstadt etwas galt, beteiligte sich von jeher am Poker um die besten Positionen. Vor allem die Adelsdynastien waren jetzt daran interessiert, ein Mitglied ihres Familienclans auf den Stuhl Petri zu katapultieren. Dies wiederum veranlasste die Päpste, nach Verbündeten Ausschau zu halten. Leo III. (795–816) fand einen solchen in Karl dem Großen, der dank der Pippinischen Schenkung ohnehin schon den Titel eines *Patricius Romanorum*, eines offiziellen Schutzherrn der Römer, führte. Am 25. Dezember 800 wurde der alte Vertrag mit der Kaiserkrönung des Frankenherrschers durch den Papst erneut besiegelt.

Als der König am heiligen Weihnachtstage bei der Messe sich vor dem Grab des seligen Apostels Petrus erhob, setzte ihm Papst Leo die Krone aufs Haupt, und das römische Volk rief aus: Dem erhabenen Karl, dem von Gott [!] gekrönten großen und friedbringenden Kaiser der Römer Leben und Sieg! Und nach diesen Lobrufen wurde er vom Papst nach der Sitte der alten Kaiser durch Kniefall geehrt und fortan Kaiser und Augustus [d. h. der Erhabene] genannt.[77]

Aufgrund einer Notiz von Karls Hofchronisten Einhard neigen die Geschichtsforschenden heute zu der Annahme, dass Karl der Große überrascht war, dass ihm der Papst die Kaiserkrone *aufsetzte*. Das würde bedeuten, dass Leo durch den Krönungsakt unterstreichen wollte, dass die geistliche Autorität über jeder weltlichen Macht steht, und dass alle irdische Herrschaft der Legitimation durch den obersten Sachwalter Gottes auf Erden bedarf. Ob der

Papst durch den Krönungsakt diese Botschaft vermitteln wollte, muss offen bleiben. Fest steht hingegen, dass Leo III. als erster Papst das Recht der Kaiserkrönung für sich in Anspruch nahm.

Sein Beispiel machte Schule. 813, ein Jahr vor seinem Tod, krönte Karl der Große seinen Sohn Ludwig I. zum Mitkaiser. Dieser übernahm nach dem Tod des Vaters die Nachfolge. 816 reiste Papst Stephan IV. nach Reims, um Ludwig auch seinerseits zum Kaiser zu krönen. Da die Frankenkaiser über keinerlei geschichtliche Legitimation verfügten (Pippin III. war ursprünglich nur Hausmeier unter dem letzten merowingischen König Childerich), waren sie durch die päpstliche Krönung wenigstens theologisch legitimiert. Ludwigs Sohn Lothar wiederum wurde 823 von Papst Paschalis I. in Rom gekrönt. Die folgenden Kaiserkrönungen fanden in der Peterskirche statt – aber erst nachdem die fränkischen Könige den Papst jeweils demütig darum gebeten hatten.

Saeculum obscurum und Gang nach Canossa

Der noch im 9. Jahrhundert einsetzende Zerfall des karolingischen Reiches hatte auch einen rapiden Niedergang des Papsttums zur Folge, das nun immer mehr zum Spielball der sich gegenseitig bekämpfenden stadtrömischen und mittelitalienischen Adelsparteien wurde. Diese von Intrigen und blutigen Machtkämpfen erfüllte Zeit ging als *saeculum obscurum* (dunkles Jahrhundert) in die Annalen der Kirchengeschichte ein. Faktisch verkam das höchste kirchliche Amt damals zur »Pornokratie« (so der fromme Historiker und Apologet Caesar Baronius um 1600).

Das änderte sich grundlegend, als 1073 der römische Benediktinermönch Hildebrand unter dem Namen Gregor VII. das Papstamt antrat und eine Erneuerung der Kirche einleitete, die heute gemeinhin als *gregorianische Reform* bezeichnet wird. Dabei ging er keineswegs zimperlich vor. Gerade zwei Jahre im Amt, fasste er in seinem berühmten *Dictatus Papae* in 27 Leitsätzen seine kirchenpolitischen Vorstellungen zusammen.

Dem Papst eignet ein absoluter Herrschaftsprimat. Er ist *unumschränkter Herr der Kirche*, was bedeutet, dass er nicht nur über allen

Bischöfen, sondern auch über den Konzilien steht. Er ist *oberster Herr der Welt*, was besagt, dass ihm nicht nur die Landesfürsten, sondern auch die Kaiser unterstellt sind. Er wird durch den Akt der Amtsübernahme *heilig*, nicht aus eigener Kraft, sondern weil ihm aufgrund seiner Stellung die Verdienste des Petrus zugerechnet werden, was impliziert, dass er als Sprachrohr der Römischen Kirche nicht irren kann. Diese offensichtlich überzogene Auffassung vom Papsttum ist heute sogar hartgesottenen Papalisten peinlich, weshalb der *Dictatus*, den wir hier im Wortlaut veröffentlichen, gerade von ihnen gerne totgeschwiegen wird:[78]

1. Die römische Kirche ist allein vom Herrn gegründet worden.
2. Einzig der römische Pontifex wird rechtmäßig universaler Bischof genannt.
3. Er allein kann Bischöfe absetzen oder wieder einsetzen.
4. Sein Legat hat allen Bischöfen gegenüber auf dem Konzil den Vorsitz, auch wenn er geringeren Ranges ist, und kann über sie das Urteil der Absetzung fällen.
5. Auch Abwesende kann der Papst absetzen.
6. Mit den von ihm Exkommunizierten dürfen wir nicht im selben Haus bleiben.
7. Ihm allein ist es gestattet, wenn die Zeit es erfordert, neue Gesetze zu erlassen, neue Bistümer zu errichten, Kanonikerkapitel in Mönchsklöster zu verwandeln und umgekehrt, reiche Bistümer aufzuteilen und arme zusammenzulegen.
8. Er allein darf kaiserliche Insignien gebrauchen.
9. Allein des Papstes Füße haben alle Fürsten zu küssen.
10. Sein Name allein darf in den Kirchen feierlich genannt werden.
11. Einzigartig ist dieser Name in der Welt.
12. Ihm ist es erlaubt, Kaiser abzusetzen.
13. Ihm ist es erlaubt, Bischöfe von einem Sitz zum anderen zu versetzen, falls es dringend geboten ist.
14. Aus jeder Kirche kann er nach Belieben Kleriker weihen.
15. Ein von ihm Ordinierter kann auch einer anderen Kirche vorstehen, nicht aber niedere Dienste tun; von keinem anderen Bischof darf er einen höheren Weihegrad empfangen.

16. Keine Synode darf ohne seine Weisung als eine allgemeine bezeichnet werden.
17. Kein Rechtssatz und kein Buch darf ohne seine Autorisierung als kanonisch gelten.
18. Seine Entscheidungen dürfen von niemandem neu verhandelt werden, er selber darf als Einziger die Entscheidungen aller anderen neu zur Verhandlung stellen.
19. Er selber darf von niemandem gerichtet werden.
20. Niemand wage den zu verurteilen, der an den Apostolischen Stuhl appelliert.
21. Die wichtigeren Angelegenheiten jeder Kirche sollen vor den Apostolischen Stuhl gebracht werden.
22. Die römische Kirche hat niemals geirrt und wird nach dem Zeugnis der Schrift auch nie und nimmer irren.
23. Der römische Pontifex, wenn er kanonisch geweiht wurde, wird durch die Verdienste des heiligen Petrus unzweifelhaft heilig gemacht. [...]
24. Auf seine Weisung und Erlaubnis hin ist es Untergebenen gestattet, Anklage zu erheben.
25. Auch ohne Zustimmung einer Synode kann er Bischöfe absetzen und wieder einsetzen.
26. Als katholisch darf nicht gelten, wer nicht übereinstimmt mit der Römischen Kirche.
27. Er kann Untergebene vom Treueid gegenüber Missetätern lösen.

Innerkirchlich kämpft Gregor VII. vehement gegen die allgemein verbreitete Praxis der Simonie, d.h. den Kauf von kirchlichen Ämtern, und dringt auf eine strikte Einhaltung des nur lose gehandhabten Zölibats. Zu nachhaltigen Spannungen und folgenschweren *Auseinandersetzungen mit den weltlichen Potentaten* Anlass gibt das von ihm erlassene Verbot der Laieninvestitur, d.h. die Ernennung und Einsetzung von Klerikern in geistliche Ämter durch weltliche Fürsten. Weil die keineswegs willens sind, auf dieses Privileg zu verzichten, kommt es in der Folge zu dem berühmten *Investiturstreit* zwischen Papst Gregor VII. und dem König (und späteren Kaiser) Heinrich IV.

Heinrich IV., beim Amtsantritt Gregors gerade 23 Jahre alt, ist entschlossen, die alten Vorrechte weiter auszuüben. Dass er bei der

Besetzung von Bischofsstühlen nicht mehr mitreden soll, scheint dem König nun doch ein bisschen übertrieben. Um Gregor in seine Schranken zu weisen, beruft er im Januar 1076 eine Reichssynode nach Worms ein. Die anwesenden 26 Bischöfe erklären den Papst für abgesetzt. Heinrich selber veröffentlicht ein leidenschaftliches Manifest an »Hildebrand, nicht Papst, sondern falscher Mönch«, worin er dem »verdammenswerten« Gregor nahe legt, von dem »angemaßten Apostolischen Stuhl herabzusteigen« (*descende, descende, per saecula damnande!*). Eine Synode, die sich aus vom König eingesetzten lombardischen Bischöfen zusammensetzt, stimmt der unerhörten Sentenz zu. Worauf der Papst Heinrich kurzerhand mit dem Kirchenbann belegt, was zur Folge hat, dass die ihm unterstellten Fürsten von ihrem Treueid entbunden sind. Die gegnerischen Bischöfe werden teils ihrer Ämter enthoben, teils ebenfalls exkommuniziert oder zur Unterwerfung gezwungen. Im Oktober 1076 beschließen die Fürsten, dem König die Gefolgschaft aufzukündigen, falls er mehr als ein Jahr gebannt bleibt. Entscheiden in dieser Angelegenheit soll ein für Februar 1077 in Augsburg vorgesehener Reichstag, zu dem Gregor als Schiedsrichter geladen ist.

In seiner verzweifelten Lage sieht Heinrich keinen anderen Ausweg, als sich dem Papst zu unterwerfen. Um die Lösung vom Kirchenbann zu erreichen, zieht er mitten im Winter mit kleinem Gefolge über die Alpen. Gregor, schon auf der Reise nach Norden begriffen, befindet sich gerade in Canossa, auf der in den nördlichen Apenninen gelegenen Bergfeste der Markgräfin Mathilde von Tuszien. Dort erscheint Heinrich laut einem zeitgenössischen Chronisten im Januar 1077 an drei aufeinander folgenden Tagen unbeschuht und in härenem Bußgewand vor dem Tor der Burg, Einlass heischend und um die Lösung vom Banne bettelnd. Am vierten Tag erst gewährt ihm der Papst die Lossprechung und reicht ihm zum Zeichen der Versöhnung das Abendmahl.

Schon drei Jahre später jedoch kommt es erneut zum Streit – und zum endgültigen Bruch. Wiederum verhängt der Papst den Kirchenbann über Heinrich. Doch diesmal hat sich Gregor verschätzt. Die Maßnahme verfehlt ihre Wirkung. Zwar erheben Heinrichs

Gegner in Deutschland den Lützelburger Grafen Hermann von Salm zum Gegenkönig, den der Papst umgehend anerkennt. Die meisten Fürsten indessen geben sich schnell Rechenschaft, dass ein Sieg Hermanns ihre eigene Position gefährden könnte, weil das Reich dann praktisch zu einem päpstlichen Lehen würde. Jedenfalls überwiegt im gesamten Reich die antipäpstliche Stimmung. Heinrich nutzt die Gunst der Stunde und beruft eine Synode nach Brixen ein, die den Erzbischof Wilbert von Ravenna zum Gegenpapst wählt, der den Namen Klemens III. annimmt. Dann zieht Heinrich mit seinen Truppen gen Süden und fällt in Rom ein. Die Stadt wird geplündert, Gregor vertrieben, Heinrich selber am Ostersonntag 1084 im Petersdom von Klemens III. zum Kaiser gekrönt. Gregor VII. stirbt wenig später, am 25. Mai 1085, in Salerno.

Für Ärger sorgt er noch lange nach seinem Tod. 1606 wird Gregor von Papst Paul V. heilig gesprochen. Zu Beginn des 18. Jahrhunderts soll sein Kult auf die gesamte Kirche ausgedehnt werden. Damit jedoch sind die absolutistischen katholischen Herrscher ganz und gar nicht einverstanden. Ein Papst, der Könige und Kaiser wie Lakaien behandelte, passt nicht zu ihrem Verständnis von Herrschaft. Begreiflich daher, dass eine Maria Theresia verlangt, den heiligen Diktator aus dem liturgischen Kalender zu streichen.

»Deus lo vult.«

Gregors Grundanliegen, nämlich die Kirche aus der Bevormundung durch weltliche Herrscher zu befreien, war durchaus berechtigt. Überzogen hingegen war die Forderung, nach welcher die weltliche Gewalt der Verteidigung und Ausbreitung des Glaubens zu dienen hatte. Durch Kreuzzüge und Ketzerjagden wurde diese politische Theorie in der Folge ebenso grausam wie rücksichtslos in die Tat umgesetzt. Am 27. November 1095 rief Papst Urban II. auf einem Konzil in Clermont-Ferrand zum Kreuzzug auf (*Deus lo vult* – Gott will es); es gelte die »Heiligen Stätten« endlich der Hand der »Ungläubigen« zu entreißen. 1096 begann der erste von insgesamt sieben Kreuzzügen; Ziel war die ›Befreiung‹ Jerusalems. Nach vierwöchiger Belagerung wurde die Stadt am 15. Juli 1099 unter der Führung des Herzogs Gottfried von Bouillon erobert. Das anschließende grausame Massaker an der Bevölkerung beschreibt der Geschichtsschreiber und Erzbischof Wilhelm von Tyrus zwar mit einem Anflug von Bedauern, rechtfertigt es aber doch als gerechte Strafe Gottes.[79]

Sofort durchzogen der Herzog und die, welche mit ihm waren, in geschlossenen Gliedern, mit gezückten Schwertern und mit Schilden und Helmen bedeckt, die Straßen und Plätze der Stadt, und streckten alle Feinde, die sie finden konnten, ohne auf Alter oder Rang Rücksicht zu nehmen, mit der Schärfe des Schwertes nieder. Und es lagen überall so viele Erschlagene und solche Haufen abgeschlagener Köpfe umher, dass man keinen anderen Weg oder Durchgang mehr finden konnte, als über Leichen. Und unsere Fürsten waren mit einer unermesslichen Menge Volkes, das, ohnedies mordlustig, nach dem Blute der Ungläubigen noch besonders dürstete, auf verschiedenen Wegen, Unzählige niedermetzelnd, beinahe schon bis nach der Mitte der Stadt gekommen, als der Graf von Toulouse und die übrigen Fürsten, die mit ihm waren, noch immer den Streit an dem Berge Zion fortsetzten und nichts davon wussten, dass die Stadt erobert und der Sieg in den Händen der Unseren sei. Endlich machte die Bürger, welche hier Widerstand leisteten, das furchtbare Getöse und das große Geschrei, das sich von dem Eindringen der Unseren und dem Niedermetzeln der Feinde erhob, aufmerksam. Sie fragten sich verwundert, was das ungewöhnliche Geschrei und der Tumult des lärmenden Volkes zu bedeuten habe und erfuhren nun, dass unser Heer bereits in der Stadt sei, worauf sie die Türme und die Mauer verließen und sich, um ihr Leben zu retten, nach verschiedenen Orten hin flüchteten. Die meisten von ihnen begaben sich nach der benachbarten Burg, und nun drang das Heer über die Brücke, die sie ohne alle Schwierigkeit nach der Mauer hinüber legen konnten, und auf Leitern um die Wette in die Stadt, wo ihnen niemand Widerstand leistete. Sobald sie in der Stadt waren, öffneten sie das Tor gegen Mittag, das ihnen zunächst lag, damit das übrige Volk ohne Schwierigkeit hereinkommen könnte. [...] Alle zogen einmütig, bis an die Zähne bewaffnet, in geschlossenen Reihen durch die Stadt und richteten ein furchtbares Blutbad an. Die, welche dem Herzog und den Seinigen entkommen waren und dem Tod entfliehen zu können meinten, wenn sie sich nach anderen Seiten der Stadt wendeten, fielen nun diesen in die Hände und kamen so aus den Strudeln der Charybdis in die der Scylla. Es wurden aber in der Stadt so viele Feinde erschlagen und so viel Blut vergossen, dass die Sieger selbst mit Schauder erfüllt werden mussten.

Der größte Teil des Volks hatte sich nach der Halle des Tempels geflüchtet, weil dieser in einem entlegenen Teil der Stadt stund, auch mit einer Mauer, mit Türmen und starken Toren verwahrt war. Diese Flucht brachte ihnen aber keine Rettung, denn sogleich begab sich Herr Tankred mit einem sehr großen Teil des ganzen Heeres dahin. Er brach mit Gewalt in den Tempel ein, und machte Unzählige nieder.

Gaben für die *Beteiligung* am ersten Kreuzzug noch vorwiegend religiöse Motive den Ausschlag, überwogen später die finanziellen, ökonomischen und machtpolitischen Interessen (was fast ausnahmslos für alle Kriege zutrifft, die später angeblich zur Verteidigung des ›wahren Glaubens‹ geführt wurden).

Der mächtige Papst und der bärtige Bettler

Besondere Erwähnung verdient in diesem Zusammenhang der Kreuzzug gegen die Albigenser in Südfrankreich. Das Papsttum befand sich auf dem absoluten Höhepunkt seiner Macht, als Innozenz III. 1208 zu diesem Unternehmen aufrief, in der Absicht, die Gläubigen vor verderblichen Irrlehren zu bewahren und die Kirche vor schädlichen Einflüssen zu schützen.

Nach der Lehre der Albigenser ist diese Welt ein Werk des Bösen. Nur eine völlige Weltabkehr führt zum Heil. Von der südfranzösischen Stadt Albi aus (daher die Bezeichnung Albigenser) fand die Bewegung von der Mitte des 12. Jahrhunderts an vor allem im politisch eigenständigeren Languedoc große Verbreitung. Weder der heilige Dominikus noch die Legaten, die Innozenz III. seit 1198 entsandte, vermochten gegen die Albigenser etwas auszurichten. Als 1208 einer der päpstlichen Gesandten ermordet wurde, rief Innozenz zum Kreuzzug auf. Im Jahr 1209 nahmen die Ritter Albi und Beziers ein (wo sie 20'000 Einwohner umgebracht haben sollen).

Die Massaker unter den Albigensern nahmen in der Folge derartige Ausmaße an, dass sogar der Papst selber sich um Mäßigung bemühte, allerdings ohne Erfolg.

Vermutlich zweifelte Innozenz nicht daran, dass der Glaube Berge zu versetzen vermag. Gleichzeitig aber hatte er nicht die geringsten Hemmungen, Gewalt und Terror anzuwenden, um diesem Glauben auf die Beine und der Wahrheit zum Durchbruch zu verhelfen.

Lothar von Segni, der einem alten Adelsgeschlecht entstammte, war 37 Jahre jung, als er 1198 zum Papst gewählt wurde und den Namen Innozenz (= der Unschuldige) annahm. Als Kardinal verfasste er asketische Werke, eines davon mit dem Titel *De contemptu mundi* (Von der Geringschätzung der Welt). Er galt als geborene Herrschernatur und war der erste Papst der sich nicht mehr bloß als *vicarius Petri*, sondern als *vicarius Christi*, als Stellvertreter Christi, bezeichnete, ein Titel, mit dem sich die Päpste bis heute schmücken. Innozenz schaffte es, in dem damals maroden Rom und in dem zerrütteten Kirchenstaat die Ordnung wiederherzustellen. Die päpstlichen Besitzungen vermehrte er durch so genannte Rekuperationen, mittels derer er bedenkenlos nicht nur wirkliche, sondern auch bloß angebliche alte Territorialansprüche geltend machte. Auf diese Weise wurden die Mark Ancona (die ›Reichsland‹ geworden war) und das Herzogtum Spoleto dem Kirchenstaat wieder einverleibt. Überall verdrängte man die Deutschen; das italienische Nationalgefühl, von Innozenz nach Kräften gefördert, verbreitete sich wie ein Flächenbrand. Dank seinem diplomatischen Geschick und einer klugen Machtpolitik, schaffte es Innozenz, dass er nicht nur in Deutschland, Aragonien und Portugal, sondern auch in Bulgarien und England als Schiedsrichter in kirchlichen *und* in politischen Angelegenheiten anerkannt wurde. Zielstrebig peilte dieser Papst eine Art Weltherrschaft an. In einem Schreiben an den Patriarchen von Konstantinopel verglich er die Beziehung von Papsttum und Imperium mit dem Verhältnis von Sonne und Mond; schließlich habe Jesus dem Apostel Petrus und damit auch seinen Nachfolgern nicht nur die Kirche, sondern darüber hinaus den gesamten Erdkreis anvertraut.

Ausgerechnet dieser Papst erteilte 1209, während seine Truppen in Südfrankreich vergewaltigten, brandschatzten und mordeten und ganze Landstriche in Ruinenfelder verwandelten, einem gewissen Francesco Bernardone, einem verwöhnten Herrensöhnchen aus Assisi, das sich zum Gottesnarren gemausert hatte, die mündliche *Erlaubnis* »nach dem Evangelium zu leben«. Leserinnen und Leser, die hier bei der Lektüre leer schlucken, seien versichert, dass sie keiner optischen Täuschung erlegen sind. Wer sich nämlich in jener Zeit auf das Evangelium berief, distanzierte sich damit ausdrücklich von der römischen Kirchenleitung. Denn nicht nur die Albigenser, sondern auch die Katharer, die Waldenser, die Armen von Lyon und zahlreiche andere religiöse Gruppen hatten damals den Slogan »das Evangelium leben« auf ihre Fahnen geschrieben.

Im Unterschied zu diesen religiösen Utopisten und Schwärmerinnen agiert Franz von Assisi nicht wider den Papst, noch denkt er an die Gründung einer Gegenkirche. Allerdings hat er auch nichts übrig für die vom Papst gewählten gewaltsamen Methoden der Glaubensverbreitung.

1198 ruft Innozenz zum vierten Kreuzzug auf; die ›heiligen Stätten‹ sollten wieder einmal aus der Gewalt der ›Heiden‹ befreit werden. Die kriegerischen Auseinandersetzungen zwischen 1202 und 1204 münden in ein Fiasko. Dass die damit verbundenen Gräueltaten nicht einfach aus dem ›Zeitgeist‹ heraus zu ›erklären‹ oder gar zu entschuldigen sind, erweist sich daran, dass schon damals manche die Überzeugung vertraten, dass man das Evangelium keinesfalls mit Gewalt verbreiten dürfe. So begab sich ein Franz von Assisi 1219, gut zehn Jahre nachdem die päpstlichen Truppen halb Südfrankreich dem Erdboden gleichgemacht hatten, völlig unbewaffnet ins oberägyptische Damiette, wo er mitten ins Lager des Sultans Malik al-Kamil vordrang, um ihm den christlichen Glauben zu predigen und über einen Frieden zu verhandeln. Gegenüber diesem Vorhaben reagierte Kardinal Pelagius Galvani, der päpstliche Legat und Führer des Kreuzheeres, anfänglich äußerst ablehnend. Er betrachtete den Feldzug als Vollzug des göttlichen Willens; dabei konnte er sich sogar auf das Vierte Laterankonzil (1215) berufen. Franziskus jedoch beharrte auf seinem Plan, sodass der Kardinal ihm schließlich erlaubte, den Sultan in seinem Heerlager aufzusuchen. Zwar kam es zu keiner Bekehrung, aber die beiden schieden als Freunde.

Der Unterschied zwischen dem kleinen Kaufmannssohn und der Kirchenleitung könnte größer nicht sein. Während der Papst vorhat, mittels Waffengewalt ein Land zu erobern, versucht Franziskus ein Volk zum Christentum zu bekehren.

Diese beiden einander diametral entgegengesetzten Haltungen hat Giotto in der Oberkirche zu Assisi unter Rückgriff auf eine schon in Franzens Biografie auftauchende Legende in seinem Freskenzyklus eindrücklich ins Bild umgesetzt. Eine dieser Darstellungen zeigt ein Traumgesicht Innozenz' III., das dieser noch vor der mündlichen Bestätigung der Franziskusregel gehabt haben soll. In der rechten Bildhälfte sehen wir den schlafenden von schlafenden Wächtern bewachten Papst. Links davon ist der bärtige Bettler dargestellt, wie er dem Papst im Traum erscheint; mit seinen Schultern stützt er die vom Einsturz bedrohte Lateranbasilika. Angemessen verstehen können wir dieses Bild nur, wenn wir uns daran erinnern, dass die Päpste damals (abgesehen von gelegentlichen Intervallen) im Lateran residierten – und dass nicht etwa der Petersdom, sondern die Basilika San Giovanni in Laterano »Haupt und Mutter aller Kirchen« und damit das Hauptheiligtum der Christenheit ist.

Die Botschaft ist unmissverständlich. Während – manche sagen *weil* – der Papst schläft, bewahrt Franziskus die Kirche Christi vor dem Zusammenbruch. Nicht die blutigen Machtdemonstrationen des römischen Papstes, sondern der radikale Machtverzicht des kleinen Kaufmannssohns aus Assisi führt dazu, dass die Menschen einander näher kommen.

Franziskus starb am Abend des 3. Oktobers 1226. Vor seinem Tod ließ er sich die Leidensgeschichte Jesu aus dem Johannesevangelium vorlesen; dann befahl er seinen Gefährten, ihm den Leibrock auszuziehen und ihn auf die nackte Erde zu betten.

Unmittelbar nach seinem Ableben war der Papst genauso nackt wie der Bettelbruder vor seinem Tod. Innozenz III. war bereits 1216 gestorben. Zum Zeitpunkt seines Hinschieds traf ein gewisser Jacques de Vitry in Perugia ein, wo Innozenz sich zuletzt aufhielt. »Ich traf hier den Papst nicht mehr am Leben, aber noch nicht begraben. In der [der Beisetzung] vorausgehenden Nacht hatten Räuber seinen Leichnam entkleidet und all seiner kostbaren Kleider beraubt. Ich traf ihn in der Kathedrale aufgebahrt, fast nackt und bereits übel riechend, und erkannte in erschütternder Deutlichkeit, wie vergänglich der trügerische Reichtum dieser Welt ist.«

Innozenz und Franziskus verfolgten beide das gleiche Ziel; sie wollten dem Evangelium zum Durchbruch und den Menschen zum christlichen Glauben verhelfen. In der Wahl der Mittel jedoch unterscheiden sie sich wie der Tag sich unterscheidet von der Nacht. Zwar waren beide davon überzeugt, dass »die Gewalttätigen das Himmelreich an sich reißen« (Matthäusevangelium, Kapitel 11, Vers 12). Für den einen war dieser Satz gleichbedeutend mit der Lizenz zum Töten. Der andere sah in ihm eine Ermahnung, sich selber in der Gewalt zu haben. Der eine setzte auf Waffen; der andere vertraute auf die Kraft des Beispiels.

Unbestritten war Innozenz der mächtigste Papst aller Zeiten. Sein Name ist aufgehoben in den Annalen der Geschichte. Vom Bettler von Assisi aber schwärmt die Welt noch heute.

Die Macht bröckelt.

Jede Macht, mag sie noch so gut zementiert sein, beginnt irgendwann zu bröckeln. Diese Erfahrung macht auf einschneidende Weise Bonifaz VIII., der am 24. Dezember 1294 den Stuhl Petri besteigt, nachdem es ihm gelungen ist, seinen Vorgänger Cölestin V. zum Rücktritt zu überreden.

Als Bonifaz sein Amt antritt, geht das mittelalterliche Reich, verstanden als universale Institution, allmählich seinem Ende entgegen. Gleichzeitig entwickelt sich die französische Monarchie zu einem Nationalstaat, dessen Herrscher sich aus der Bevormundung durch die Kirche zu lösen versuchen. Zum Eklat kommt es, als die Könige von England und Frankreich auf den Gedanken verfallen, die leeren Staatskassen aufzufüllen, indem sie künftig auch den Klerus besteuern. Bonifaz, ein glänzender Jurist, gleichzeitig aber auch von Herrschsucht und Habgier besessen, empfindet diese Forderung als

Affront. Im Februar 1296 reklamiert er die Besteuerung des Klerus und die Gerichtsbarkeit über die Geistlichen als alleiniges Recht des Papstes und droht mit Bann und Interdikt. Der englische König gibt nach. Philipp IV. (der Schöne) von Frankreich hingegen zeigt sich widerborstig und ergreift Gegenmaßnahmen. Unter anderem verbietet er die Ausfuhr von Gold und Silber und verfügt die Ausweisung von Fremden, wovon auch die päpstlichen Gesandten und Steuereintreiber betroffen sind. Bonifaz, ganz Taktiker, lenkt ein und ermächtigt den König, vom Klerus auch ohne päpstliche Genehmigung Steuern zu erheben – der Schein bleibt damit gewahrt. Besiegelt wird der brüchige Pakt mit der Heiligsprechung König Ludwigs IX., des Großvaters Philipps des Schönen. Als dieser aber gegen den arroganten und am Hof verhassten Bischof Bernhard de Saissat wegen Hochverrats ermittelt, widerruft Bonifaz sämtliche dem französischen König gewährten Privilegien und mahnt ihn mittels der am 5. Februar 1302 veröffentlichten Bulle *Ausculta fili* (Merk auf, mein Sohn!) zur Raison. Philipp gelingt es, die Publikation dieses Dokuments in Frankreich zu verhindern; im Gegenzug setzt er selber eine gefälschte Bulle in Umlauf (*Deum time!* – Fürchte Gott!), um die öffentliche Meinung gegen den angeblich anmaßenden Papst zu mobilisieren. Dieser wiederum beordert die französischen Prälaten nach Rom, von denen immerhin 39 trotz des königlichen Verbots dem Ruf Folge leisten. Im November 1302 erlässt Bonifaz die berühmt-berüchtigte Bulle *Unam sanctam* (*Eine* heilige Kirche), in der er mit Bezugnahme auf die alte *Zwei-Schwerter-Theorie* die Oberhoheit des Papstes über alle geistlichen und weltlichen Herrscher und den unbedingten Gehorsam gegenüber dem Nachfolger Petri für heilsnotwendig erklärt.[80] Philipp IV. seinerseits bleibt nicht untätig. In einem geschickten Propagandaschachzug vermag er nicht nur den Adel und den höheren Klerus, sondern auch die Vertreter des städtischen Bürgertums (den ›dritten Stand‹) für sich einzunehmen. Er fordert ein allgemeines Konzil, welches über die »ketzerischen Ansichten« des Papstes befinden soll. Dieser reagiert nun mit dem äußersten ihm zur Verfügung stehenden Mittel und bereitet die Exkommunikation Philipps vor, was impliziert, dass die Untertanen von ihrem Treueid entbunden sind. Die Bannbulle ist bereits verfasst und soll am 8. September 1303 veröffentlicht werden. Am Vortag jedoch, Bonifaz hält sich gerade in Anagni auf, wird er von Parteigängern Philipps überfallen und in einer Festung gefangen gesetzt. Der Plan, ihn nach Frankreich zu bringen, scheitert am Widerstand der Bevölkerung, die den Gefangenen nach drei Tagen befreit. Nur einen Monat später stirbt Bonifaz, wahrscheinlich an den Folgen der erlittenen Misshandlungen. Sein Pontifikat leitet den Machtverlust des Papsttums und gleichzeitig den Beginn der Vormachtstellung weltlicher Monarchen ein.

Auf Bonifaz folgt Benedikt XI., ein treuer Anhänger seines Vorgängers. Vom römischen Adelsgeschlecht der Colonna bekämpft, muss er schon kurz nach der Wahl die Hauptstadt der Christenheit verlassen. Als Residenz wählt er Perugia, wo er nach einem gut achtmonatigen Pontifikat stirbt. Seinen Nachfolger Klemens V. (1305–1314) hält es nicht mehr in dem zunehmend unsicheren Rom; er verlegt die Kurie ins französische Avignon, wo die Päpste bis 1377 residieren.

Das letzte Wort dem Konzil?

Zumindest in der Westkirche (die Ostkirchen haben sich 1054 definitiv von Rom losgesagt) gilt der Papst nach wie vor unbestritten als Oberhaupt der Christenheit. Aber sein politischer Einfluss ist im Schwinden.

Das hängt damit zusammen, dass die Gelehrtenwelt sich immer mehr auf die Rolle der Vernunft besinnt. Muss die Vernunft sich der Religion wirklich blind unterordnen? Kann nicht auch sie mit den ihr eigenen Mitteln und Methoden einen Beitrag leisten zur Wahrheitsfindung? Genügt es denn, politische und gesellschaftliche Theorien mit dem bloßen Hinweis auf einen angeblich göttlichen Ursprung zu ratifizieren? Müssen Machtansprüche, auch religiös begründete, sich nicht vor dem Forum der Vernunft begründen lassen?

In diesem Zusammenhang wird auch die Stellung des Papstes und die Reichweite seiner Kompetenzen neu diskutiert. Nachhaltig beeinflusst ist diese ganze Debatte von einer Schrift des italienischen

Staatstheoretikers Marsilius von Padua (eigentlich Marsilio dei Mainardini; um 1275–1342/43). In seinem 1324 unter dem Titel *Defensor pacis* (Verteidiger des Friedens) veröffentlichten Werk vertritt Marsilius die Ansicht, dass jede legitime Herrschaft auf der Souveränität des Volkes beruht. Gleichzeitig fordert er eine klare Trennung von geistlicher und weltlicher Autorität. Den Gemeinden steht das Recht zu, ihre Priester und Bischöfe selber zu wählen. Dem Papst kommt unter den Klerikern allenfalls ein Ehrenvorrang, aber keine absolute Befehlsgewalt zu. Das ist dem gerade regierenden Johannes XXII. nun wirklich des Schlimmen zu viel; Marsilius wird der Ketzerei bezichtigt und exkommuniziert. In München findet er Zuflucht bei König Ludwig IV., dem er den *Defensor pacis* gewidmet hat. Dem Papst ist es zwar gelungen, Marsilius zur Flucht zu veranlassen; seine Ideen aber rumoren weiter in den Köpfen der europäischen Gelehrten.

Die berufen sich außer auf Marsilius von Padua auch auf den englischen Franziskaner Wilhelm von Ockham (um 1285–1347), der ähnliche – aus päpstlicher Sicht aberwitzige – staatstheoretische Ansichten propagiert. Ockham bestreitet dem Papst schlankweg das Recht der politischen Betätigung, da die Kirche eine rein geistliche Gemeinschaft sei. Ihm zufolge kann der Staat sogar die Aufgaben der Kirche wahrnehmen, wenn diese nicht mehr im Stand ist, sie selber zu bewältigen. Dass solche Ansichten in Rom keinen Beifall finden, verwundert genauso wenig wie die Tatsache, dass Ockham schließlich der Häresie bezichtigt wird. Dass seine und des Marsilius Ideen dennoch auf immer größere Zustimmung stoßen, deutet darauf hin, dass sie gewissermaßen schon in der Luft lagen und nur darauf warteten, ausformuliert zu werden.

Die zunehmende Wertschätzung der Vernunft allein bildet allerdings noch keine hinreichende Erklärung für die wachsende Resonanz, die das neue Gedankengut findet. Einen weiteren Grund dafür bilden die Machtkämpfe um den Stuhl Petri, die sich seit dem Ende des 14. Jahrhunderts derart verschärfen, dass nicht nur die Einheit, sondern auch die Existenz der Kirche selber bedroht ist.

Letztlich ist es die Wahl Urbans VI., die das Desaster einleitet. Diese kommt 1378 unter massivem Druck des römischen Volkes zu

Stande, das unbedingt einen Italiener auf dem Stuhl Petri haben will. Aber schon bald zeigt der Neugewählte ein solches Ausmaß an Größenwahn und Geistesgestörtheit, dass selbst nach damals gängiger Auffassung ein hinreichender Grund für einen Amtsverlust gegeben ist. Manche Kardinäle sehen sich deshalb veranlasst, noch im selben Jahr einen neuen Papst zu wählen, den Genfer Klemens VII. Urban sitzt in Rom, Klemens residiert nach der Niederlage seiner Truppen in Avignon. Die Kirche hat nun zwei Päpste. Keiner der beiden denkt daran, sein Amt abzugeben – und beide exkommunizieren einander gegenseitig. Damit beginnt die düstere Epoche des Abendländischen Schismas, welche von 1378–1415 dauert. Während dieser Zeit verzeichnet das offizielle Papstregister vier Päpste und sechs Gegenpäpste – wobei zeitweise sogar zwei Gegenpäpste gleichzeitig dem (nach heutigen Kriterien) rechtmäßigen Papst gegenüberstehen. 1409 treffen sich die Kardinäle beider Richtungen in Pisa, erklären sowohl den in Rom, wie auch den in Avignon residierenden Papst für abgesetzt und wählen einen neuen, der den Namen Alexander V. annimmt. Statt bloß zwei, hat die Kirche nun drei geistliche Oberhäupter – und damit drei Kurien, drei Kardinalskollegien, drei Finanzhaushalte … Die meisten Gläubigen wissen jetzt überhaupt nicht mehr, welcher denn nun der legitime Nachfolger Petri ist. Begreiflich, dass angesichts dieser unerträglichen Situation immer mehr Menschen zu der Überzeugung gelangen, dass nur ein Allgemeines Konzil, das *über* dem Papst steht, wieder Ordnung in die zerstrittene Kirche bringen kann.

Reformwillige Kräfte vermögen König Sigismund (auch Si[e]gmund), den späteren Kaiser des Heiligen Römischen Reiches, schließlich von der Notwendigkeit zu überzeugen, eine Synode abzuhalten und notfalls mit Gewalt gegen die miteinander hadernden Päpste vorzugehen. Dieses von Sigismund einberufene 16. ökumenische Konzil tagt in Konstanz von Allerheiligen 1414 bis zum 22. April 1418. Es handelt sich dabei um die einzige ökumenische Kirchenversammlung, die je in Deutschland abgehalten wurde. Außer den Prälaten (29 Kardinäle, 3 Patriarchen, 33 Erzbischöfe, über 300 Bischöfe und Äbte) sind auch Vertreter des niederen Klerus anwesend, sowie viele Laien, darunter zahlreiche deutsche Fürsten und

Gesandte mehrerer Nationalstaaten, und natürlich Sigismund selbst.

Am 6. April 1415 verabschiedet die Kirchenversammlung ein sensationelles Dekret, in welchem sie sich von der gängigen Lehre vom absoluten päpstlichen Primat verabschiedet. Der Text verdient es, im Wortlaut wiedergegeben zu werden.

Diese heilige Synode von Konstanz, die ein ökumenisches Konzil bildet, das zur Ausrottung des gegenwärtigen Schismas und zur Einheit und Reform der Kirche Gottes an Haupt und Gliedern zum Lobe des allmächtigen Gottes im Heiligen Geiste legitim versammelt ist, ordnet an, definiert, statuiert, entscheidet und erklärt das Folgende, um die Einheit und Reform der Kirche Gottes leichter, sicherer, reicher und freier zu erreichen:

Sie erklärt erstens: Diese im Heiligen Geiste rechtmäßig versammelte Synode, die ein allgemeines Konzil darstellt und die streitende katholische Kirche repräsentiert, hat ihre Vollmacht unmittelbar von Christus; ihr ist jedermann, welchen Standes oder welcher Würde auch immer, *auch wenn es die päpstliche sein sollte*, gehalten zu gehorchen in dem, was den Glauben, die Ausrottung des besagten Schismas, und die allgemeine Reform dieser Kirche Gottes an Haupt und Gliedern betrifft.

Ebenfalls erklärt sie: Jedermann, welcher Bedingung, welchen Standes und welcher Würde auch immer, *auch wenn es die päpstliche sein sollte*, der den Geboten, Beschlüssen, Anordnungen oder Vorschriften dieser heiligen Synode und irgendeines anderen rechtmäßig versammelten allgemeinen Konzils bezüglich des oben Gesagten und all dessen, was diesbezüglich damit geschehen ist und zu geschehen hat, hartnäckig den Gehorsam verweigert, soll, falls er nicht zur Einsicht kommt, der angemessenen Strafe unterworfen und gebührend bestraft werden, unter Anwendung auch anderer Rechtsmittel, falls dies notwendig ist.[81]

Diese ganze etwas langatmige Erklärung lässt sich auf die griffige Kurzformel bringen: *Concilium superat Papam* – das Konzil steht über dem Papst. Begreiflich daher, dass die Konstanzer Kirchenversammlung die künftigen Päpste zur häufigen (*frequens*) Einberufung von Konzilien verpflichtet. Praktisch bedeutet das, dass *das*

Konzil dem Bischof von Rom (als dem Repräsentanten der ganzen Christenheit) die Leitung der Kirche *überträgt* – und dass ihm diese Führungsrolle von einem allgemeinen Konzil *wieder entzogen werden kann*, wenn das Wohl der Kirche es erfordert.

Was die Kirchenversammlung von Konstanz auch tatsächlich in die Tat umsetzt, indem sie gleich alle drei zur Zeit miteinander konkurrierenden Päpste für abgesetzt erklärt. Dies wiederum führt dazu, dass die Kirche bis kurz vor Konzilsende, also vom 6. April 1415 bis zum 11. November 1417, überhaupt kein Oberhaupt mehr hat. An diesem 11. 11. erst nämlich wählen die Konzilsteilnehmer Oddo Colonna zum Papst, der den Namen des Tagesheiligen annimmt und als Martin V. in die Annalen eingeht. Damit ist die Einheit der westlichen Kirche endlich wiederhergestellt. Wer etwas übrig hat für *Culinaria* wird nicht ohne Genugtuung zur Kenntnis nehmen, dass der neue Papst während des Konstanzer Konzils anscheinend gut verpflegt wurde. Jedenfalls überredete er seinen Küchenmeister Johannes Bockenheym, ihm vom Bodensee an den Tiber zu folgen. Die in teutonischem Latein verfasste Originalhandschrift des Bockenheymschen Rezeptbuchs kann heute in der Bibliothèque Nationale zu Paris konsultiert werden.[82]

Weit pikanter als alle von Bockenheym kreierten Wurstwaren und Würzmischungen zusammen ist die Wirkungsgeschichte des Dekrets des Konstanzer Konzils. Was diese betrifft, geht es nicht mehr bloß um Genuss und Gusto (über den man bekanntlich streiten kann), sondern um Wichtigeres, nämlich um die Macht.

Jedenfalls unterstreichen kuriale Kreise schon bald die Unverbindlichkeit der Konstanzer Verfügung; diese sei schon deshalb nicht rechtskräftig, weil der Papst sie gar nicht approbiert habe! Gegenüber einer derartigen ›Interpretation‹ ist daran zu erinnern, dass die *Mehrheit der Konzilsteilnehmer* die Entscheidungsbefugnis der allgemeinen Konzilien bewusst *höher* einstufte als alle päpstlichen Zuständigkeiten, weshalb diese Mehrheit ja noch *vor* der Wahl des neuen Papstes diesen und seine Nachfolger darauf verpflichtete, regelmäßig Kirchenversammlungen einzuberufen.

Und wie reagiert die *kuriale Minderheit* auf diese Tatsache? Die setzt, wie in solchen Fällen üblich, auf Zeit. Erst einmal im Amt würde der neue Papst seine Kompetenzen so leicht nicht wieder an ein Konzil abtreten. Und so geschieht es tatsächlich. Zwar ist man sich bewusst, dass die Legitimität der Wahl Martins V. und damit die jedes auf ihn folgenden Papstes von der Gültigkeit des Konstanzer Dekrets abhängt. Aber die Rechnung der Kurialen geht auf. Zwar sieht sich Martin V. aufgrund der Entscheidung von Konstanz, mehr aber noch auf äußeren Druck hin, gezwungen, 1431 ein allgemeines Konzil einzuberufen. Tagungsort ist Basel. Dort kommt es zu schweren Zerwürfnissen zwischen den ›Konziliaristen‹ und den ›Papalisten‹; mehrere illustre Teilnehmer, die früher die Oberhoheit des Konzils über den Papst verteidigt haben, vertreten jetzt plötzlich die gegenteilige Ansicht und reisen ab.

Dass dieser Gesinnungswandel nicht aus theologischen, sondern aus Opportunitätsgründen erfolgte, lässt sich exemplarisch anhand der Biografie des Humanisten und Gelehrten Enea Silvio Piccolomini aufzeigen, der noch nach dem Basler Konzil in Wort und Schrift vehement die Idee des ›Konziliarismus‹ verficht. Doch dann entscheidet er sich für eine kirchliche Karriere und schwenkt prompt auf die andere Seite über; zur Belohnung erhält er den Kardinalshut. 1458 wird er Papst. Der frühere Verfasser lasziver Liebesnovellen (*Euryalus und Lucrezia*) heißt jetzt Pius II. Keine zwei Jahre im Amt veröffentlicht er die Bulle *Execrabilis* (Fluchwürdig), in der er die Appellation an ein Konzil über den Kopf des Papstes hinweg schlichtweg verbietet und mit Exkommunikation droht. Ganz so leicht aber lässt sich die Erinnerung an das Konstanzer Dekret nicht aus dem Gedächtnis tilgen; im ganzen 15. und 16. Jahrhundert geistert die konziliäre Idee noch in den Köpfen herum. Aber gegen den Machtanspruch der Päpste vermag sie sich nicht mehr durchzusetzen. Bereits 1516 kann Leo X. sich auf dem Fünften Laterankonzil unwidersprochen als »Pontifex« bezeichnen, »der die Autorität über alle Konzilien besitzt«.

Bereits vor Leo X. vermochte die mehr kirchenpolitische als theologische Frage ›Papst oder Konzil?‹ die Theologen nicht mehr sonderlich zu erregen. Denn die Nachfolger Martins V. zeigten sich vor allem an einem starken Kirchenstaat interessiert. Dabei dachten sie mehr an eine Machtsteigerung des Familienclans und an die

Aufstockung ihrer persönlichen Reichtümer als an das Wohl der Christenheit. Das bekannteste und gleichzeitig berüchtigtste Beispiel dafür ist Alexander VI., unter dessen Herrschaft das Papsttum seinen absoluten moralischen Tiefstand erreichte.

Das Erbe des Petrus geht an den Familienclan.

Rom, 10. August 1492. Nach dem Tod Innozenz' VIII. befinden sich die Kardinäle bereits seit acht Tagen im Konklave. Diesmal ist der spanische Kardinal Rodrigo Borja fest entschlossen, das Rennen zu machen. Schon einmal, Ende August 1484, hatte er gute Chancen, den Stuhl Petri zu erklimmen. Als sein Rivale, der Italiener Giuliano della Rovere, erkannte, dass er selber nicht zum Zuge kommen würde, setzte er alles daran, um Kardinal Giovanni Battista Cibo durchzubringen, der unter dem Namen Innozenz VIII. die Zeit bis zur nächsten Papstwahl überbrücken sollte. (Giuliano della Rovere wird die Hürde erst 1503 nehmen und sich Julius II. nennen.)

Jetzt, acht Jahre später, will Rodrigo Borja seine Chance packen, und zwar um jeden Preis. Das ist wortwörtlich zu verstehen. Nachdem die ersten Wahlgänge zu seinen Ungunsten verlaufen sind, schafft er es an diesem heißen 10. August, eine ganze Reihe von Kardinälen für sich zu gewinnen. Dem einen verspricht er für den Fall einer Wahl nicht nur das Amt des Vizekanzlers, sondern auch das Kastell von Nepi, sowie 10'000 Dukaten *in contanti*. Ein anderer soll die Einkünfte aus den Städten Monticelli und Soriano sowie das Bistum Cartagena erhalten. Neun weitere Stimmen erkauft sich Borja, indem er einzelnen Kardinälen die Einkünfte aus zahlreichen Bistümern, sowie allerlei Benefizien und Pfründen zusichert. Als er in der Nacht vom 10. auf den 11. August zum Papst gewählt wird, ist er um ein immenses Vermögen ärmer. Aber arm ist er deswegen noch lange nicht. Denn bei den Bestechungsgeldern handelt es sich lediglich um Investitionen.

Rodrigo de Borja y Doms wird am 1. Januar 1431 in Jativa bei Valencia geboren. In jungen Jahren kommt er nach Rom zu seinem Onkel Alonso de Borja, der kurz zuvor, 1444, zum Kardinal ernannt worden ist und elf Jahre später als Calixtus III. zum Nachfolger Petri gewählt wird. Seinen Neffen bestimmt Alonso für die geistliche Laufbahn. Noch im Jahr seiner Wahl, 1455, ernennt er den gerade 24-jährigen Rodrigo zum Kardinal, wenig später zum Vizekanzler der Kirche und stattet ihn mit zahlreichen Pfründen aus, welche dieser so geschickt verwaltet, dass er bald zu den vermögendsten Kirchenfürsten zählt.

Borja hat den Ruf eines glänzenden Kavaliers, ist von stattlicher Erscheinung, von heiterem Wesen und gewinnender Beredsamkeit und zieht, so ein zeitgenössischer Chronist, »stärker als ein Magnet das Eisen, schöne Frauen an.«[83] Dass er sie auch auszieht, wird im leichtlebigen Rom der Renaissance keineswegs als Skandal empfunden, zumal der Kardinal immer noch dem Laienstand angehört. Die Priesterweihe wird er erst 1468 empfangen. Zwischen 1460 und 1470 zeugt er drei Kinder, Pedro-Luis Borgia, Jerónima und Isabella; über die zwei Mütter ist weiter nichts bekannt. Gegen 1470 beginnt Rodrigo eine langjährige Beziehung mit der römischen Adeligen Vannozza de Cataneis, aus der vier Kinder hervorgehen, nämlich der berüchtigte Cesare (1475–1507), der Lieblingssohn Juan (1476–1497), die vom Vater vergötterte Lucrezia (1480–1519) und der blondlockige Jofré (1482–1517).

Um 1491 hat Rodrigo eine neue Geliebte, Giulia Farnese oder *Giulia bella,* wie ganz Rom sie wegen ihrer umwerfenden Schönheit nennt. Die gebiert ihm im Frühjahr 1492 eine Tochter, Laura. Laura ist noch kein halbes Jahr alt, als ihr Vater sich das Papstamt erkauft. Nun hat Alexander VI. Gelegenheit, Alessandro Farnese (den späteren Papst Paul III.), der ihm seine Schwester Giulia zugeführt hatte, angemessen zu belohnen; im September 1493 verleiht er dem gerade 25-jährigen Farnese-Fürsten den Purpur, der prompt den Spitznamen *Cardinale della gonnella,* Kardinal von Unterrocks Gnaden, abkriegt. *Giulia bella* hingegen, die mit dem Papst in den Vatikan einzieht, ist für die spottfreudigen Römer fortan die *Sponsa Christi.* Die Affäre zwischen Alexander VI. und Giulia dauert bis etwa um 1500. Um diese Zeit nämlich erscheint die Herzogin Farnese in zeitgenössischen Chroniken als die »*ehemals* Begünstigte des Papstes«.

Alexander VI. ist beileibe nicht der einzige Papst, der das christliche Liebesgebot ein bisschen flexibel interpretierte. Namentlich bekannt sind insgesamt 26 Papstkinder; die weitaus meisten von ihnen wurden zur Zeit der Renaissance geboren, und zwar *bevor* ihre Väter den Thron Petri bestiegen.[84] Als ›echte‹ oder ›eigentliche‹ *Papst*kinder der letzten tausend Jahre können daher nur die beiden Söhne Alexanders VI. gelten, die dieser während seines Pontifikats zeugte, nämlich Giovanni (1498–1548) und Rodrigo (1503–1527); beider Mütter sind unbekannt.

Vor allem in billigen Romanen wird Alexander als verschlagener sexbesessener Lüstling dargestellt, dessen Schamlosigkeit keine Schranken und dessen Machtgier keine Grenzen kannte. Tatsache ist, dass der größte Teil des damaligen Kardinalskollegiums völlig verweltlicht war und zahlreiche kirchliche Würdenträger in Rom einen aufwändigen Lebens- und einen freizügigen Liebesstil pflegten. »Sie jagten, spielten um hohe Summen, gaben schwelgerische Gastmähler, feierten üppige Feste und erlaubten sich in sittlicher Beziehung arge Ausschweifungen.«[85] Den höheren Ständen war das kein Dorn im Auge, weil sie es genauso hielten. Und was das einfache Volk betrifft, reagierte dieses stets allergisch, wenn einmal ein Papst durch strenge Erlasse der Zügellosigkeit in der Stadt Rom Einhalt zu gebieten versuchte.

Zum Papst wählten die Kardinäle einen der *Ihren*, was sich hier nicht bloß auf den geistlichen Stand oder die hierarchische Stellung, sondern auch auf die Sitten bezieht. Dass Alexander sich das Amt *kaufte*, wirft einen weit dunkleren Schatten auf ihn als sein Privatleben; dass er es kaufen *konnte*, zeigt, wie korrupt viele seiner Wähler waren – und wie schlimm es um die römische Kurie bestellt war.

Die stadtbekannte Liaison mit der verheirateten Vannozza oder die simonistischen Begleitumstände der Wahl haben dem Ansehen Alexanders keineswegs geschadet. Darüber sah man hinweg, und deshalb gab es auch nichts zu vertuschen. Außerdem vereinte Rodrigo Borgia auch viele gute Eigenschaften eines hervorragenden Herrschers in sich. Während seiner Vizekanzlerschaft hatte er sich fundierte Geschäftskenntnisse angeeignet (die er aber vorwiegend nutzte, um Reichtümer anzusammeln); überdies war er glänzend begabt und von einer unermüdlichen Arbeitskraft. Bei seinen Vorgängern Pius II. (der ihm zwar wegen seines lockeren Lebenswandels gelegentlich die Leviten las), Paul II., Sixtus IV. und Innozenz VIII. galt er viel. In Spanien und Italien hatte er sich als Legat und Diplomat bewährt. So verwundert es denn nicht, dass Mailand und Florenz den Neugewählten mit Glockengeläute und Festen feierten.

Kaum im Amt setzte Alexander Prioritäten. Er bemühte sich um einen effizienteren Verwaltungsapparat und sorgte für die Wiederherstellung der öffentlichen Ordnung. Letzteres war schon deshalb dringlich, weil in der kurzen Zeit zwischen der Erkrankung seines Vorgängers Innozenz VIII. und dem Krönungsfest Alexanders allein in Rom 230 Mordtaten verübt worden waren. Aus den Rechnungen des päpstlichen Hofhaushaltes geht hervor, dass der Papst bei allem Luxus wenigstens bei Tisch sparte. Für Tafelfreuden scheint er überhaupt nichts übrig gehabt zu haben. Was die in dieser Hinsicht verwöhnten Kardinäle veranlasste, Einladungen möglichst auszuweichen. Auf dem politischen Parkett indessen war Alexander geschätzt. Er bemühte sich, die christliche Welt gegen die Osmanen zusammenzuschließen. Welthistorische Bedeutung erlangte er durch die aufgrund seiner Vermittlung 1493 zu Stande gekommene Demarkationslinie, welche die Neue Welt zwischen Spanien und Portugal aufteilte, sowie durch die Entsendung erster Missionare nach Amerika.

Die Empörung mancher Historiker über den persönlichen Lebenswandel dieses Papstes ist verständlich. Ausschlaggebend dafür, dass das Renaissancepapsttum moralisch fast Bankrott ging, war hingegen die Tatsache, dass manche Päpste, genauso wie Alexander VI., sich auch nach ihrer Wahl mehr als Familienväter, denn als Väter der Christenheit fühlten und entsprechend agierten. In dem Augenblick, als Kardinal Rodrigo zum Papst und damit zum Herrscher über den Kirchenstaat gewählt wurde, gewannen seine Söhne und Töchter im politischen Poker an Stellenwert. Was wiederum dazu führte, dass Alexander seinen Familienclan nicht nur angemessen versorgen, sondern auch an die Macht katapultieren wollte. Damit geriet sein Pontifikat immer mehr zu einem Privatunternehmen. Praktisch bedeutete das, dass ganze Bistümer und Teile des Kirchenstaates in den Familienbesitz überführt wurden. Dabei wurden insbesondere die mit Vannozza gezeugten Kinder berücksichtigt. 1492 schanzte Alexander dem gerade 17-jährigen Cesare das Erzbistum von Valencia zu; ein Jahr später ernannte er ihn zum Kardinal – Familienangehörige von Päpsten hatten damals ja eine Art Abonnement auf einen Kardinalshut. 1497 übertrug er Juan das Herzogtum Benevent, das auf diese Weise ebenfalls in den Besitz der päpstlichen Familie kam. In der Nacht auf den 15. Juni des gleichen Jahres fiel Juan einem Mordanschlag zum Opfer. Manche Indizien deuten auf Cesare als Mörder hin. Dieser wurde 1499 oberster Befehlshaber der päpstlichen Truppen. Sein Ziel war es, die ganze Romagna in ein Erbfürstentum der Borja (oder Borgia, wie sie in Italien inzwischen genannt wurden) zu verwandeln, was sich allerdings nicht verwirklichen ließ.

Um die oft beißende Kritik an seiner Familienpolitik hat sich Alexander VI. zeitlebens wenig geschert. Das gilt auch für die heftigen Attacken, die der Dominikanermönch und Prior des Klosters San Marco in Florenz, Girolamo Savonarola (1452–1498), gegen ihn vorbrachte. Erst als sich der florentinische Eiferer auch noch in die Politik einmischte und die 1494 in Rom einmarschierenden Franzosen als Befreier begrüßte, hörte für den Papst der Spaß auf. Nun sah sich Alexander veranlasst, Savonarola henken und seine Leiche auf dem Scheiterhaufen verbrennen zu lassen. Das Urteil wurde am 23. Mai 1498 vollstreckt.

Alexander VI. starb am Abend des 18. August 1503 nach mehrtägigen Fieberanfällen an Malaria. Dass sich die Legende einer angeblichen Vergiftung bis heute halten konnte, hängt wohl damit zusammen, dass ein Mord allemal besser zum Mythos der Borgia passt als ein ›normaler‹ Tod im Krankenbett.

Tauziehen in Trient

Paul III. (1534–1549) gilt als Papst des Übergangs. *Einerseits* war er ganz und gar ein Renaissancemensch. Als Vater von vier Kindern, die er aber allesamt vor seiner Wahl zum Papst gezeugt hatte, betrieb auch er auf Kosten des Kirchenstaates Familienpolitik im großen Stil. Nach der Inbesitznahme des Stuhles Petri huldigte er weiterhin dem Prunk, der Jagd und allerlei heiteren Vergnügungen. *Anderseits* war er, weniger aus spirituellen Gründen denn aus religionspolitischer Einsicht von der Notwendigkeit einer Erneuerung der römischen Kurie und der gesamten Kirche überzeugt. Jedenfalls war er nicht so blauäugig wie Leo X. (»So Uns Gott denn das Papsttum verliehen hat, lasst es Uns denn genießen!«), der die Nachricht von der von Martin Luther eingeleiteten Kirchenspaltung während einer Jagd gerade mit zwei Wörtern kommentierte (»*Sono fratate* – purer Klosterkram!«) und in der Gegend ums Castello della Magliana weiter nach Bären und Fasanen Ausschau hielt. Inzwischen nämlich rumorte es nicht nur in Deutschlands Kirchensprengeln, sondern fast in der ganzen westlichen Christenheit. Die neuen Lehren der Reformatoren hatten die Kirche gespalten; vorrangig ging es jetzt darum, das Papstregiment zu festigen und die Häretiker in ihre Schranken zu weisen. Die Frage war bloß: Wo ansetzen? Mit der Reform der römischen Kurie und der Disziplinierung eines Klerus, dem am persönlichen Wohlleben weit mehr lag als am Wohlergehen der Kirche? Oder mit klaren Stellungnahmen zu umstrittenen dogmatischen Fragen (Verhältnis von Heiliger Schrift und Überlieferung, Rechtfertigungslehre, Sakramentenlehre, Priesteramt, Heiligen- und Reliquienverehrung, Ablass …)? Begreiflicherweise pochten die lebenslustigen Pfründenjäger unter den Prälaten darauf, dass die theologische Auseinandersetzung absoluten Vorrang habe. Die wirklich reformwilligen Kräfte hingegen (darunter viele Ordensleute) hielten dafür, dass zuerst einmal die kirchliche Disziplin, auch und vor allem in höheren und höchsten Klerikerkreisen, wiederhergestellt werden müsse; nur dann könne die Kirchenleitung glaubwürdig auch in Lehrfragen intervenieren. Diese Auseinandersetzung erstreckte sich über Jahrzehnte hin. Schon 1537 hatte eine von Paul III. eingesetzte neunköpfige Reformkommission eine freimütige Denkschrift über die Schäden der Kirche und die Mittel zu ihrer Behebung ausgearbeitet (*Consilium de emendanda ecclesia*). Aber erst am 13. Dezember 1545 konnte ein (von Pauls Vorgänger Klemens VII. vehement abgelehntes) Konzil in der reichsdeutschen Bischofsstadt Trient sich mit den diesbezüglichen Fragen auseinander setzen. Wobei zunächst einmal ein interessenbedingter Streit darüber entbrannte, ob diese Kirchenversammlung nun als *ökumenisch*, also als für die Gesamtkirche verpflichtend zu gelten habe.

Zwar gaben vor allem dogmatische Fragen Anlass zu langen und erregten Debatten; die entsprechenden Entscheidungen und Dekrete wurden dann aber doch relativ schnell verabschiedet. Die eigentlichen Turbulenzen begannen erst, als die Residenzpflicht der Kleriker auf die Tagesordnung kam. Denn nun standen nicht mehr Glaubenssätze und Sittenlehren zur Debatte. Jetzt ging es um Realien, will sagen um Macht und um Moneten.

Damals nämlich kannten viele Kardinäle und Bischöfe, ja sogar Pfarrer, die ihnen übertragenen Territorien nicht einmal dem Augenschein nach. Die Seelsorge und die Amtsgeschäfte wurden von Stellvertretern geführt, während die teilweise erklecklichen Einkünfte aus den Pfründen an deren Inhaber gingen, welche sich in Paris, Rom oder Venedig oder an anderen mondänen Orten vergnügten. Diesem Missbrauch wollte man abhelfen. Aber einmal mehr gelang es den Befürwortern der bisherigen Praxis, den offensichtlichen pastoralen Notstand zu einer theologischen Frage hochzustilisieren. Grundsätzlich stimmten alle darin überein, dass Bischöfe und Pfarrer sich um die Gläubigen des ihnen zugewiesenen Territoriums kümmern sollten. Aber?

Aber ist nun ein Bischof *kraft seiner Weihe der Leiter* (›Hirte‹) seines Bistums *oder* ist er lediglich ein *Beamter, den der Papst einsetzt* und demzufolge auch wieder abberufen kann? Im ersten Fall (und diese Ansicht vertraten die ›Episkopalen‹) steht der Bischof in der Nachfolge der Apostel; seine bischöfliche Vollmacht ist ihm letztlich *von Gott verliehen*, und nicht vom Papst, der ihn zum Bischof ernennt. Dann aber hat er auch die Pflicht, *seine* Diözese selber zu leiten und kann diese Aufgabe nicht gegen Honorar an andere delegieren! Die meisten italienischen Bischöfe und Prälaten (die ›Ultramontanen‹) waren in dieser Sache entschieden anderer Meinung. Gerade sie hatten ja keinerlei Interesse daran, an der gängigen Praxis etwas zu ändern. Das hätte die Häufung von einträglichen Pfründen verunmöglicht; überdies wären deren Inhaber gezwungen gewesen, ihre Ehrenämter und Sonderstellungen aufzugeben und in ihren Diözesen zu residieren. Deshalb wollten sie nichts wissen von einem ›göttlichen‹ und damit allgemein verbindlichen Recht, sondern befürworteten die uneingeschränkte Macht des Papstes über die Kirche. Sie argumentierten, dass *der Papst* als Nachfolger des Petrus und Statthalter Christi berechtigt sei, die bischöfliche Vollmacht zu übertragen und auch wieder zu entziehen – also könne von einem ›göttlichen Recht‹ überhaupt keine Rede sein. Dabei konnte sich die Partei der ›Ultramontanen‹ auf einen Beschluss des Konzils von Florenz aus dem Jahre 1439 berufen, welches im Hinblick auf die schon seit Jahrhunderten bestehende Spaltung zwischen Ost- und Westkirche den absoluten Primat, d. h. die Vorrangstellung des römischen Papstes betont hatte: »Wir bestimmen, dass der Römische Bischof den Primat über den gesamten Erdkreis innehat. [...] Ihm ist von unserem Herrn Jesus Christus im seligen Petrus die volle Gewalt übertragen worden, die gesamte Kirche zu weiden, zu leiten und zu lenken.«[86]

Nach langem Hin und Her einigte man sich schließlich auf eine salomonische Lösung. Die Residenzpflicht wurde lediglich eingeschärft und die theologische Frage nach der Grundlage der Bischofsgewalt ausgeklammert.

Gleichzeitig gelang es der Papstpartei, die Konzilsteilnehmer zur Annahme einer Art Generalklausel zu überreden. Die besagte, dass alle Konzilsbeschlüsse fortan nur unter dem Vorbehalt einer päpstlichen Einwilligung in Kraft treten sollten und die konkrete Durchführung dem Papst und der römischen Kurie überlassen bleibe. Damit war das Konstanzer Dekret praktisch zur Ramschware geworden. Dass die Entscheidung von Trient (welche die Bischöfe faktisch zu Beamten des Papstes degradiert) alles andere als eine kirchenhistorische Fußnote darstellt, illustrieren Rüdiger Achenbach und Hartmut Kriege in ihrem Buch *Die Päpste und die Macht*:

Dass nur der Papst (wie auf dem Trienter Konzil zwar gefordert, aber nicht endgültig geklärt) die Bischöfe einsetzt und auch wieder entlässt, erfuhr die kirchliche Öffentlichkeit vor nicht allzu langer Zeit, und zwar sehr spektakulär, am 13. Januar 1995. An diesem Tag schickte der damalige vatikanische »Minister für die Bischöfe«, Kardinal Bernadin Gantin, den Bischof von Evreux (Frankreich), Jacques Gaillot, im wahrsten Sinn

des Wortes in die ›Wüste‹. Seine Aufgabe als Bischof von Evreux, so erklärte Gantin dem nach Rom zitierten Gaillot, sei beendet, das Bischofsamt ab sofort »unbesetzt«; Gaillot werde als neues Bistum die Diözese
Partenia zugewiesen, ein Bistum aus der Frühzeit der Kirche, das aber
bereits im 5. Jahrhundert im Sand der Sahara versunken ist.[87]

Einberufen wurde das Konzil von Trient in der Absicht, die kirchliche Disziplin zu erneuern und den katholischen Glauben gegen die
Lehren der Reformatoren zu verteidigen. Eine Annäherung zwischen
den Konfessionen kam jedoch nicht zu Stande. Während die Konzilsteilnehmer in Trient sich mit theologischen Fragen herumschlugen, dachten die europäischen Fürsten fast ausschließlich an die politischen Konsequenzen der religiösen Spaltung und versuchten die
dadurch entstandenen Konflikte pragmatisch zu lösen. Davon zeugt
der knapp zehn Jahre vor Abschluss des Konzils ausgehandelte *Augsburger Religionsfriede*. Das diesbezügliche am 25. September 1555 vom
Reichstag zu Augsburg verabschiedete Gesetz garantierte den Lutheranern (nicht aber den Reformierten) Frieden und Besitzstand; den
weltlichen Fürsten wurde Religionsfreiheit zugesichert, sowie das
Recht, über die Religion ihrer Untertanen zu bestimmen *(Cuius regio, eius religio)*. Untertanen, die einen Religionswechsel nicht mit
vollziehen wollten, durften auswandern. Geistliche Fürsten die zur
Reformation übertraten, sollten Amt und Territorien verlieren. Der
Augsburger Religionsfriede war zunächst nur als Provisorium gedacht, das bis zum Zustandekommen eines allgemeinen Konzils den
Frieden im Reich garantieren sollte. Als das Tridentinum die konfessionelle Einheit nicht wiederherzustellen vermochte, wurde aus dem
Provisorium ein Dauergesetz, das 1648, am Ende des Dreißigjährigen
Krieges, durch den Westfälischen Friedensschluss bestätigt wurde.

Am 26. Januar 1564 ratifizierte Pius IV. die Beschlüsse von Trient.
Bei dieser Gelegenheit beauftragte der Papst eine eigene Kommission mit der Auslegung der Konzilsdekrete. Durch diesen Schachzug
wurde die päpstliche Macht innerhalb der *römisch-katholischen Kirche* gefestigt. Die *Befürworter und Anhängerinnen der Reformation*
jedoch ließen sich, geschützt auch durch die Bestimmungen des
Augsburger Religionsfriedens, von Rom nicht mehr dreinreden.

Für das Papsttum bedeutete das, dass es langfristig immer mehr an *politischem* Einfluss verlor, was wiederum auf eine Schwächung des Kirchenstaates hinauslief. Auf leidvolle Art bekam Pius VI. (1775–1799) diesen Schwund an zeitlicher Macht zu spüren. Denn die nationalistischen Bestrebungen, die im Zug der Aufklärung immer weiter um sich griffen, blieben auch für die Kirche nicht folgenlos. Der König von Neapel-Sizilien, Ferdinand IV. (1759–1825), weigerte sich, die päpstliche Lehnshoheit weiterhin anzuerkennen. Kaiser Joseph II. von Österreich (1765–1790) gewährte allen nichtkatholischen christlichen Konfessionen die Glaubensfreiheit und schränkte die Macht der römischen Kirche drastisch ein, indem er zahlreiche Klöster schließen ließ, die Priesterausbildung staatlicher Kontrolle unterstellte und den Einfluss des Papsttums auf die inneren Angelegenheiten Österreichs beschnitt (Josephinismus). Beim deutschen Episkopat indessen fanden die Thesen des Trierer Rechtswissenschaftlers und Theologen Johann Nikolaus von Hontheim (1701–1790) immer mehr Anhänger. Der aberkannte unter dem Decknamen Justinus Febronius dem Papst das Recht, Bischöfe ein- und abzusetzen und behauptete, dass päpstliche Entscheidungen erst durch die Zustimmung der Gesamtkirche allgemein verpflichtend würden (Febronianismus).

Im Kirchenstaat selber sorgten die von der Französischen Revolution propagierten Ideen für Verwirrung. Prekär wurde die Lage, als Bonaparte 1796 den Oberbefehl über die italienischen Truppen erhielt und gegen den Kirchenstaat vorging, weil Pius VI. sich auf die Seite der gegen Frankreich verbündeten Mächte gestellt hatte. Am 19. Februar 1797 sah der Papst sich gezwungen, dem Frieden von Tolentino zuzustimmen. Der Vertrag beinhaltete den Verzicht auf Avignon, auf die Legationen Ferrara und Bologna und die Romagna, sowie die Zahlung einer Kriegssteuer von sechsundvierzig Millionen Scudi und die Auslieferung kostbarer Kunstschätze und Handschriften. Am 28. Dezember 1797 wurde der französische General Duphot in Rom anlässlich eines Aufruhrs erschossen. Worauf General Berthier am 15. Februar 1798 in der von den Franzosen besetzten Ewigen Stadt die Republik ausrief und den Papst für abgesetzt erklärte und unter Gewahrsam stellte. Auf die Bitte des achtzigjährigen todkranken Greises hin, ihn doch in Rom sterben zu lassen, gab General Haller die berühmte Antwort: »Sterben können Sie überall.« Am 20. Februar wurde Pius VI. als Gefangener nach Valence deportiert, wo er am 29. August 1799 verstarb.

Von der Monsignori-Misswirtschaft zur Unfehlbarkeit

Eine für die Kirche günstige Wende brachten die durch den Wiener Kongress (September 1814 bis Juni 1815) geschaffenen Regelungen, die in Europa die Restauration und den Papst wiederum in den Besitz des Kirchenstaates brachten. Dabei erwiesen sich die katholischen Fürsten, die an der Aufrechterhaltung des Status quo höchst interessiert waren, als verlässliche Stütze des Papsttums. Gleichzeitig allerdings setzten manche von ihnen ein Ausschließungsrecht bei Papstwahlen durch (an dem Spanien, das Deutsche Reich, Österreich und Frankreich bis 1904 festhielten). Der Einfluss Roms auf das Zeitgeschehen blieb relativ gering. In der Regel begrenzte er sich auf stereotype und sterile Proteste gegen das seit der Aufklärung propagierte »neue Gedankengut« (Menschenrechte, Gewissens-, Religions- und Pressefreiheit ...).

Charakteristisch für diese Haltung ist die Antrittsenzyklika Gregors XVI. (1831–1846), *Mirari vos arbitramur*, die einem totalen Rundumschlag gleichkam: Den weltlichen und geistlichen Obrigkeiten schulden die Untergebenen unbedingten Gehorsam; die Pressefreiheit ist eine »grundschlechte Erfindung«, weil sie dem Irrtum Tür und Tor öffnet; den gesellschaftlichen und religiösen Pluralismus qualifiziert der Papst als »abscheulichen Indifferentismus«; die Gewissensfreiheit verdammt er als »Wahnsinnsidee« (*delireamentum*); die Forderung nach freier Meinungsäußerung gilt ihm als »beispielloser pestilenzialischer Irrtum« (*pestilentissimus error*) ... [88]

Fortschrittsfeindlich bis zum Exzess – die Eisenbahnen beispielsweise waren für Gregor ein Werk des Teufels – betraute er fast ausschließlich geistliche Würdenträger mit den Schlüsselpositionen im Kirchenstaat, um seine Vorstellungen durchzusetzen (was den römischen Mundartdichter Giuseppe Gioacchino Belli veranlasste, die fortan bis zum Untergang des Kirchenstaates grassierende Monsig-nori-Misswirtschaft in seinen Sonetten aufs Schärfste zu geißeln).

Hand in Hand mit der Restauration ging die Repression. Immer mehr mauserte sich das Monsignori-Imperium unter der Leitung des Kardinalstaatssekretärs Luigi Lambruschini zum Polizeistaat. Wenn der Papst den Mund auftat, hatten seine Untergebenen mit dem Kopf zu nicken. Nicht nur Einwände, auch Fragen waren nicht mehr erlaubt.

Diese schmerzliche Erfahrung machte unter anderen der französische Philosoph und politische Schriftsteller und Priester Hugues Félicité Robert de Lamennais (1782–1854). In frühen Jahren voll auf den römischen Zentralismus eingeschworen, hatte er noch 1826 ganz im Sinne Bonifaz' VIII. den absoluten Vorrang der geistlichen vor der weltlichen Macht behauptet. Nach der Pariser Julirevolution von 1830 jedoch, die zur Abdankung König Karls X. führte, änderte er seine Auffassung; nun war er der Überzeugung, dass die Kirche die demokratischen Ideen bejahen müsse. Gemeinsam mit dem französischen Geistlichen Jean-Baptiste-Henri Lacordaire und dem politischen Führer und Schriftsteller Comte de Montalembert grün-dete er die Zeitschrift *L'Avenir*, die sich für die Demokratie und die Trennung von Kirche und Staat einsetzte. Als Lamennais' Ideen 1832 vom Papst verurteilt wurden, musste die Zeitschrift eingestellt wer-den. Worauf Lamennais 1834 unter dem Titel *Paroles d'un croyant* (Gedanken eines Gläubigen) eine Streitschrift veröffentlichte, in welcher er sich von der Kirche distanzierte.

Gregor XVI. war zweifellos ein frommer, aber gleichzeitig auch ein menschenscheuer und ängstlicher Charakter, der zum Fanatis-mus neigte. Als ehemaliger Kamaldulenser Mönch und Abt dachte er in seiner Weltfremdheit, dass er die Art, wie er seine Abtei regier-te, auch auf ein Gebilde wie den Kirchenstaat übertragen könne. Die Folgen waren verheerend. Seine engsten, schroff-reaktionären Mit-arbeiter zeigten sich taub für längst fällige soziale und politische Reformen, obwohl die Armut im päpstlichen Territorium flächen-deckend und die öffentlichen Einrichtungen völlig verwahrlost wa-ren. Die Hauptstadt bewegte sich ständig am Rand des Kollapses. Geheimbünde schürten die Unzufriedenheit unter der Bevölkerung.

Das Einzige, was im Grunde noch funktionierte, war das ausgeklügelte Spitzel- und Denunziationswesen. Begreiflich daher, dass Gregor XVI. dauernd mit Aufruhr und Ausschreitungen rechnen musste.

Manche Kardinäle, die unter Gregor XVI. zwar brav mit dem Kopf genickt hatten, ohne ihm aber in Gedanken beizupflichten, nahmen nach seinem Tod im Jahre 1846 die Chance wahr und gaben ihre Stimme im Konklave nicht dem Kardinal Luigi Lambruschini, sondern dem anscheinend aufgeschlossenen Giovanni Mastai-Feretti, der sich Pius IX. (*Pio Nono*) nannte. Im Gegensatz zu seinem lebensfremden Vorgänger galt der Neue als überaus leutselig und jovial – und liberal. Immer wieder suchte er den Kontakt zur Bevölkerung, fuhr auf seiner Kalesche durch die Stadt, unternahm Ritte in die Umgebung, unterhielt sich mit Passanten. Aufgrund der von ihm eingeleiteten Verwaltungsreform des Kirchenstaates gewann er zusehends an Popularität. Doch der Mythos vom ›liberalen Papst‹ verflüchtigte sich schlagartig, als Pius sich weigerte, den monarchisch strukturierten Kirchenstaat in ein modernes konstitutionelles Staatswesen umzuwandeln. Als er am 29. April 1848 in einer Ansprache verlauten ließ, dass er »als Vater *aller* Gläubigen« niemals aktiv am Unabhängigkeitskrieg gegen Österreich teilnehmen werde, sank seine Beliebtheit auf den Nullpunkt. Die schlechte wirtschaftliche Lage führte schließlich zu einem Aufstand, der Pius im November 1848 zur Flucht nach Gaeta veranlasste. In Rom wurde unterdessen die Republik ausgerufen. Erst 1850 konnte der Papst, unterstützt von französischen Truppen, wieder in den Vatikan zurückkehren. Diese demütigende Erfahrung wiederum bewog Pius IX., in seiner Politik einen restriktiven und reaktionären Kurs einzuschlagen. Insbesondere die gebildeten Schichten aber waren nicht länger bereit, ein Regime zu ertragen, das ihnen keinerlei politische Rechte einräumte. Die gleichzeitig immer stärker werdenden Bestrebungen zur Einigung Italiens führten schließlich dazu, dass 1860 große Teile des Kirchenstaates (Romagna, Marken, Umbrien) von italienischen Truppen besetzt wurden. Als sich 1870 die Franzosen aus Rom zurückzogen, war der Papst auf sich allein gestellt und das Ende des Kirchenstaates besiegelt. Am 20. September 1870 marschierten die italienischen Truppen in Rom ein. Mit der neuen Sachlage mochte sich Pius IX. zeitlebens nicht abfinden. Beharrlich weigerte er sich, den Parlamentsbeschluss von 1871 anzuerkennen, der Rom zur Hauptstadt Italiens erklärte. Bis zu seinem Tod am 7. Februar 1878 verließ er den Vatikan nicht mehr und betrachtete sich als Gefangener im eigenen Land. Erst die Lateranverträge von 1929 vermochten mit der Schaffung der gerade 44 Hektar umfassenden *Città del Vaticano* eine Einigung zwischen dem Papsttum und dem italienischen Staat herbeizuführen.

Bis dahin galt in reaktionären Kreisen als Quasi-Dogma, dass der Papst zur Erfüllung seiner pastoralen Aufgaben auf einen starken Kirchenstaat angewiesen sei. Wer vor 1929 das Gegenteil behauptete, wurde als Ketzer verschrien und als Verräter beschimpft. Dass diese Mentalität untergründig noch lange nachwirkte, lässt sich anhand des von 1903–1950 redigierten *Dictionnaire de Théologie catholique* dokumentieren, der zu den umfangreichsten theologischen Projekten des 20. Jahrhunderts gehört. Das gesamte Nachschlagewerk umfasst 15 Bände mit über 40 000 Kolonnen; es verspricht – so die Einleitung – eine Antwort auf »alle Fragen, die den Theologen interessieren«. Unter dem Stichwort *Liebe* (*Amour*), ein Begriff, der doch zum Kern der christlichen Botschaft gehört, findet sich eine Drittelkolonne, die sich so unterteilt: *Gottesliebe*: siehe *Caritas* (*Charité*); *Nächstenliebe*: siehe *Caritas*; *Eigenliebe*: einige Zeilen, die auf *Caritas* und *Ehrgeiz* verweisen; *reine Liebe*: siehe *Caritas*. Und über *menschliche Liebe* steht: nichts. Über *Freundschaft*: nichts. *Familie, Leiden, Freude, Vergnügen*: nichts. *Leib*: ein Beitrag über den *verherrlichten Leib*. *Leben*: Ein Artikel über *ewiges* Leben. *Macht* (endlich sind wir beim Thema!): ganze 102 Kolonnen über – ja: über *weltliche Machtansprüche des Papsttums*! Aber von *Geschichte, Erde, Welt, Arbeit, Politik*: nichts und nochmals nichts!

Pius IX. gilt als entschiedener Verfechter des Ultramontanismus, der für die absolute Oberhoheit und damit für eine uneingeschränkte Machtfülle des Papstes in der Kirche eintrat. Als bereits große Teile des Kirchenstaates unwiederbringlich verloren waren und er selber sich auf dem Schachbrett der Geschichte plötzlich in die Rolle eines Bauern gedrängt sah, konzentrierte er sich darauf, seine sakrale Autorität auszubauen und zu festigen. 1864 veröffentlichte er gleich zwei Dokumente, welche von erztraditionalistisch Orientierten noch heute gern zitiert werden, nämlich die Enzyklika *Quanta cura*, und den berühmt-berüchtigten *Syllabus*, eine Liste, in der gleich 80 angeblich »verdammenswerte Zeitirrtümer« zusammengestellt sind. Dass der Papst in diesen beiden Dokumenten pantheistischen Strömungen, extrem rationalistischen Weltanschauungen und kommunistischen Bestrebungen eine entschiedene Absage erteilt, wird niemanden verwundern. Gleichzeitig aber finden sich auch Verurteilungen, an die sich das kirchliche Lehramt heute nicht mehr so gern erinnert. Im *Syllabus* werden unter anderem folgende Ansichten als ketzerisch und häretisch gebrandmarkt (was dazu führte, dass die Veröffentlichung dieser Kriegserklärung des Papsttums an die moderne Kultur in einigen Ländern verboten wurde):

34: Die Lehre derer, die den Römischen Bischof mit einem freien und in der gesamten Kirche handelnden Fürsten vergleichen, ist eine Lehre, die im Mittelalter vorherrschte.

55: Die Kirche ist vom Staat und der Staat von der Kirche zu trennen.

75: Über die Vereinbarkeit der zeitlichen Herrschaft mit der geistlichen sind sich die Söhne der christlichen und katholischen Kirche uneins.

76: Die Abschaffung der bürgerlichen Herrschaft, in deren Besitz der Apostolische Stuhl ist, trüge in höchstem Maße zur Freiheit und zum Glück der Kirche bei.

77: In dieser unserer Zeit ist es nicht weiter dienlich, die katholische Religion als die einzige Staatsreligion zu haben und alle übrigen Formen der Gottesverehrung auszuschließen.

78: Daher wurde in bestimmten Gebieten katholischen Namens lobenswerterweise gesetzlich Vorsorge getroffen, dass es Menschen, die dorthin einwandern, erlaubt sei, ihren eigenen jeweiligen Kult öffentlich auszuüben.

80: Der Römische Bischof kann und soll sich mit dem Fortschritt, mit dem Liberalismus und mit der modernen Kultur versöhnen und anfreunden.[89]

Mit der Verurteilung dieser ›Irrlehren‹ brachte Pius IX. vorwiegend die italienischen Demokraten in arge Loyalitätskonflikte. Aus dem übrigen Europa hingegen schlugen dem Papst immer größere Wellen der Sympathie entgegen, zumal dieser die Rolle des unter ›antichristlichen Mächten leidenden Märtyrers‹ vorzüglich zu spielen verstand. Tatsache ist, dass die Bindung der Katholiken an den Papst gerade wegen des als Demütigung empfundenen Verlusts des Kirchenstaates immer mehr auch emotional aufgeladen wurde, was sich in manchen Kreisen geradezu zu einer Art von Papolatrie steigerte.

Verständlich daher, dass Pius IX. unter solchen Voraussetzungen weitgehend auf offene Ohren stieß, als er beabsichtigte, nicht nur seine *Jurisdiktionsvollmacht* über alle christlichen Kirchen als gottgewollt zu deklarieren, und die alte (keineswegs unumstrittene) Lehre von der *Unfehlbarkeit des Papstes* als verpflichtende Glaubenswahrheit zu definieren. Um das neue Dogma auf dem Ersten Vatikanischen Konzil durchzuboxen, scheute Pius IX. selbst vor Druckmitteln gegenüber einzelnen Bischöfen nicht zurück. Feierlich verkündet wurde es am 18. Juli 1870, nur wenige Monate, bevor die italienischen Truppen in Rom einmarschierten. Die Bischöfe, welche der Dogmatisierung ablehnend gegenüberstanden, hatten das Konzil schon vorher verlassen.

Der *Wortlaut* dieses Glaubenssatzes gibt auch heute zu mancherlei Missverständnissen Anlass. Wer den Text in Unkenntnis der der Definition vorausgegangenen Diskussionen liest, gelangt fast notwendigerweise zu der Überzeugung, dass das Erste Vatikanische Konzil dem Papst in Sachen Leitung und Lehre einen Blankoscheck ausgestellt habe.

Wir lehren demnach und erklären, dass die Römische Kirche auf Anordnung des Herrn den Vorrang der ordentlichen Vollmacht über alle anderen innehat, und dass diese Jurisdiktionsvollmacht des Römischen Bischofs, die wahrhaft bischöflich ist, unmittelbar ist. Ihr gegenüber sind die Hirten und Gläubigen jeglichen Ritus und Ranges – sowohl einzeln für sich als auch alle zugleich – zu hierarchischer Unterordnung und wahrem Gehorsam verpflichtet, nicht nur in Angelegenheiten, die den Glauben und die Sitten, sondern auch in solchen, die die Disziplin und Leitung der auf dem ganzen Erdkreis verbreiteten Kirche betreffen, sodass durch Wahrung der Einheit sowohl der Gemeinschaft als auch desselben Glaubensbekenntnisses mit dem Römischen Bischof die Kirche Christi eine Herde unter einem obersten Hirten sei [vgl. Johannesevangelium, Kapitel 10, Vers 16]. Dies ist die Lehre der katholischen Wahrheit, von der niemand ohne Schaden für Glauben und Heil abweichen kann.[...]

Weil der Römische Bischof kraft des göttlichen Rechts des Apostolischen Primates der gesamten Kirche vorsteht, lehren Wir auch und erklären, dass er der höchste Richter der Gläubigen ist und man in allen Rechtsfragen, die der kirchlichen Prüfung unterliegen, sein Urteil einholen kann; das Urteil des Apostolischen Stuhles aber, über dessen Autorität hinaus es keine größere gibt, darf von niemandem neu erörtert werden, und keinem ist es erlaubt, über sein Urteil zu urteilen. Daher irren vom rechten Pfad der Wahrheit ab, die behaupten, man dürfe von den Urteilen der Römischen Bischöfe an ein ökumenisches Konzil als an eine gegenüber dem Römischen Bischof höhere Autorität Berufung einlegen.[90]

Wenn der Römische Bischof *ex cathedra* spricht, das heißt, wenn er in Ausübung seines Amtes als Hirte und Lehrer aller Christen kraft seiner höchsten Apostolischen Autorität entscheidet, dass eine Glaubens- oder Sittenlehre von der gesamten Kirche festzuhalten ist, dann besitzt er mittels des ihm im seligen Petrus verheißenen göttlichen Beistands jene Unfehlbarkeit, mit der der göttliche Erlöser seine Kirche bei der Definition der Glaubens- oder Sittenlehre ausgestattet sehen wollte; und daher sind solche Definitionen des Römischen Bischofs aus sich, nicht aber aufgrund der Zustimmung der Kirche (*ex sese non autem ex consensu Ecclesiae*) unabänderlich.[91]

Wie das? Der Papst kann *ex sese*, also »aus sich heraus« oder »von sich aus«, willkürlich und über die Köpfe der Gläubigen hinweg und ohne der Bibel Rechnung zu tragen und ohne Bezug auf die Überlieferung alte Lehren korrigieren, neue Dogmen definieren, den Sittenkodex reformieren!?

Wer den Wortlaut des Textes so versteht, wird seiner Intention nicht gerecht. Aber gehen wir der Reihe nach vor! Zunächst einmal besagt das Dogma *nicht*, dass der Papst niemandem Rechenschaft schuldet. Er ist nicht nur seinem Gewissen verpflichtet, sondern auch der Bibel und der Überlieferung der Kirche. Zu bedenken ist überdies, dass ein häretischer Papst *eo ipso*, also ganz von selbst, sein Amt verliert. (*Wer* über allfällige päpstliche Häresien zu befinden hat, steht allerdings nirgends festgeschrieben!) Außerdem sind bei weitem nicht alle Äußerungen eines Papstes als irrtumsfrei zu betrachten. Die Infallibilität ist nur dann gegeben, wenn dieser *ausdrücklich bekundet*, dass er sich *ex cathedra*, will sagen kraft seiner höchsten Apostolischen Autorität, äußert, wobei *solche* Äußerungen sich *ausschließlich auf Glaubens- und Sittenfragen* beziehen müssen. Seit der Definition des Dogmas von der Päpstlichen Unfehlbarkeit um 1870 war dies bisher ein einziges Mal der Fall, als Pius XII. im Jahre 1950 die Verherrlichung Marias (›Mariä Himmelfahrt‹), welcher die Ostkirche schon seit dem 5. und der Westen seit dem 7. Jahrhundert in der Liturgie gedenkt, zur allgemein verpflichtenden Glaubenswahrheit erklärte. Der Papst kann nämlich nur solche Glaubenswahrheiten als Dogmen verkünden, die im Bewusstsein der Gläubigen bereits lebendig sind. Wenn es am Schluss des Vatikanischen Infallibilitätsdogmas heißt, dass bestimmte Definitionen des Römischen Bischofs »aus sich, nicht aber aufgrund der Zustimmung der Kirche« unabänderlich sind, so bedeutet das, dass *eine bereits geglaubte Lehre*, nachdem der Papst diese für die Gesamtkirche als verpflichtend erklärt hat, nicht noch einmal einer nachträglichen Überprüfung durch eine höhere Instanz bedarf. Von Willkür kann also nicht die Rede sein.

Dem Vernehmen nach soll Pius IX. nach der Einnahme Roms geäußert haben: »Ich mag wohl unfehlbar sein, aber jedenfalls bin ich bankrott.«[92] Diese Bankrotterklärung bezieht sich allerdings nur auf den Verlust der weltlichen Macht. Diese Einbuße sollte sich für die Kirche jedoch äußerst segensreich auswirken. Tatsächlich erfreute sich das Papsttum in der Folge eines stets wachsenden *moralischen Ansehens*, das in der Vergangenheit immer dann Schaden gelitten hatte, wenn sich die Nachfolger Petri in persönliche Machtkämpfe und in politische Intrigen verwickeln ließen.

Parallel mit der Steigerung des moralischen Ansehens des Papsttums erfolgte, nicht zuletzt dank der Definition der beiden Papst-

Dogmen, eine Konzentration auf die geistliche Gewalt, *verbunden allerdings mit gesteigerten Machtansprüchen nun gerade auf diesem Gebiet.* Insbesondere das Infallibilitätsdogma trug dazu bei, dass faktisch *alle* Äußerungen aus päpstlichem Mund bis in die späten 50er-Jahre des 20. Jahrhunderts für die Anhänger des katholischen Glaubens als end-gültig und damit über jede Kritik erhaben galten. Theologen, die irgendwelche auch noch so moderate Rückfragen hatten, betrachtete man als unloyal, und zwar nicht nur gegenüber dem Papst, sondern auch gegenüber der *Kirche.*

Leider kam es in der Folge, insbesondere unter Pius X. (Stichwort: Modernismus) und unter Pius XII. (Stichwort: *Nouvelle Théologie*) immer wieder zu Missbräuchen der päpstlichen Amts- und Leitungsgewalt.

Nachdem sich die Päpste seit Gregor XVI. im Lauf der Zeit immer mehr von der Gesellschaft abgeschottet hatten, forderten gegen Ende des 19. und zu Beginn des 20. Jahrhunderts führende Vertreter der katholischen Kultur, dass die Theologie das Gespräch mit der modernen Welt suchen müsse. Bedeutende Theologen in England, Frankreich und Italien (George Tyrrell, Alfred Loisy, Ernesto Buonaiuti ...) griffen diese Idee auf. Dass sie infolge des vorgängigen massiven Reformstaus gelegentlich etwas übertrieben und hin und wieder auch unausgereiftes Gedankengut verbreiteten, ist unbestritten. Dies wiederum veranlasste Pius X. am 8. Dezember 1907 zur Veröffentlichung einer Enzyklika (*Pascendi dominici gregis*), in welcher er die angeblichen neuen Irrtümer mit der diffamierenden Etikette des »Modernismus« versah und in ein System brachte, das in dieser Weise von keinem dieser so genannten Modernisten vertreten wurde, die gleichzeitig mit Sanktionen verschiedenster Art belegt wurden (Indizierung ihrer Schriften, Entzug der Lehrerlaubnis, Exkommunikation). In seinem Kampf gegen den Modernismus schreckte Pius X. selbst vor unlauteren Mitteln nicht zurück, insbesondere wenn er Historiker oder Exegeten ins Visier nahm.

Diese ungerechtfertigten und für die Kirche schädlichen Maßnahmen hängen auch mit der Tätigkeit der Päpstlichen Bibelkommission zusammen. Dabei handelt es sich um ein von Leo XIII. ins Leben gerufenes Gremium von Experten der Exegese, das in den Jahren

1905–1915 eine ganze Reihe von Verlautbarungen veröffentlichte, in denen unter anderem behauptet wurde, dass Mose der Verfasser des Pentateuchs sei; dass die ersten drei Kapitel des Buches Genesis als historischer Tatsachenbericht verstanden werden müssten; dass das Jesajabuch von einem einzigen Propheten stamme; dass der größte Teil der Psalmen von David gedichtet worden sei; dass die Apostel Matthäus und Johannes die wirklichen Autoren der ihnen zugeschriebenen Evangelien seien; dass der Schluss des Markusevangeliums (Kapitel 16, Verse 9-20) vom Verfasser dieses Evangeliums stamme; dass der Hebräerbrief paulinischen Ursprungs sei.[93]

In den Einleitungen und Anmerkungen der deutschen Einheitsübersetzung (welche von den Bischöfen in Auftrag gegeben und 1979 von ihnen approbiert wurde) zu den einzelnen biblischen Büchern liest sich das alles ganz anders. Denn sämtliche der oben genannten Thesen haben sich als unhaltbar erwiesen.

Später hat man diese Irrtümer entweder schamhaft verschwiegen oder sie als pastorale Vorsichtsmaßnahmen verharmlost. Dabei handelte es sich überhaupt nicht um Fragen des Glaubens und der Moral (für die einzig das Lehramt zuständig ist!), sondern um *literarkritische Probleme*, welche in den Kompetenzbereich der Wissenschaften (in unserem Fall in jenen der Text- und Literaturkritik) fallen. Aber nicht genug des Schlimmen! Am 18. November 1907 bestimmte Pius X. ausdrücklich, dass den Entscheidungen der Bibelkommission die gleiche Autorität zukommen solle wie allen übrigen vom Papst persönlich formulierten Lehräußerungen. Damit erhob er die besagten Entscheidungen in den Rang von offiziellen *lehramtlichen Verlautbarungen*; sie hatten also für die Gläubigen bindenden Charakter. Wer sie in Wort oder Schrift bekämpfte oder sich auch nur innerlich davon distanzierte, machte sich einer Todsünde schuldig (*nec posse culpa vacare gravi*[94]). Man lese und staune – da droht wahrhaftig ein Papst mit allen Teufeln und dem höllischen Feuer, um die von ihm für richtig gehaltenen Ansichten über text- und literarkritische Probleme mit dem Feigenblatt der Unfehlbarkeit vor weiteren Rückfragen zu schützen.

Analoges gilt auch für die Enzyklika *Humani generis*, die Pius XII. im Jahre 1950 veröffentlichte. In diesem Lehrschreiben erklärt der Papst die Polygenismustheorie (d. h. die Rückführung der

Menschheit auf mehrere Stammelternpaare) als mit der Heiligen Schrift und dem katholischen Glauben für unvereinbar.

Wenn man aber von einer anderen Hypothese spricht, dem so genannten Polygenismus, *so steht den Kindern der Kirche keineswegs die gleiche Freiheit zu.* Denn die Gläubigen können nicht die Ansicht halten, deren Vertreter behaupten, es habe nach Adam auf unserer Erde wirkliche Menschen gegeben, die nicht aus ihm, dem Stammvater aller, auf dem Wege natürlicher Zeugung ihren Ursprung hätten, oder ›Adam‹ bedeute eine Mehrheit von Stammvätern. Denn es ist durchaus nicht ersichtlich, wie sich eine derartige Ansicht vereinbaren lässt mit dem, was die Quellen der geoffenbarten Wahrheit und die Äußerungen des Lehramts über die Erbsünde lehren, die ihren Ursprung hat in der Wirklichkeit der von dem einen Adam begangenen Sünde und die, durch Zeugung auf alle übertragen, in jedem als ihm eigene Sünde vorhanden ist.[95]

Offensichtlich geht die Enzyklika davon aus, dass die traditionelle Erbsündenlehre hinfällig würde, wenn, wie die polygenistische Hypothese annimmt, die Menschheit nicht auf ein einziges, sondern auf mehrere ›Ur-‹ oder ›Stammelternpaare‹ zurückginge, die sich an verschiedenen Orten der Erde aus dem Tierreich entwickelt hätten. Der Enzyklika *Humani generis* zufolge impliziert das tridentinische Erbsündendogma, dass die Sünde von einem Menschen(paar) »durch Abstammung, nicht durch Nachahmung«[96] auf alle übrigen Menschen übertragen wurde.

Praktisch wird damit der Verlauf der menschlichen Urgeschichte festgeschrieben, damit eine bestimmte Interpretation der kirchlichen Lehre von der Erbsünde aufrechterhalten werden kann! Der Gedanke, dass das Dogma von der Erbsünde (wie jede andere Glaubenslehre) unter ganz bestimmten Denkvoraussetzungen formuliert wurde, fällt in keiner Weise in Betracht. Eine dieser stillschweigenden Voraussetzungen war jedoch gerade der Monogenismus, eine Theorie, an welcher bis in die Neuzeit hinein überhaupt niemand zweifelte und auch nicht zweifeln konnte.

Ob die monogenistische oder die polygenistische Hypothese mehr Wahrscheinlichkeit für sich beanspruchen kann, ist eine rein naturwissenschaftliche Frage, welche die Gottesgelehrten, *kirchliches Lehramt inklusive*, getrost den Experten auf diesem Gebiet überlassen können und müssen. Theologisch ist diese Frage nur insofern relevant, als es darum geht zu überlegen, wie die christliche Erbsündenlehre unter polygenistischen Denkvoraussetzungen zu interpretieren ist.

Nur am Rande sei vermerkt, dass die lehramtliche Einmischung in rein naturwissenschaftliche Diskussionen ganze Generationen von gläubigen Forschern in Gewissensnöte und die Kirche in den Ruch der Wissenschaftsfeindlichkeit gebracht hat.

In die Zeit, in der die Enzyklika *Humani generis* erschien, fällt auch die Verurteilung der *Nouvelle Théologie. Neue* Theologie – das war natürlich genauso despektierlich gemeint wie der Begriff *Modernismus*. Der damit verbundenen Säuberungswelle fielen Theologen höchsten Kalibers zum Opfer: Pierre Teilhard de Chardin, Henry de Lubac, Marie-Dominique Chenu, Yves Congar … Teils wurden sie von ihren Lehrstühlen entfernt und in abgelegene Klöster verschickt, teils erhielten sie Publikationsverbot oder standen, wie Karl Rahner, unter Spezialzensur – weil sie angeblich »gefährliches Gedankengut« verbreiteten. In Wirklichkeit setzten sie sich nur mit jenen unaufgearbeiteten Fragen auseinander, die Papst Pius X. verboten hatte, ohne sie aber ein für alle Mal unterdrücken zu können. Das schaffte nicht einmal ein Pius XII., das letzte unangefochtene Oberhaupt einer Kirche, die immer genau wusste, *gegen wen* sie gerade anzutreten hatte, und die darüber vergaß, *für wessen Wohl* sie sich eigentlich einsetzen sollte. Tatsache ist, dass sich manche Päpste sehr oft zu der Behauptung verstiegen, die Wahrheit sei auf ihrer Seite. Und dass sie sich sehr häufig keine Gedanken darüber machten, ob sie auf Seiten der Wahrheit stünden.

Die große Wende kam 1958, mit Papst Johannes dem Guten, der am 11. Oktober 1962 in seiner weltweit beachteten Eröffnungsrede zum Zweiten Vatikanischen Konzil mutig »einen Sprung nach vorn« ankündigte:

Unsere Aufgabe ist es nicht nur, diesen kostbaren Schatz [der Glaubenslehre] zu bewahren, als ob wir uns nur um Altertümer kümmern würden. Sondern wir wollen uns mit Eifer und ohne Furcht der Aufgabe widmen, die unsere Zeit erfordert. So setzen wir den Weg fort, den die Kirche im Lauf von zwanzig Jahrhunderten gegangen ist. Der springende Punkt dieses Konzils ist es also nicht, den einen oder den anderen der grundlegenden Glaubensartikel zu diskutieren, wobei die Lehrmeinungen der Kirchenväter, der klassischen und zeitgenössischen Theologen ausführlich dargelegt würden. Es wird vorausgesetzt, dass all dies hier wohl bekannt und vertraut ist. Dafür braucht es kein Konzil. Aber von einer wiedergewonnenen, nüchternen und gelassenen Zustimmung zur umfassenden Lehrtradition der Kirche, wie sie in der Gesamttendenz und in ihren Akzentsetzungen in den Akten des Trienter Konzils und auch des Ersten Vatikanischen Konzils erkennbar ist, erwarten jene, die sich auf der ganzen Welt zum christlichen, katholischen und apostolischen Glauben bekennen, *einen Sprung nach vorn*, der einem vertieften Glaubensverständnis und der Gewissensbildung zugute kommt.[97]

Der *balzo innanzi*, der »Sprung nach vorn«, kommt allerdings nur in der von Johannes XXIII. selber erstellten italienischen Urfassung der Rede vor – und in der deutschen Übersetzung. In dem vom Papst vorgetragenen lateinischen Text findet sich dagegen der blasse Ausdruck *novo studio* (neues Bemühen). Dass es sich dabei um einen abschwächenden Eingriff der römischen Kurie handelt, lässt sich nicht beweisen. Im Hinblick auf das kühle Echo, mit dem die Kurialen die Einberufung des Konzils zur Kenntnis nahmen, scheint diese Annahme nicht unbegründet.

Im Sprung gehemmt oder Die Macht strafft die Zügel

Entsprechend ihrem Wissen, ihrer Zuständigkeit und ihrer hervorragenden Stellung haben die Gläubigen das Recht und bisweilen sogar die Pflicht, ihre Meinung in dem, was das Wohl der Kirche angeht, den geistlichen Hirten mitzuteilen und sie unter Wahrung der Unversehrtheit und der Ehrfurcht gegenüber den Hirten und unter Beachtung des allgemeinen Nutzens und der Würde der Personen den übrigen Gläubigen kundzutun.

Codex des kanonischen Rechtes (approbiert von Papst Johannes Paul II. am 25. Januar 1983), Canon 212, § 3.

Einen »Sprung nach vorn« also hatte Johannes XXIII. am 11. Oktober 1962 in der von ihm persönlich in italienischer Sprache verfassten großen Eröffnungsrede zum Zweiten Vatikanischen Konzil angekündigt – oder zumindest gewünscht. *Im Sprung gehemmt* betitelt der für Zeit- und Kirchenfragen hellhörige Wiener Weihbischof Helmut Krätzl sein 1998 erschienenes Buch, in welchem er seiner Enttäuschung über gewisse nachkonziliäre Entwicklungen innerhalb der katholischen Kirche Ausdruck verleiht.[98] Tatsächlich zeigten sich viele Mitglieder der römischen Kurie schon unmittelbar nach der Ankündigung des Konzils (25. Januar 1959), das zwischen dem 11. Oktober 1962 und dem 8. Dezember 1965 tagte, reserviert und verfolgten die päpstliche Initiative mit Misstrauen. Zunehmend ablehnend gegenüber dem sich anbahnenden neuen Kirchenkurs gaben sich aber auch traditionalistisch orientierte Gläubige, welche sich in der Folge gern mit dem Attribut ›papsttreu‹ schmückten und dabei natürlich nicht an einen Johannes XXIII., sondern an die Pius-Päpste des 19. und 20. Jahrhunderts dachten. Ihr Einfluss innerhalb der Amtskirche wurde immer größer; nicht zuletzt deshalb, weil sie in der römischen Zentrale mächtige Fürsprecher hatten. Diese Entwicklung begann sich schon unter Paul VI. (1963–1978) abzuzeichnen, der für Neuerungen zwar grundsätzlich offen, gleichzeitig aber auch etwas ängstlich war.

Dabei hatte alles so vielversprechend begonnen. Die Welt horchte auf, als Johannes XXIII. das Konzil ankündigte. Die gesamte Christenheit hoffte damals auf eine Annäherung zwischen den Konfessionen. Katholiken und Katholikinnen entdeckten voller Erstaunen, dass die ›Mutter Kirche‹ ihre säuerliche Miene abgelegt und ein fröhliches Gesicht aufgesetzt hatte; plötzlich glich sie nicht mehr einer argwöhnischen Stiefmutter, sondern einer äußerst attraktiven Frau, die Würde und Wohlwollen, aber auch Herzlichkeit, ja sogar Heiterkeit ausstrahlte. Endlich durfte die Liturgie auch in katholischen Kirchen in der Muttersprache gefeiert werden. Es bildeten sich Pfarrgemeinderäte, welche aktiv und begeistert zur Förderung des Gemeindelebens beitrugen. An den katholischen theologischen Fakultäten wurden Themen behandelt, die früher als ›gefährlich‹ galten (Stichworte: Theologie der irdischen Wirklichkeiten, politische Theologie, Befreiungstheologie, Theologie der Hoffnung …), was wiederum dazu führte, dass das Theologiestudium auch für viele attraktiv wurde, welche nicht beabsichtigten, später einmal in den kirchlichen Dienst zu treten. Mit einem Wort, man konnte stolz sein, der römisch-katholischen Kirche anzugehören.

Dass dieser neue Stolz auf die verjüngte alte Kirche bald einmal der Sorge weichen würde, hätte man eigentlich schon während der Aufbruchstimmung nach dem Zweiten Vaticanum erkennen können.

Denn bekanntlich befanden sich unter den zum Konzil versammelten Bischöfen neben den vorwärts blickenden auch viele zögerliche, eher rückwärts gewandte Prälaten. Traten die einen für eine Erneuerung der Kirche, der Liturgie, der Theologie, der Verkündigung ein, fürchteten die anderen um den Verlust der katholischen Identität. Insbesondere der kuriale Flügel versuchte konstant, Entscheidungen hinauszuzögern, Lehräußerungen abzuschwächen und die Abstimmungen zu torpedieren. Da aber die Konzilsbeschlüsse und -erklärungen einer (fast) einhelligen Zustimmung bedurften, musste die Endfassung der Texte so redigiert werden, dass alle Parteien sich irgendwie mit ihnen identifizieren konnten, was notwendigerweise zu mancherlei Kompromissen führte. Dies wiederum brachte es mit sich, dass sich nach dem Konzil sowohl die ›Traditionalisten‹ wie auch die ›Progressisten‹ auf den Wortlaut der Konzilserklärungen berufen konnten, wenn sie bestimmte Interessen verfolgten.

Schleichende Übernahme von Schlüsselpositionen

Und Interessen waren immer im Spiel. Damit soll nicht behauptet werden, dass die nachkonziliaren Flügelkämpfe ausschließlich das Resultat schieren Machtstrebens gewesen seien. Oft sind es ja durchaus achtbare Motive (Sorge um das Wohl der Gesellschaft, um die Zukunft der Kirche, um die reine Lehre ...), welche Menschen dazu bewegen, Schlüsselpositionen anzustreben oder zu vergeben. Verwerflich aber ist es in jedem Fall, wenn die Kirchenoberen zu Mitteln greifen, die mit biblischen Grundsätzen, mit dem allgemeinen Rechtsempfinden oder mit demokratischen Spielregeln unvereinbar sind, wenn es darum geht, ihre Ideen durchzusetzen.

Solches aber erleben wir seit gut drei Jahrzehnten insbesondere im Zusammenhang mit manchen Bischofsernennungen. Zwar sah die Traktandenordnung des Ersten Vatikanischen Konzils auch eine Debatte über das Bischofsamt vor. Allerdings konnte dieses Thema nicht mehr ausführlich behandelt werden, weil Pius IX. das Konzil wegen des Einmarsches der italienischen Truppen in Rom auf unbestimmte Zeit vertagte (und nie wieder zusammenrief; die Kirche hatte ja inzwischen einen unfehlbaren Papst!). Die vom Ersten Vaticanum umständehalber versäumte Diskussion wurde auf dem Zweiten Vatikanischen Konzil nachgeholt. Das Ergebnis der Debatten ist nachzulesen in der *Dogmatischen Konstitution über die Kirche*, wo die Rede ist vom »Kollegium« der Bischöfe.

Das Kollegium oder die Körperschaft der Bischöfe hat aber nur Autorität, wenn das Kollegium verstanden wird in Gemeinschaft mit dem Bischof von Rom, dem Nachfolger Petri, als seinem Haupt, und unbeschadet dessen primatialer Gewalt über alle Hirten und Gläubigen. Der Bischof von Rom hat nämlich kraft seines Amtes als Stellvertreter Christi und Hirt der ganzen Kirche volle, höchste und universale Gewalt über die Kirche und kann sie immer frei ausüben. Die Ordnung der Bischöfe aber, die dem Kollegium der Apostel im Lehr- und Hirtenamt nachfolgt, ja, in welcher die Körperschaft der Apostel immerfort weiter besteht, ist *gemeinsam mit ihrem Haupt, dem Bischof von Rom, und niemals ohne dieses Haupt, gleichfalls Träger der höchsten und vollen Gewalt über die ganze Kirche.* Diese Gewalt kann nur unter Zustimmung des Bischofs von Rom ausgeübt werden. [...] In diesem Kollegium wirken die [einzelnen] Bischöfe, unter treuer Wahrung des primatialen Vorrangs ihres Hauptes, *in eigener Vollmacht* zum Besten ihrer Gläubigen.[99]

Wie der Papst ist auch das Bischofskollegium »Träger der höchsten Gewalt«, die es allerdings nur mit Zustimmung des Papstes ausüben kann. Dass damit kein Hintertürchen für mögliche päpstliche Willkür offen gehalten wird, hat Joseph Ratzinger in jungen Jahren, als er noch Theologie unterrichtete, ausdrücklich hervorgehoben: »Der Primat des Bischofs von Rom« steht »seinem ursprünglichen Sinn nach nicht gegen die kollegiale Verfasstheit der Kirche«, sondern versteht sich als »communio-Primat«, der »seinen Sitz in der als Kommuniongemeinschaft lebenden und sich verstehenden Kirche hat. Er bedeutet [...] die Fähigkeit und das Recht, innerhalb des Kommunionnetzes verbindlich zu entscheiden, wo das Wort des Herrn richtig bezeugt wird und wo folglich die wahre communio ist.«[100]

Als Ratzinger das schrieb, war er jung und intelligent – und ein ängstlicher Idealist. Idealisten aber sollten nicht ängstlich sein. Denn sobald die Angst überhand nimmt, gehen die Ideale flöten. Inzwischen ist Ratzinger intelligent und alt; jetzt würde er sich in dieser Sache wohl etwas anders äußern.

Juristisch besteht keinerlei Möglichkeit, dass eine höhere Instanz den Papst bei der Ausübung seines Primats zur Verantwortung ziehen kann; allerdings ist auch er – so Karl Rahner in seinem Kommentar zur Kirchenkonstitution, »an sittliche Normen des Evangeliums, der Gerechtigkeit, der Fairness, der sachlichen Verhältnisse usw. gebunden, die aus der Tatsache resultieren, dass eine von Christus gestiftete verfassungsrechtliche Größe (das Kollegium [der Bischöfe] als *solches,* nicht nur die Bischöfe!) nicht durch Nichtbeachtung und Ausschaltung atrophisiert oder bloß formal und verbal bestehen gelassen werden darf.« Und weiter: »Gibt es auch keine rechtliche Instanz, die die Befolgung dieser sittlichen Normen nachprüfen und so die rechtliche Gültigkeit der Entscheidungen des Papstes von da her anfechten könnte, so kann es in der Kirche doch durchaus das charismatische und prophetische ›Widerstehen ins Angesicht‹ (Galaterbrief, Kapitel 2, Vers 11) geben.«[101]

Ratzingers Kommentar ist so zutreffend, wie der von Rahner schlüssig ist. Aber wirklichkeitsfremd sind sie alle beide – nicht weil die beiden Kommentatoren an der Sache vorbeireden würden, sondern weil sich die Lage der Kirche ein bisschen anders entwickelte als erwartet.

Es begann, wie bereits gesagt, mit den *Bischofsernennungen*. Noch während des Konzils haben die kurialen Möchtegern-Päpstlein klar erkannt, dass sie das Kirchenvolk nur dann in ihrem Sinn dirigieren können, wenn sie die Schaltstellen des Apparates mit Leuten besetzen, die ihre Mentalität teilen und ihre Ansichten vertreten. So wurden schon unter Paul VI. immer öfter dezidiert traditionalistisch orientierte Kleriker zu Bischöfen ernannt, welche in den Diözesen die Ordnung wiederherstellen sollten. Stattdessen sorgten sie für Unruhe; aus Spannungen entstanden Spaltungen. Begreiflich daher, dass die Gläubigen nicht nur gegen die polarisierenden Oberhirten, sondern auch gegen die unsensible und oft auch arrogante Personalpolitik Roms protestierten.

In altchristlicher Zeit wurden die Bischöfe nicht vom Papst *ernannt*, sondern vom Klerus und vom Kirchenvolk unter Mitwirkung der Nachbarbischöfe *gewählt*. Bei der Wahl mussten wenigstens drei Bischöfe zugegen sein, welche die Kandidaten auf ihre Eignung hin prüften. Im Jahr 325 übertrug das Konzil von Nikaia (das erste ökumenische Konzil überhaupt) dem Metropoliten, d. h. dem Vorsteher einer Kirchenprovinz, nicht etwa die Ernennungsvollmacht, sondern bloß das Bestätigungs- und Weiherecht, wodurch das hierarchische Prinzip gewahrt blieb. Als sich das Christentum im Römischen Reich im Jahr 380 zur Staatsreligion gemausert hatte, geriet die Besetzung der Bischofsstühle fortschreitend auch zu einer staatspolitischen Angelegenheit. Weil die Kaiser in der Folge immer öfter auf die Wähler Druck ausübten, sah sich das Zweite Konzil von

Nikaia (= das 7. ökumenische) 787 gezwungen, Bischofsernennungen durch weltliche Machthaber für nichtig zu erklären. In der Westkirche vermochte sich dieser Beschluss leider nicht durchzusetzen; hier reklamierten die Fürsten, Könige und Kaiser bei Bischofswahlen auch weiterhin ein Mitspracherecht. Das hing damit zusammen, dass viele Vorsteher einer Diözese in ihrer Eigenschaft als Fürstbischöfe die Politik mitgestalteten. Im Investiturstreit[102] setzte sich die freie Bischofs*wahl* (nicht: Ernennung) grundsätzlich durch. Allerdings verstanden es die Domkapitel (gewissermaßen der ›Senat‹, der nach dem Tod eines Bischofs vorübergehend die Geschäfte führte) bald nur zu gut, den niederen Klerus und das Volk bei der Wahl auszuschalten. Bei Unregelmäßigkeiten und den daraus resultierenden Streitereien, aber auch bei Absetzung oder Versetzung eines Bischofs kam es nun immer häufiger vor, dass die römische Kirchenbehörde die Angelegenheit an sich zog. Zwar vermochten sich einzelne Herrscherhäuser ein Vorschlags- oder Wahlrecht, gelegentlich auch ein Einspracherecht zu reservieren und so die Wahl entsprechend ihren Interessen zu entscheiden. Im Zug einer fortschreitenden Säkularisierung und der damit verbundenen Trennung von Kirche und Staat jedoch gingen die Nominationsrechte allmählich an den Heiligen Stuhl über, eine Praxis, welche für die Missionsgebiete von Anfang an selbstverständlich war.

In einer Zeit, da Fürstenhäuser und Königsfamilien ihre politischen Interessen auch mit Hilfe von Bischofswahlen verfolgten, war es zweifellos von Vorteil, dass der Papst sich vorbehielt, die Oberhirten selber zu ernennen.

Inzwischen jedoch hat sich die Situation der Kirche grundlegend verändert. Abgesehen von einzelnen Ausnahmen (z. B. China), in denen der Staat Einfluss auf die Kirche zu nehmen, beziehungsweise den Einfluss der Kirche einzudämmen versucht, wären die einzelnen Diözesen durchaus in der Lage, die Bischöfe selber zu wählen. Dass die Bestätigung durch den Papst erfolgen müsste, versteht sich angesichts der hierarchischen Verfasstheit der Kirche von selbst.

Es wäre dies beileibe keine revolutionäre Praxis. In der alten Kirche musste ein Anwärter auf das Bischofsamt von der Gemeinde akzeptiert sein, damit er zum Vorsteher gewählt werden konnte. Papst

Cölestin I. (422–432) zufolge hat die Ortsgemeinde bei der Bestellung eines Bischofs ein gewichtiges Wort mitzureden: »Man zwinge dem Volk keinen Bischof auf, den es nicht will.«[103] Diesen Standpunkt vertrat auch Papst Leo I. (der Große; 440–461): »Wer allen vorstehen soll, muss von allen gewählt werden. Es soll keiner [zum Bischof] gewählt werden, den die Gemeinde nicht haben will und nicht erbittet.«[104] Heute, da keine Gefahr mehr besteht, dass weltliche Machthaber die Bischofswahlen zu manipulieren versuchen, steht der Anwendung dieses alten Prinzips nichts mehr entgegen.

Selbstverständlich ist es müßig, über einen möglichen Wahlmodus zu diskutieren, solange die oberste Kirchenleitung sich kategorisch weigert, am Status quo etwas zu ändern. Nach wie vor nämlich gilt: »Der Papst ernennt die Bischöfe frei oder bestätigt die rechtmäßig Gewählten.«[105] Die rechtmäßig *Gewählten* – das bezieht sich auf jene wenigen Diözesen (u. a. Köln, Basel, St. Gallen, Chur, Salzburg), in denen die Domkapitel bei der Bischofswahl alte, auf Konkordaten basierende (von Rom widerwillig anerkannte) Mitspracherechte geltend machen. Warum zögert die zentrale Kirchenbehörde, diese Rechte allen Diözesen einzuräumen? Kennt der Papst die Probleme einer Diözese besser, als die dort Beheimateten? Ist es die Sorge um das Seelenheil der Gläubigen? Oder die schiere Angst vor einem Machtverlust?

Tatsache ist, dass die römische Zentrale offensichtlich kein Interesse daran bekundet, Menschen mit Schlüsselqualifikationen, die zudem noch von der Mehrheit der Gläubigen akzeptiert werden, zu Bischöfen zu machen. Stattdessen hievt man Leute in Schlüsselpositionen, die als Krisenmanager schon in einem Kleinstunternehmen gescheitert wären, Hauptsache sie geben sich ›papsttreu‹, was in Wirklichkeit so viel wie ›romhörig‹ bedeutet. Kleriker, die freimütig und loyal Kritik äußern, gelten längst nicht mehr als Anwärter für das Bischofsamt.

Bezüglich der kirchlichen Strukturen und der Art der Ausübung der Ämter macht sich seit Jahren ein massiver Reformstau bemerkbar. Verantwortlich dafür sind jene Kräfte, die in dem von Rom praktizierten Dirigismus und Zentralismus ein Allheilmittel gegen eine angeblich schleichende Aushöhlung des Glaubens sehen. In

Wirklichkeit verhält es sich so, dass immer mehr Gläubige (und unter ihnen immer mehr Frauen!) der Kirche resigniert den Rücken kehren, weil die Kirchenoberen deren Wunsch nach mehr Mitsprache schlichtweg ignorieren. Und von jenen Bischöfen, welche diese Entwicklung besorgt zur Kenntnis nehmen und Reformen gegenüber aufgeschlossen wären, haben nur ganz wenige den Mut, das offen auszusprechen. Andere schweigen ängstlich, möglicherweise auch weil sie sich davor fürchten, von ihren autoritätsfixierten Kollegen ins Abseits gedrängt zu werden. Die große Mehrheit bilden ohnehin die, welche vor allem aufgrund ihrer rückhaltlosen Bejahung des gegenwärtigen zentralistischen Kurses ins Amt katapultiert wurden – was darauf hindeutet, dass in der Kirche heutzutage vorzugsweise Konformisten Karriere machen. Indessen bräuchten wir wieder mehr Bischöfe vom Format eines Christianus Caminada, welcher der Diözese Chur von 1941–1962 vorstand und der einmal öffentlich verlauten ließ: »Es wird Zeit, dass ich wieder einmal nach Rom fahre und denen dort sage, wer in Chur Bischof ist.« Damit war das Thema *Kollegialität der Bischöfe* angesprochen, lange bevor es auf dem Zweiten Vatikanischen Konzil diskutiert wurde.

Auswirkungen auf die theologische Forschung

In Rom indessen ist man selbst den von der Bischofskongregation nach einem feinmaschigen Raster ausgewählten und vom Papst direkt ernannten Bischöfen gegenüber noch misstrauisch. Ein Indiz dafür ist die Tatsache, dass mit der Einführung des neuen Kirchenrechts im Jahr 1983 die Bischöfe mehr noch als früher entmündigt wurden. Ein Beispiel? Vormals waren die Bischöfe befugt, den in ihren Diözesen lehrenden Theologieprofessoren und -professorinnen die Lehrerlaubnis zu erteilen. Nunmehr benötigen sie dazu das *Nihil obstat* (d.h. die Erlaubnis) der Römischen Glaubenskongregation. Was bleibt da noch übrig vom Lehramt der Bischöfe? Und wo bleibt deren Leitungsbefugnis? Da, wo infolge dieser Situation auch die fähigsten Anwärter und Kandidatinnen für theologische Lehrstühle bleiben, nämlich auf der Strecke. Die Bischöfe wurden zu Befehlsempfängern und Handlangern degradiert.

Für Außenstehende ist es schlicht unfassbar, dass die Bischöfe ihr Mitspracherecht bei der Besetzung von theologischen Lehrstühlen protestlos aus der Hand gegeben haben. Geradezu skandalös (aber unter den gegebenen Umständen schon nicht mehr erstaunlich) ist die Selbstverständlichkeit, mit welcher die römische Zentrale sich über das verbal (aber eben *nur* verbal) stets hoch gehaltene *Subsidiaritätsprinzip* einfach hinwegsetzt. Die diesbezügliche in der katholischen Soziallehre fest verankerte Theorie regelt das Verhältnis größerer Gemeinschaften zu kleineren und das Verhältnis der Gemeinschaft zum einzelnen Menschen im Sinn einer Verpflichtung zum *hilfreichen Dienst.* Sie besagt, dass eine größere Gemeinschaft oder eine übergeordnete Autorität nicht das an sich ziehen darf, was die kleinere Gemeinschaft oder die schwächere Gruppe selber zu leisten vermag. Wenn Rom sich die Erteilung der Lehrerlaubnis für Theologen und Theologinnen weltweit vorbehält, bedeutet das *entweder,* dass hier ein Axiom der katholischen Soziallehre missachtet wird, *oder aber,* dass die Bischöfe, welchen ja die Leitung einer Diözese anvertraut ist, als unfähige (oder verantwortungslose oder theologisch unbedarfte) subalterne Angestellte betrachtet werden. Besonders deutlich erweist sich dies hinsichtlich der Bischofssynoden (d.h. der Versammlung der Bischöfe). Was Camillo Macisse, der frühere Generalobere der Unbeschuhten Karmeliten, diesbezüglich bemerkt, klingt geradezu unglaublich – aber es entspricht den Tatsachen:

> Sogar die Bischofssynoden, die im Abstand von einigen Jahren zusammengerufen werden, werden von der Kurie *kontrolliert* und in ihrem Diskussionsverlauf und in ihren Ergebnissen *genau überwacht.* Bei diesen Treffen haben die Bischöfe die Heftigkeit der Kontrollmaßnahmen beklagt, die von Neokonservativen mit einer abstrakten, anachronistischen Theologie ausgeübt werden. Wer es wagt, diese Autoritäten zu kritisieren, aus Liebe zur Kirche und immer in Einheit mit ihr, wird bedroht, verurteilt und angeklagt, das Lehramt abschaffen zu wollen, eine parallele Pastoral zu betreiben, ja sogar eine Parallelkirche schaffen zu wollen.[106]

Dass die Bischöfe gegenüber einem derartigen Machtmissbrauch der Kurie, bzw. der Glaubenskongregation praktisch machtlos sind, ließe sich anhand zahlreicher Beispiele belegen. Erinnert sei hier nur daran, dass Johannes Paul II. in seiner 1995 veröffentlichten Enzyklika *Ut unum sint* ausdrücklich darauf hingewiesen hat, dass neue Formen der päpstlichen Primatsausübung durchaus denkbar seien. Gleichzeitig lud er die »kirchlichen Verantwortlichen [d.h. die Bischöfe] und ihre Theologen« dazu ein, mit ihm zusammen über dieses Thema »in einem brüderlichen, geduldigen Dialog« nachzudenken (Nr. 96). Und was geschah? Im Jahr darauf organisierte die Glaubenskongregation ein Symposion, welches diesen Vorschlag aufgriff. In der Schlusserklärung hieß es dann, man habe zunächst festgenagelt, was *nicht* aufzugeben sei. Ein weiteres Symposion, das sich positiv mit dem päpstlichen Anliegen befassen sollte, wurde bis heute nicht organisiert![107]

Der neue alte römische Zentralismus und der damit verbundene Machtanspruch wirkt sich natürlich auch auf die theologische Forschung verheerend aus. Theologinnen und Theologen, welche statt die alten Gebetsmühlen zu drehen kreative Antworten auf die gesellschaftlichen und kirchlichen Herausforderungen suchen, werden von den römischen Instanzen der Provokation verdächtigt. Trotz herausragender Qualifikationen bleibt es ihnen versagt, je eine akademische Tätigkeit an einer katholischen theologischen Fakultät auszuüben. Wichtigstes Kriterium für die Berufung auf einen Lehrstuhl ist längst nicht mehr die qualifizierte Kompetenz, noch didaktisches Geschick, sondern das devote Verhalten. Die Folge ist, und dies wurde im Lauf der vergangenen zweieinhalb Jahrzehnte immer deutlicher, eine Blockierung der theologischen Forschung und, damit verbunden, eine fortschreitende Verödung der religiösen Landschaft. In den bewegten (und bewegenden) Zeiten unmittelbar nach dem Konzil stieß die theologische Arbeit nicht nur bei kirchlich Engagierten, sondern auch bei breiten Bevölkerungsschichten auf lebhaftes Interesse. Dass es um die Gotteswissenschaft inzwischen längst nicht mehr zum Besten bestellt ist, zeigt nicht nur der massive Rückgang der Studierenden an den katholischen theologischen Fakultäten, sondern auch die Tatsache, dass heutzutage viele Buchhandlungen den religiösen Sektor hauptsächlich mit esoterischer Literatur bestücken.

Die Theologie hat heute nur dann eine Chance, wenn sie, so der Innsbrucker Religionswissenschaftler Clemens Sedmak, nicht länger mehr eine »inzestuöse Diskurskultur« darstellt, »die ihre Themen aus dem eigenen Sumpf holt und dorthin wieder zurückwirft«.[108] Statt sich in einem dogmatischen Sandkastenspiel zu verlieren, muss sie die Lebensfragen der heutigen Menschen als Herausforderung begreifen und auf der Grundlage der in der Bibel enthaltenen Offenbarung nach Lösungen suchen. Ein solches Postulat impliziert vor allem zwei Dinge. Gefragt ist zunächst einmal eine Rückkehr zu den ›kleinen Theologien‹, welche unmittelbar Bezug auf den menschlichen Alltag nehmen (womit seinerzeit schon ein Leonardo Boff mit seiner *Kleinen Sakramentenlehre* oder mit seinem *Entwurf einer Gnadenlehre* überzeugte). Zweitens gilt es, bei allen nützlichen Definitionen und Distinktionen nicht nur die kirchliche Tradition in Erinnerung zu rufen, sondern auch den Glaubensdiskurs an der Praxis Jesu je neu zu verifizieren. Theologie ist gesellschaftlich relevant in dem Maße, als sie den Glauben angesichts unserer heutigen Lebenswelt zu begründen und *so* gleichzeitig auch Lebenshilfe zu bieten vermag.

Bekanntlich hat die Kluft zwischen der akademisch-theologischen Reflexion und den Fragen der Menschen in den vergangenen drei Jahrzehnten in einem Besorgnis erregenden Ausmaß zugenommen. Dass die damit verbundenen Probleme von der wissenschaftlichen Theologie kaum wahrgenommen und schon gar nicht aufgegriffen werden, verwundert nicht. Sobald nämlich ein theologischer Entwurf nicht nur die individuelle Frömmigkeitspraxis betrifft, sondern auch bestehende kirchliche oder gesellschaftliche Strukturen infrage stellt, wird die Sache ›gefährlich‹ – der Hinweis auf die Abfuhr, welche die Befreiungstheologie amtskirchlicherseits erhielt, mag hier genügen. Seit Rom sich die Erteilung der Lehrerlaubnis an katholischen theologischen Fakultäten vorbehalten hat, wagen Anwärter und Bewerberinnen für theologische Lehrstühle nicht mehr, die heißen Eisen zu benennen – von anrühren wollen wir gar nicht erst reden. Es mag dies mit ein Grund sein für das Elend der gegenwärtigen Theologie – und für die derzeitige Verkrustung der Lehrkörper an theologischen Fakultäten. Wer heute auf einen theologischen Lehrstuhl spekuliert, muss schon sehr tief buckeln. Aber wer am tiefsten buckelt, brütet deshalb noch lange nicht über tiefgründigen Gedanken.

Damit soll nicht in Abrede gestellt werden, dass die Kirchenleitung *auch* aus Sorge um die Reinerhaltung der Lehre handelt. Bedenklich und der Sache alles andere als nützlich jedoch sind die Machtmittel, die sie zu diesem Zweck einsetzt. Dass die Kirchenleitung nach wie vor der Ansicht ist, mit autoritären Maßnahmen mehr zu erreichen als mit einleuchtenden Argumenten, zeigt eine ganze Reihe von Erlassen und Verlautbarungen, deren Tragweite von den Gläubigen oft unterschätzt und meist gar nicht erkannt wird.

Römische Verlautbarungen

Vertrauen verbindet. Besser noch aber scheinen Eide zu binden. Seit ungefähr zwei Jahrzehnten scheint man sich in Rom von dieser Devise eine Revitalisierung der Glaubensgemeinschaft (sprich: eine Disziplinierung und damit eine neue Geschlossenheit des Kirchenvolkes) zu erwarten.[109] Diese Vermutung legt sich nahe angesichts der Tatsache, dass der den Bischöfen bislang abverlangte Treueid seit 1989 auch für die Inhaber und Inhaberinnen anderer kirchlicher Funktionen verpflichtend ist, nämlich für Priesteramtskandidaten vor der Diakonenweihe und für Pfarrer vor der Amtseinsetzung, ferner für Generalvikare, Theologiedozenten und Theologieprofessorinnen. Die Schwörenden verpflichten sich, ihre Aufgaben unter Wahrung der Glaubens- und Sittenlehre sowie der gesamten kirchlichen Rechtsordnung zu erfüllen. Zunächst legen sie das Glaubensbekenntnis ab. Anschließend versprechen sie (was schon im Kirchenrecht festgelegt war), an allen *Offenbarungslehren* festzuhalten (1. Zusatz) und allen nicht definitiven (also nicht als ›unfehlbar‹ qualifizierten) Lehren mit »religiösem Gehorsam des Willens und des Verstandes« anzuhangen (3. Zusatz). Neu ist der 2. Zusatz: »Mit Festigkeit erkenne ich auch an und halte an allem fest, was bezüglich der Lehre des Glaubens und der Sitten von der Kirche endgültig vorgelegt wird.«[110] Gemeint ist damit die unwiderrufliche Zustimmung auch zu den in der Offenbarung nicht enthaltenen endgültigen Glaubens- und Sittenlehren. Ein Beispiel für eine solche Glaubenswahrheit wäre etwa die Lehre von der Kompetenz eines Ökumenischen Konzils, von der ja wiederum das Gewicht und die Tragweite der von der Kirchenversammlung gefassten Bestimmungen abhängen.

Während der 1983 eingeführte neue *Codex des kanonischen Rechtes* nicht nur die Notwendigkeit des »christlichen Gehorsams« gegenüber Lehren und Anordnungen der »geistlichen Hirten«, sondern gleichzeitig auch das »Bewusstsein der eigenen Verantwortung« betont (Canon 212, § 1), fehlt dieser letztere Bezug in der Eidesformel. Was praktisch bedeutet, dass diese kirchliche Rechtsbestimmung so zu interpretieren ist, dass nicht mehr das persönliche Verantwortungsbewusstsein, beziehungsweise das Gewissen, sondern *ausschließlich* der blinde Gehorsam gegenüber dem Gesetzgeber das Kriterium für ›verantwortungsvolles‹ Handeln darstellt! Der Freiburger Kirchenrechtler Werner Böckenförde kommentiert: »Der Zweck dieser Maßnahmen ist klar. Wenigstens auf der Führungs- und Multiplikatorenebene soll die Kluft zwischen Norm und Befolgung behoben werden: Der Eid hebt die zu übernehmenden Pflichten in die religiöse Dimension.« Die Frage, wie sich die neue römische Eides*forderung* mit dem in der Bergpredigt ausgesprochenen Schwur*verbot* vereinbaren lässt, ist müßig, solange die Eigenverantwortung zu Gunsten eines absolut verstandenen Gehorsams eliminiert wird.

Darüber hinaus werden die Theologen und Theologinnen seitens der Römischen Glaubenskongregation mit einer weiteren Maßnahme gegängelt. Das entsprechende Dokument vom 24. Mai 1990 (*Instruktion »Donum veritatis« über die kirchliche Berufung des Theologen*) befasst sich mit der Gehorsamshaltung der Dozentinnen und Professoren gegenüber *nicht-definitiven* Glaubenslehren. Öffentliche Nicht-Zustimmung zu solchen Lehren und diesbezügliche offene Debatten sind unzulässig. »Der Theologe [die Theologinnen erwähnt der vatikanische Männerverein mit keinem Wort] wird in diesem Fall nicht auf die Massenmedien zurückgreifen, sondern die verantwortliche Autorität ansprechen« (Nr. 30). Diese »verantwortliche Autorität« ist die Glaubenskongregation und nicht etwa die

Kollegen und Kolleginnen, die ja wohl fähig sein sollten, in fachlich-sachlicher Auseinandersetzung ein Problem zu diskutieren. Wie aber, wenn die römische Glaubensbehörde bestimmte Fragen als inopportun betrachtet oder eine Neuinterpretation waghalsig findet? In diesem Fall hat eine Theologieprofessorin oder ein Theologiedozent gefälligst den Mund zu halten: »Für eine loyale Einstellung, hinter der die Liebe zur Kirche steht, kann eine solche Situation gewiss eine schwere Prüfung bedeuten. Sie kann ein Aufruf zu schweigendem und betendem Leiden in der Gewissheit sein, dass, wenn es wirklich um die Wahrheit geht, diese sich notwendig am Ende durchsetzt« (Nr. 31). Diese Begründung mutet geradezu zynisch an. Im Klartext heißt das doch, dass die Klärung von theologisch strittigen Fragen und damit die theologische Forschung von der Willkür einiger weniger Ketzerrichter abhängt. Denn wer über Tragweite und Bedeutung einer nicht-definitiven Lehre *öffentlich* (z. B. in einer Fachzeitschrift) diskutiert, statt seine Überlegungen den Wahrheitsmonopolisten zu unterbreiten, riskiert disziplinarische Maßnahmen – bis hin zum Verlust der Lehrerlaubnis.

Wie Lehren autoritär (also unabhängig davon, ob es sich um bloße Lehr*meinungen* handelt) durchgesetzt werden, zeigt das *Apostolische Schreiben »Ordinatio Sacerdotalis« Papst Johannes' Pauls II. an die Bischöfe über die Männern vorbehaltene Priesterweihe* vom 22. Mai 1994. Betont wird darin die angeblich der Absicht Jesu entsprechende Unmöglichkeit, Frauen die Priesterweihe zu erteilen. In dem genannten Schreiben bezeichnet der Papst diese Lehre als endgültig und unwiderruflich. Dabei beruft er sich, ganz im Sinne der Kirchenkonstitution des Zweiten Vatikanischen Konzils, auf die Unfehlbarkeit des ordentlichen und universalen Lehramtes des über die Welt verstreuten Bischofskollegiums. Tatsächlich lehrt das Konzil, dass die einzelnen Bischöfe zwar nicht den Vorzug der Unfehlbarkeit besitzen. »Wenn sie aber, in der Welt räumlich getrennt, jedoch in Wahrung des Gemeinschaftsbandes untereinander und mit dem Nachfolger Petri, authentisch in Glaubens- und Sittensachen lehren und eine bestimmte Lehre übereinstimmend als endgültig verpflichtend vortragen, so verkündigen sie auf unfehlbare Weise die Lehre Christi«.[111] Wie bereits gesagt, macht der Papst hinsichtlich der Unmöglichkeit der Frauenordination die Unfehlbarkeit des ordentlichen und universalen Lehramts des über die Welt verstreuten Bischofskollegiums geltend. Übereinstimmung in dieser Frage herrscht ihm zufolge, *weil kein Widerspruch erfolgte.* Das Konzil lehrt aber, dass die Bischöfe übereinstimmend eine bestimmte Lehre *ausdrücklich als endgültig verpflichtend erklären müssen;* es genügt demnach nicht die bloße Vermutung, dass, wer schweigt, zustimmt. Außerdem ist zu bedenken, dass Johannes Paul II. seit seinem Amtsantritt keinen Priester zum Bischof ernannt hat, der bezüglich der Möglichkeit der Frauenordination oder hinsichtlich einiger anderer, vorab die Sexualmoral betreffenden Fragen eine kritisch-reservierte Haltung bekundete. Solange jedoch ausschließlich systemkonforme Kleriker ins Bischofsamt gehievt werden, fällt es natürlich leicht, sich auf einen »universalen Konsens« des Gesamtepiskopats zu berufen.

Nicht nur die Theologieprofessorinnen und -dozenten, sondern auch prominente Laien, die in kirchlichen Gremien mitwirken, stellen gelegentlich unbequeme Fragen oder bringen nicht ganz unbegründete Einwände gegenüber kirchenamtlichen Verlautbarungen vor. Um solchen Störenfrieden das Handwerk zu legen, unterzeichnete Papst Johannes Paul II. am 18. Mai 1998 das Apostolische Schreiben *Ad tuendam fidem [zum Schutz des Glaubens], durch das gewisse Normen in den Codex Iuris Canonici [d. h. in das geltende Kirchenrecht] und in den Codex der Ostkirchen eingefügt werden.* Was seit 1989 den ›Multiplikatoren‹ (Priesteramtskandidaten vor der Diakonenweihe, Pfarrern vor der Amtseinsetzung, Generalvikaren, Theologieprofessorinnen, Theologiedozenten) in einem von ihnen zu leistenden Treueid abverlangt wurde, soll fortan für alle katholisch Getauften gelten, weshalb der Canon 750 des Kirchenrechts um einen eigenen Paragrafen erweitert wurde:

Canon 750, § 2: Fest anzuerkennen und zu halten ist auch alles und jedes, was vom Lehramt der Kirche bezüglich des Glaubens und der Sitten endgültig vorgelegt wird, das also, was zur unversehrten Bewahrung und zur getreuen Darlegung des Glaubensgutes erforderlich ist; daher widersetzt sich der Lehre der katholischen Kirche, wer diese als endgültig zu haltenden Sätze ablehnt.

Gleichzeitig wurde der Canon 1371, § 1, welcher Strafen für Dissidentinnen und Abweichler vorsieht, entsprechend ergänzt: Wer immer eine als endgültig vorgelegte Lehre der Kirche »hartnäckig ablehnt und nach Verwarnung durch den Apostolischen Stuhl oder den Ordinarius [d. h. den Ortsbischof] nicht widerruft«, soll mit einer »gerechten Strafe belegt werden«.

Die wenigsten Christenmenschen, welche eine Maiandacht sympathisch finden und an der sonntäglichen Eucharistiefeier mehr oder weniger regelmäßig teilnehmen, werden mit einer solchen Gesetzesbestimmung etwas anzufangen können. Das ist gut so. Weniger gut ist freilich die Tatsache, dass damit jedem Bischof (und falls dieser sich weigern sollte zu reagieren, dem Apostolischen Stuhl) eine Handhabe gegeben ist, fähige, engagierte und aufgeweckte Laien aus kirchlichen Gremien zu entfernen, wenn sie ein klein bisschen unbequem werden. Denn unter ihnen findet sich immer der eine oder die andere, welcher oder welche partout nicht nachvollziehen kann, weshalb Frauen die Priesterweihe verwehrt bleibt oder warum ›künstliche‹ Empfängnisverhütung die Höllenstrafe nach sich ziehen sollte. Wer solches öffentlich äußert, kann (beziehungsweise *müsste*) vom Bischof zum Widerruf ermahnt werden. Wer dann keinen Rückzieher macht, muss gegebenenfalls den Präsidentinnensessel des katholischen Frauenbundes oder den Vorstandssitz im Zentralkomitee der deutschen Katholiken räumen. Angeblich wurde im Canon 750 der § 2 nicht deshalb ins Kirchenrecht eingefügt, um missliebige Laien leichter abservieren zu können, sondern um »eine Gesetzeslücke zu schließen«. Honi soit qui mal y pense!

Der Großinquisitor und die Glaubenskongregation

Weit dringlicher als die Schließung von »Gesetzeslücken« wären bestimmte Gesetzesänderungen in der Verfahrensordnung der Glaubenskongregation für die Lehrüberprüfung. Denn hier haben wir es mit dem Musterbeispiel einer Verordnung zu tun, die angeblich allein der Förderung und Reinerhaltung der Lehre, in Wirklichkeit jedoch hauptsächlich der Machtausweitung und dem Machterhalt der römischen Großinquisitoren dient. Bevor wir uns mit den entsprechenden Bestimmungen auseinander setzen, scheint ein kurzer Rückblick auf die jüngere Vergangenheit dieser Behörde angebracht.[112] Bekanntlich handelt es sich bei der Römischen Glaubenskongregation um die Nachfolgeinstitution des ehemals berüchtigten *Sanctum Officium*. Diese »heilige Dienststelle« ging direkt aus der mittelalterlichen Inquisition hervor. Ihre Kompetenzen waren fast unbegrenzt. Entsprechend verheerend waren die Konsequenzen für die inkriminierten Kirchenleute, für die katholische Theologie und für die Beziehungen zwischen den christlichen Konfessionen. Der letzte Vorsteher des ›alten‹ Heiligen Offiziums war Kardinal Alfredo Ottaviani (1880–1979), ein Wahrheitsfanatiker und Ketzerjäger, der sich in der Rolle eines »Carabiniere di Dio«, eines Polizeikommissars Gottes gefiel. Als Vorsitzender der theologischen Kommission, welche das Zweite Vatikanische Konzil (1962–1965) vorbereiten sollte, und später, als Präsident der Konzilskommission, versuchte Ottaviani mit Hilfe der erzkonservativen Kurie, alle Reformen betreffend die Theologie, die Pastoral und die Liturgie abzublocken. Am 8. November 1963 kam es zum Eklat.

An diesem Tag nämlich hielt der Kölner Kardinal Joseph Frings im Rahmen der Debatte über die Vorlage »von den Bischöfen und der Leitung der Diözesen« eine Rede, die einen Frontalangriff auf das *Sanctum Officium* darstellte. Frings kritisierte aufs Heftigste, dass diese Behörde über dem Kirchenrecht stehe und Leute verurteile, ohne sie vorher überhaupt angehört zu haben. »Die Verfahrensweise des *Sanctum Officium* entspricht in vielem nicht mehr der heutigen Zeit, gereicht der Kirche zum Schaden und ist für viele ein Skandal.«[113] Die Rede wurde, obwohl Applaus während der Debatten ausdrücklich verboten war, von den Konzilsvätern mit tosendem Beifall aufgenommen. In den Konzilsakten wird es dann heißen, die Praxis des Heiligen Offiziums sei »*für die Nichtkatholiken (acatholicis) ein Skandal*«. Wer diese Textmanipulation zu verantworten hat, ist leider nicht mehr auszumachen.

Als Verfasser von Frings' Rede zeichnete ein damals ebenso junger wie aufgeschlossener Theologe namens Joseph Ratzinger. Und der hielt 1966, nach Abschluss des Konzils, auf dem Bamberger Katholikentag seinerseits eine viel beachtete Rede, in welcher ebenfalls von Skandalen die Rede war. Zunächst erinnerte Ratzinger daran, dass der christliche Glaube dem Neuen Testament zufolge für die Menschen aller Zeiten »ein Skandal« sei (vgl. 1. Korintherbrief, Kapitel 1, Vers 22), und dass man *diesen* Skandal nicht eliminieren könne, ohne das Christentum selbst aufzuheben. Dieser »primäre Skandal« aber sei, so Ratzinger weiter, »in der Geschichte oft genug überdeckt worden von dem sekundären Skandal der Verkündiger des Glaubens, der durchaus nicht wesentlich ist für das Christentum, aber sich allzu gern mit dem Grundskandal verwechseln lässt und sich in der Pose des Martyriums gefällt, wo man in Wahrheit nur das Opfer der eigenen Engstirnigkeit ist.« Und weiter:

Sekundärer, selbst gemachter und so schuldhafter Skandal ist es, wenn unter dem Vorwand, die Rechte Gottes zu verteidigen, nur eine bestimmte gesellschaftliche Situation und die in ihr gewonnenen Machtpositionen verteidigt werden. Sekundärer, selbst gemachter und so schuldhafter Skandal ist es, wenn unter dem Vorwand, die Unabänderlichkeit des Glaubens zu schützen, nur die eigene Gestrigkeit verteidigt wird: Nicht der Glaube selbst, der längst vor jenem Gestern und seinen Formen war, sondern eben die Form, die er sich einmal aus dem berechtigten Versuch heraus verschafft hat, in seiner Zeit zeitgemäß zu sein, aber nun gestrig geworden ist und keinerlei Ewigkeitsanspruch erheben darf. Sekundärer, selbst gemachter und so schuldhafter Skandal ist es auch, wenn unter dem Vorwand, die Ganzheit der Wahrheit zu sichern, Schulmeinungen verewigt werden, die sich einer Zeit als selbstverständlich aufgedrängt haben, aber längst der Revision und der neuen Rückfrage auf die eigentliche Forderung des Ursprünglichen bedürfen. Wer die Geschichte der Kirche durchgeht, wird viele solcher sekundären Skandale finden – nicht jedes tapfer festgehaltene *Non possumus* war ein Leiden für die unabänderlichen Grenzen der Wahrheit, so manches davon war nur Verranntheit in den Eigenwillen, der sich gerade dem Anruf Gottes widersetzte, der aus den Händen schlug, was man ohne seinen Willen in die Hand genommen hatte. Das Gefährliche aber ist, dass dieser sekundäre Skandal sich immer wieder mit dem primären identifiziert und ihn dadurch unzugänglich macht, den eigentlich christlichen Anspruch und seine Schwere hinter den Ansprüchen seiner Boten verdeckt.[114]

Frings' Vorstoß in der Konzilsaula verfehlte seine Wirkung nicht. Papst Paul VI. griff die Kritik auf. Am 7. Dezember 1965, dem letzten Tag des Konzils, veröffentlichte er eine Verordnung, mittels welcher er das Heilige Offizium, vor dem zeitweise selbst Päpste sich fürchteten, auf den Rang einer Kongregation [= Ministerium] zurückstufte. Aus dem *Sanctum Officium* wurde die »Kongregation für die Glaubenslehre« (*Congregatio pro Doctrina Fidei*), welche die Aufgabe hat, die Wahrheit der Glaubens- und Sittenlehre für den Bereich der ganzen Kirche zu fördern und zu schützen. Als Leiter der neuen Behörde fungierte Kardinal Ottaviani, der diese faktische Zurückstufung jedoch nicht verkraftete. Verbittert und resigniert ging er in den Ruhestand. Derzeitiger Präfekt (Vorsteher) der Glaubenskongregation ist der bayrische Kardinal Joseph Ratzinger, der 1981 von Papst Johannes Paul II. mit diesem Amt beauftragt wurde.

Die Arbeit der Glaubenskongregation gliedert sich in vier Sektionen. Eine erste Sektion ist zuständig für die Integrität der katholischen Glaubens- und Sittenlehre. Eine zweite befasst sich mit Angelegenheiten, welche vorwiegend den Klerus betreffen (moralische Verfehlungen, Befreiung von der Zölibatspflicht, sexueller Missbrauch, Ausscheiden aus dem geistlichen Stand). Die dritte Sektion widmet sich Fragen der Ehe (z. B. wenn die Gültigkeit einer Ehe angefochten wird), während die vierte sich mit dem Phänomen der Wunder beschäftigt. Außerdem begutachtet die Glaubenskongregation sämtliche Dokumente der römischen Kurie, welche zur Veröffentlichung bestimmt sind. Schließlich ist sie auch Gerichtshof und konstituiert Gerichte, die nach streng prozessualen Methoden Delikte gegen den Glauben, schwerwiegende Verfehlungen gegen die Sitten sowie Vergehen bezüglich der Feier der Sakramente ahnden. Der Kongregation zugeordnet sind die *Päpstliche Bibelkommission* und die *Internationale Theologenkommission*.

Was die Vorgehensweise gegenüber den der Häresie verdächtigten Theologen und Theologinnen betrifft, wurde die Verfahrensordnung schon mehrmals geändert. Die derzeit gültigen Bestimmungen sind festgehalten in der *Agendi ratio in doctrinarum examine* (Verfahrensordnung für die Lehrüberprüfung) vom 29. Juni 1997.[115]

1) Das *ordentliche Lehrverfahren* wird mit der so genannten »internen Phase« eingeleitet. Dabei werden die »angezeigten Schriften« (Art. 3) zunächst einem oder zwei voneinander unabhängigen Beratern der Glaubenskongregation zur Meinungsbildung zugestellt (Art. 9). Ein Verteidiger (*relator pro auctore*) wird bestellt, »dessen Aufgabe es ist, die positiven Aspekte der Lehre und die Vorzüge des Autors wahrheitsgemäß aufzuzeigen, zur richtigen Interpretation seines Denkens im allgemeinen theologischen Kontext beizutragen und ein Urteil über den Einfluss der Ansichten des Autors abzugeben. Zu diesem Zweck hat der Verteidiger das Recht auf Einsicht in alle den Fall betreffenden Akten (Art. 10). Das hört sich zunächst nicht schlecht an. Aber? Aber Akteneinsicht hat *nur der Verteidiger*, nicht aber der inkriminierte Autor oder die beschuldigte Autorin. Diese ahnen ja nicht einmal, dass eine *Voruntersuchung* gegen sie im Gange ist. Doch selbst wenn es zu einem *eigentlichen Verfahren* kommt, bleibt ihnen die Einsicht in ihre Akten verwehrt! Der Verteidiger wird den Beschuldigten von der Glaubenskongregation selber zugeteilt. Nicht auszuschließen ist, dass es sich dabei um Personen handelt, welche die Beschuldigten aus irgendwelchen Gründen nicht sehr sympathisch finden. Faktisch lässt sich nicht einmal nachprüfen, ob überhaupt ein Verteidiger bestimmt wurde. Und wer kontrolliert, ob dieser Verteidiger sich für die Sache wirklich interessiert, oder ob er bloß sein Honorar kassiert?

Die »externe Phase« beginnt damit, dass der/die der Häresie Verdächtige über seinen/ihren Ortsordinarius (Bischof; bei Ordensleuten der Ordensobere) um Klärung der beanstandeten Aussagen gebeten wird (Art. 7). Die »zur Verteidigung erforderliche Dokumentation« wird dem/der Beschuldigten »reticito nomine« (so seltsamerweise auch in der deutschen Übersetzung!) übermittelt (Art. 17). Im Klartext: Die Gutachten sind anonym! Allerdings hat der/die Beschuldigte jetzt das Recht, einen »Berater« (*consiliarius*; gemeint ist ein theologischer Experte, der die Funktion eines Anwalts übernimmt) beizuziehen (Art. 17), der aber *keine Akteneinsicht* hat. Vorgesehen ist »die Möglichkeit einer persönlichen Begegnung mit Vertretern der Kongregation«, an der auch der Berater des/der Beschuldigten teilnimmt. Ob dem/der Beschuldigten diese Möglichkeit eingeräumt wird, liegt im Ermessen der Glaubenskongregation. Falls es zu einem Gespräch kommt, wird der Inhalt protokollarisch festgehalten und zusammen mit der formalen Antwort der der Häresie verdächtigten Person der ordentlichen Versammlung der Glaubenskongregation zugestellt. Bestehen immer noch Abweichungen, ergreift die ordentliche Versammlung der Glaubenskongregation Maßnahmen zum Schutz der Gläubigen. Durch einen *öffentlichen* Widerruf oder eine Richtigstellung seitens des Autors/der Autorin können die vorgesehenen Disziplinarmaßnahmen abgewendet werden. Andernfalls erfolgen als Straf- und Disziplinarmaßnahmen bei Häresie, Apostasie oder Schisma die Exkommunikation; bei Verstößen gegen die Glaubenslehre hingegen reichen die Sanktionen von einem Publikationsverbot oder einem Bußschweigen bis hin zum Verlust der Lehrerlaubnis für Katholische Theologie (Art. 28 und 29).

2) Für den Fall, dass eine Schrift »offensichtlich« Irrtümer enthält, sieht die Verfahrensordnung die Möglichkeit eines *»dringlichen Lehrprüfungsverfahrens«* vor. In diesem Fall benachrichtigt die Glaubenskongregation den Ordinarius (den für den Autor/die Autorin zuständigen Ortsbischof bzw. den Ordenoberen), dass eine Kommission beauftragt wurde, »die irrigen und gefährlichen Ansichten so schnell als möglich« aufzulisten (Art. 24). Das Ergebnis wird den Mitgliedern der Glaubenskongregation während einer ordentlichen Versammlung bekannt gegeben. Kommt die Versammlung zu dem gleichen Ergebnis, hat der Verfasser/die Verfasserin zwei Monate Zeit, die Dinge richtigzustellen (Art. 26). Anschließend trifft die Glaubenskongregation eine der Sachlage angemessene Entscheidung (Art. 27).

Nur Kurzsichtigen wird diese Vorgehensweise korrekt erscheinen. Wenn die aber erst ihre Lesehilfe aufsetzen, kann es schon geschehen, dass sie ihrer Brille nicht mehr trauen.

Beginnen wir mit dem *dringlichen Lehrprüfungsverfahren.* Dieses »wird angewandt, wenn eine Schrift offensichtlich und sicher Irrtümer enthält und wenn durch deren Verbreitung ein schwerer Schaden für die Gläubigen entstehen könnte oder bereits entstanden ist« (Art. 23). Praktisch bedeutet das doch, dass das Urteil feststeht, noch ehe die Untersuchung überhaupt begonnen hat! Die ›Untersu-

chung‹ hat lediglich den Zweck, einer von der römischen Glaubensbehörde vorgefassten Meinung ein juristisches Feigenblatt zu verpassen. Die ganze Angelegenheit gerät damit zur Farce. Dies umso
mehr, als dieselbe Instanz als Klägerin und Richterin in Erscheinung
tritt. Wer sich vornehm ausdrücken möchte, wird in einem solchen
Fall von Voreingenommenheit sprechen. Realistisch betrachtet handelt es sich um reine Willkür.

Das gilt auch für die Vorgehensweise bei *ordentlichen Lehrprüfungsverfahren*. Auch auf dieser Ebene kennt die Verfahrensordnung
keinerlei Gewaltentrennung. Wie skandalös das ganze Papier ist,
sieht man eigentlich erst, wenn man jene Dinge in Betracht zieht,
welche in der Verfahrensordnung ausgeklammert sind. Die in dem
in unmittelbarer Nähe des Petersdoms gelegenen *Palazzo del
Sant'Ufficio* Beschäftigten lesen theologische Literatur in der Regel
ja nicht zum Zweck der Weiterbildung, sondern beschränken sich
auf die »scripta significata«, auf die (so die deutsche Übersetzung
auf der Vatikan-Homepage) »angezeigten [also denunzierten]
Schriften« (Art. 3). Angezeigt von wem? Vom Küster von Köpenick?
Von einer missgünstigen Kollegin? Von einem neidischen Konkur-
renten? Vom eigenen Bischof? Von einem Opus-Dei-Mitglied? Die
Beschuldigten werden die Namen der Denunzianten und Zubläse-
rinnen nie erfahren. Denn wer Anzeige erstattet, braucht nicht Farbe zu bekennen.

Die von der Glaubenskongregation herbeigezogenen »Fachleute«
(Art. 9) agieren ebenfalls im Dunkeln. Denn die den Beschuldigten
ausgehändigten Stellungnahmen tragen keine Unterschrift; die so
genannten ›Experten‹ brauchen ihren guten oder schlechten Namen
nicht aufs Spiel zu setzen. Wenn hier von Gänsefüßchen-Experten
die Rede ist, hat das schon seinen Grund. Weil sie anonym operie-
ren, lässt sich über ihre Qualifikation naturgemäß nichts sagen. Kein
Angeschuldigter und keine Angeklagte kann sie wegen Befangenheit
ablehnen. Anonymität auf der einen, Ohnmacht auf der anderen
Seite – das ist das A und das O der Glaubenskongregation! Oder
könnte es vielleicht sein, dass die römische Glaubensbehörde auf
symbolträchtige Weise die dunkle Rede vom Mysterium-Charakter
der Kirche sinnenfällig illustrieren möchte?

Praktisch bleibt den Beschuldigten einzig die Möglichkeit zu widerrufen. Und zwar muss ein solcher Widerruf öffentlich erfolgen – beispielsweise in Form eines Beitrags in einer theologischen Fachzeitschrift. Wer sich nicht beugt, wird mit »Maßnahmen« (Art. 28) belegt. Weil keine Appellationsinstanz vorgesehen ist, gibt es auch keinerlei Rekursmöglichkeit. Praktisch bedeutet das, dass die Glaubenskongregation jene Unfehlbarkeit für sich in Anspruch nimmt, die nach katholischer Lehre einzig und allein dem Papst zukommt – und auch diesem nur unter ganz bestimmten, sehr eingeschränkten Bedingungen.

Auffälligerweise tauchen in der ganzen *Ordnung für die Lehrüberprüfung* Begriffe wie *Ankläger, Verteidiger, Prozess* nirgends auf. Man spricht von *Ordnung, Vorgehen, Verfahren*, vom *relator pro auctore*, vom *Berater*, von *Maßnahmen*. Mit einem Wort, man will den Eindruck vermeiden, dass es sich um einen eigentlichen *Prozess* handelt. Dann nämlich müsste man den Inkriminierten jene Rechtsmittel zubilligen, die nach unserem heutigen Empfinden unterschiedslos allen Angeklagten zustehen. Dass es sich in Wirklichkeit um einen tatsächlichen Prozess handelt, zeigen die gravierenden *Folgen*, die ein Verfahren für die Beschuldigten nach sich ziehen kann: Lehrverbot, Suspendierung vom Priesteramt, Exkommunikation, aber auch Rede- und/oder Schreibverbot (welche letzteren beiden Verbote jedoch eklatant gegen das Menschenrecht der freien Meinungsäußerung verstoßen).

Im Prinzip kann die Glaubenskongregation jeder und jedem den Prozess machen, auch mit jedem und jeder kurzen Prozess machen. Obwohl diese Institution nicht mehr, wie bis zum Konzilsende, praktisch über dem Kirchenrecht steht, ist man ihr weiterhin hilflos ausgeliefert. Nach wie vor trifft zu, was Hans Küng in einer 2003 gesendeten Fernsehdokumentation über die Inquisition monierte: »Die Leute werden vorgeladen. Wenn sie gehen, was ich abgelehnt habe, haben sie keine andere Möglichkeit, als zu unterschreiben, was ihnen vorgelegt wird. Vor diesem Gericht hat niemand eine Chance.« Chefscharfrichter dieser Behörde ist heute Joseph Ratzinger. Er ist es, der seit 1981, dem Jahr seiner Ernennung zum Präfekten der Glaubenskongregation, permanent jene »selbst gemachten und schuldhaften Skandale« produziert, die er als junger Theologieprofessor angeprangert hat. Hans Küng dazu: »Manche werden ihm deshalb vorwerfen, er habe das Erbe des Konzilskardinals Frings verraten. Ich würde ihm eher vorwerfen, er habe sein ureigenes Erbe vertan.«[116]

Rückblickend können wir sagen, dass Papst Paul VI. der früheren Inquisition lediglich einen neuen Namen verpasst hat, den bösen Blick und ihr altes falsches Gesicht aber hat sie behalten. So verwundert es denn nicht, dass der Theologe Stephan H. Pfürtner in seiner Rede anlässlich der Verleihung des von der Herbert-Haag-Stiftung überreichten Preises »Für Freiheit in der Kirche« zu dem Schluss gelangt: »Die Glaubensbehörde ist offenbar nicht wirklich reformierbar, sie muss vielmehr abgeschafft werden.«[117]

Wie auch immer man zu dieser Ansicht steht – eines steht fest: Nicht abgeschafft gehört *die Aufgabe*, welche die Glaubenskongregation sich in Artikel 1 ihrer *Ordnung für die Lehrüberprüfung* zuschreibt, nämlich »die Glaubens- und Sittenlehre in der ganzen katholischen Kirche zu fördern und zu schützen«. Diese Aufgabe jedoch müsste zuallererst von den Bischöfen wahrgenommen werden. Für Konflikte, die sich auf diözesaner Ebene nicht beilegen lassen, wäre eine übergeordnete (warum nicht römische?) Instanz zu schaffen, die aber, ganz im Gegensatz zur derzeitigen Glaubenskongregation die Gewaltentrennung praktizieren und die Rechtssicherheit garantieren müsste. Damit hätten die Beschuldigten auch die Möglichkeit, an eine übergeordnete Instanz zu appellieren.

Es sind nicht die Personen, sondern die Strukturen!

Allem in diesem Kapitel Gesagten, könnte man entgegenhalten, dass die meisten innerkirchlichen Missstände und Misshelligkeiten im Grunde personenbedingt seien. Ein anderer Papst werde andere Wege gehen, ein anderer Vorsteher der Glaubenskongregation andere Vorstellungen verwirklichen, andere Bischöfe eine andere Richtung einschlagen. Damit aber würden die bestehenden *Strukturmängel* personalisiert – und gleichzeitig verharmlost. Was Strukturen ermöglichen oder gar begünstigen, kann man nicht einfach einzelnen Personen anlasten. Nur *veränderte* Strukturen vermögen einer willkürlichen Machtausübung vorzubeugen.

Eine weitere, vorzugsweise von leitenden Instanzen praktizierte Art der Verharmlosung der gegenwärtigen Misere besteht darin, dass man juristische Fragen als zweitrangig erachtet. Statt eine ›permanente Nabelschau‹ zu betreiben und sich in ›selbstzerstörerischer Selbstzerfleischung‹ aufzureiben, gelte es vielmehr, sich den ›wirklich ernsten Herausforderungen unserer Zeit‹ zu stellen und sich wiederum vermehrt den ›eigentlichen Problemen‹ zuzuwenden, nämlich der ›Verdunstung des Gottesglaubens‹, der ›Entchristlichung der Gesellschaft‹ und, natürlich, der ›Kommerzialisierung der Sexualität‹. In *diesem* Zusammenhang werden diese und ähnliche brennende Probleme instrumentalisiert; der Verweis darauf dient lediglich als Blitzableiter – ganz abgesehen noch davon, dass *vorerst* einmal zu klären wäre, wie denn die Frohe Botschaft noch als solche verkündet werden kann, wenn die Erfahrungen mit der Kirche eher bedrückend als befreiend sind.

Natürlich ist die Kirche kein Wellness-Center. Aber wohl fühlen sollten sich die Gläubigen schon innerhalb ihrer Glaubensgemeinschaft, auch wenn sie ihnen einiges abverlangt. Wer sich wohl fühlt, muckt nicht auf. Wer sich nicht wohl fühlt, sucht sich in der Regel ein anderes Plätzchen mit komfortableren Aufenthaltsräumen. Wer heute trotz allem (noch) in der Kirche bleibt, gibt ganz sicher nicht irgendwelchen masochistischen Neigungen nach, sondern hegt die Hoffnung, dass die Machthaber irgendwann doch noch begreifen, dass sie – im eigentlichen Wortsinn – *Dienst-Boten* sind.

Helfen
statt
herrschen

Als Jesus den Aposteln die Füße gewaschen, sein Gewand wieder angelegt und Platz genommen hatte, sagte er zu ihnen: Begreift ihr, was ich an euch getan habe? Ihr sagt zu mir Meister und Herr, und ihr nennt mich mit Recht so; denn ich bin es. Wenn nun ich, der Herr und Meister, euch die Füße gewaschen habe, dann müsst auch ihr einander die Füße waschen. Ich habe euch ein Beispiel gegeben, damit auch ihr so handelt, wie ich an euch gehandelt habe.

Johannesevangelium, Kapitel 13, Verse 12-14.

»Leider hat es immer Amtsträger, Gesandte Jesu gegeben, die ihre Sendung, ihre Autorität, ihre Vollmacht wie eine Monstranz vor sich hergetragen haben. Aber in eine Monstranz gehört immer nur Christus hinein.«[118]

Tatsächlich besteht permanent die Gefahr, dass Amtsträger sich in Selbstdarstellung üben, statt schlicht und einfach Jesu Auftrag zu erfüllen. Sie erheben Herrschaftsansprüche, die schlechterdings unvereinbar sind mit der von den Kirchen verkündeten Frohbotschaft. Es mag hier der Hinweis genügen auf die breite Palette von Ehrentiteln und Rangbezeichnungen, die sich in gewissen kirchlichen Kreisen noch immer höchster Wertschätzung erfreuen. Außer den ehrwürdigen, den hochwürdigen, den sehr hochwürdigen und den hochwürdigsten Herren gibt es da noch die hochwürdigsten Exzellenzen und die nicht minder hochwürdigsten Eminenzen, und über allen *thront* Seine Heiligkeit. Insider wissen natürlich, dass auf der kirchlichen Karriereleiter leichter und schneller emporsteigt, wer weiß, welche Würdenträger innerhalb der hierarchischen Männergesellschaft mit welchem Titel anzureden sind.

»Wer der Erste sein will ... «

Jesus zufolge basiert die Autorität im Reich Gottes nicht auf irgendwelchen Ehrenbezeichnungen, sondern auf dem beharrlichen Einsatz für die Mitmenschen, vorab für die Bedürftigen.

Bezeichnenderweise findet sich die diesbezügliche Ermahnung im Markusevangelium an jener Stelle, die davon berichtet, wie Jesu Jünger in einem Anfall von Größenwahn einander zu überbieten suchen:

Jesus und seine Jünger kamen nach Kafarnaum. Als er dann im Haus war, fragte er sie: Worüber habt ihr unterwegs gesprochen? Sie schwiegen, denn sie hatten unterwegs miteinander darüber gesprochen [im Klartext: gestritten!], wer (von ihnen) der Größte sei. Da setzte er sich, rief die Zwölf und sagte zu ihnen: Wer der Erste sein will, soll der Letzte von allen und der Diener aller sein (Markusevangelium, Kapitel 9, Verse 33-35).

Dass diese Haltung für alle, die sich auf Jesus berufen, eine Selbstverständlichkeit darstellen sollte, geht schon daraus hervor, dass Markus das gleiche Anliegen im folgenden Kapitel seines Evangeliums gleich ein weiteres Mal thematisiert:

Jakobus und Johannes, die Söhne des Zebedäus, traten zu Jesus und sagten: Meister, wir möchten, dass du uns eine Bitte erfüllst. Er antwortete: Was soll ich für euch tun? Sie sagten zu ihm: Lass in deinem Reich einen von uns rechts und den andern links neben dir [d.h. auf den Ehrenplätzen] sitzen. Jesus erwiderte: Ihr wisst nicht, um was ihr bittet. Könnt ihr den Kelch trinken, den ich trinke, oder die Taufe auf euch nehmen, mit der ich getauft werde? Sie antworteten: Wir können es. Da sagte Jesus zu ihnen: Ihr werdet den Kelch trinken, den ich trinke, und die Taufe empfangen, mit der ich getauft werde. Doch den Platz zu meiner Rechten und zu meiner Linken habe nicht ich zu vergeben; dort werden die sitzen, für die diese Plätze bestimmt sind.
Als die zehn anderen Jünger das hörten, wurden sie sehr ärgerlich über Jakobus und Johannes. Da rief Jesus sie zu sich und sagte: Ihr wisst, dass die, die als Herrscher gelten, ihre Völker unterdrücken und die Mächtigen ihre Macht über die Menschen missbrauchen. Bei euch aber soll es nicht so sein, sondern wer bei euch groß sein will, der soll euer Diener sein, und wer bei euch der Erste sein will, soll der Knecht aller sein. Denn auch der Menschensohn ist nicht gekommen, um sich

dienen zu lassen, sondern um zu dienen und sein Leben hinzugeben als Lösegeld für viele (Markusevangelium, Kapitel 10, Verse 35-45).

Bevor wir näher auf diesen Sendungsauftrag eingehen, sei kurz auf ein pikantes Detail verwiesen. Bekanntlich hat der Verfasser des Matthäusevangeliums den Markustext als Vorlage benutzt und dabei nicht gezögert, die beiden Zebedäussöhne in ein etwas günstigeres Licht zu stellen; ihm zufolge nämlich ist es *die Mutter* des Jakobus und des Johannes, welche Jesus bestürmt, ihren Söhnen im Reich Gottes eine Vormachtstellung einzuräumen (vgl. Kapitel 20, Verse 20-21)! Dem Matthäusevangelium zufolge balgen sich also ›nur‹ noch zehn Jünger um die Macht!

Jesu »Kelch trinken« und seine »Taufe empfangen« – das bezieht sich nicht etwa auf das Tauf- und das Altarssakrament, sondern meint das ›Sterben mit (oder wie) Christus‹, womit der Evangelist aber nicht das blutige Martyrium, sondern die tägliche und tätige Nachfolge im Glauben meint. Die aber besteht nicht einfach im Machtverzicht, sondern darin, dass die Menschen ihre ›Macht‹ – und das bedeutet hier ihre Autorität, ihr Wissen und ihre Kräfte – zum Wohl der Allgemeinheit einsetzen: Macht als Er-Mächtigung zum Dienst!

Natürlich steht eine solche Einstellung in einem eklatanten Widerspruch zu den gängigen Denkmustern und üblichen Verhaltensweisen. Gemessen an rein menschlichen Erfolgsmaßstäben zeugt es geradezu von Schwachsinn, Jesus nachzufolgen. Der Völkerapostel Paulus, trotz seines Eifers ein überaus luzider Geist, steht noch ganz unter dem Schock dieser Erkenntnis, wenn er an die Gemeinde von Korinth schreibt: »Nachdem Juden Zeichen fordern und Griechen Weisheit suchen, verkünden wir dagegen den gekreuzigten Messias – den Juden ein Ärgernis, den Heiden ein Aberwitz« (1. Korintherbrief, Kapitel 1, Vers 22). Den Juden ein Ärgernis – denn nach damaliger Auffassung galt ein am Kreuz Gehängter als von Gott verflucht (vgl. Deuteronomium, Kapitel 21, Vers 23). Den Heiden ein Aberwitz – eine Belegstelle dafür findet sich in einer Rede des römischen Advokaten und Staatsmannes Cicero: »Schon allein von dem Wort ›Kreuz‹ müssen die Gedanken und Ohren der römischen Bürger verschont bleiben.«[119] Dennoch insistiert Paulus: »Das Aberwitzige in der Welt hat Gott erwählt, um die Weisen zu Schanden zu machen. Und das Schwache in der Welt hat Gott erwählt, um das Starke zu Schanden zu machen« (1. Korintherbrief, Kapitel 1, Vers 27).

An solchen Sätzen kann man sich in Kirchenräumen auf eine geradezu wohlige Art erbauen. Dass es Paulus aber nicht um Beschaulichkeit, sondern um eine Handlungsanleitung geht, hat der dänische Denker Sören Kierkegaard gezeigt, indem er mittels gerade dieser Bibelstelle auf die oft abgrundtiefe Kluft zwischen bloß gelehrter und tatsächlich gelebter Wahrheit hinweist:

> In der prächtigen Domkirche tritt der hochwohlgeborene, hochwürdige, geheime General-Oberhofprediger auf, der auserwählte Günstling der vornehmen Welt, er tritt auf vor einem auserwählten Kreis von Auserwählten und predigt *gerührt* über den von ihm selbst gewählten Text: »Gott hat auserwählt das Geringe vor der Welt und das Verachtete« – und da ist niemand, der lacht.[120]

Damit betont Kierkegaard, dass die Kirchen nicht müde werden *zu behaupten*, dass die Messlatten des Evangeliums nicht den Maßstäben dieser Welt entsprechen. Und dass sie über dem vielen Reden darüber allzu häufig vergessen, die Konsequenzen zu ziehen.

Das Niedrige also hat Gott erwählt; sich selbst erniedrigt er, als er sich herablässt zu den Erniedrigten und Geknechteten: Mensch wird er! Sobald man solche dogmatischen Aussagen nicht mehr einfach als Feiertagsrhetorik über sich ergehen, sondern in ihrer ganzen Tragweite und Sinntiefe auf sich wirken lässt, erkennt man schlagartig und nicht ohne Schrecken, dass das Christentum eben nicht bloß eine Sache des Gemüts ist; vielmehr ist es mit der Gemütlichkeit in dem Augenblick vorbei, wenn man den machtlosen und armen Jesus beim Buchstaben und die Armen und Machtlosen in Schutz nimmt.

Der Weltenherrscher und das Friedenskind

Was Paulus sichtlich irritiert zu Pergament bringt, nämlich dass Gott sich aller Macht entäußert und schutzlos sich preisgibt, um *so* die menschliche Geschichte in andere Bahnen zu lenken, ist so neu nicht, dass der Völkerapostel darüber betroffen sein müsste. Hätte ihm als studiertem Pharisäer nicht auffallen müssen, dass dieser Gott von jeher schon eine ausgesprochene Vorliebe für das Kleine und Alltägliche bekundete? In Abraham offenbart er sich einem ganz gewöhnlichen Viehzüchter, der keinerlei überragende Leistungen vorzuweisen hat. Ausgerechnet ihm verspricht er eine Nachkommenschaft, zahlreich wie der Sand am Meer. Dann wendet sich Jahwe Abrahams Abkömmlingen zu. Im Vergleich zu ihren Nachbarvölkern besitzen die paar Nomadenstämme, die erst noch untereinander verfeindet sind, weder eine hohe Kultur, noch können sie sich einer glanzvollen Vergangenheit rühmen. Die Geschichte dieses Volkes ist kein Spiegel von Gottes Herrlichkeit; zumeist besteht sie aus Abfall und Götzendienst, aus Schuld und Niederlagen und nicht durchgehaltenen Neuanfängen – wie jede andere Geschichte auch. David, der überragende König des auserwählten Volkes, verträumt seine Jugend als gewöhnlicher Schafhirt. Jahre später, als er auf dem Gipfel seiner Macht angelangt ist, weiß er nichts Besseres zu tun, als die Frau eines seiner Feldherren zu verführen und diesen meuchlings umbringen zu lassen. Es braucht schon einen sehr gefestigten Glauben, um in oder hinter derartigen Ereignissen so etwas wie einen göttlichen Heilsplan zu entdecken.

Als Gott gar leibhaftig in unsere irrwitzige menschliche Geschichte eintritt, kommt er wiederum nicht so, wie man das vom *Allmächtigen* erwarten würde. Nicht mit Gepränge und Gewalt tritt er auf, nicht als Fürst oder Regent, auch nicht in Glanz und Herrlichkeit. Gott kommt als Kind, machtlos, hilflos, schutzlos, vertrauend einzig und allein auf die Macht der Liebe.

Auf ganz andere (und gleichzeitig höchst subtile) Weise illustriert diesen Sachverhalt der Evangelist Lukas mit der legendär anmutenden Erzählung von der Geburt Jesu. Die spielt in so fernen Zeiten, dass sie sich uns sozusagen im Gewand des Plusquamperfekts präsentiert. Wer aber etwas genauer hinsieht (und ein paar elementare exegetische Kenntnisse mitbringt), bemerkt schnell, dass der Evangelist seiner Leserschaft für alle Zeiten in Sachen Machtausübung und Herrschaftsansprüche eine Lektion erteilen wollte.

Es geschah in jenen Tagen: Eine Verfügung ging von Kaiser Augustus aus, die ganze bewohnte Welt aufzuschreiben. Eine solche Aufschreibung geschah erstmals, als Quirinius Statthalter von Syrien war. Und alle machten sich auf, um sich aufschreiben zu lassen, ein jeder in seine Vaterstadt (Lukasevangelium, Kapitel 2, Verse 1–3).

Lukas, der sein Evangelium in Kleinasien in den achtziger Jahren des ersten Jahrhunderts verfasste, geht hier mit den historischen Fakten recht unbeschwert um. Tatsächlich findet sich in den profanen Quellen bezüglich der *Regierungszeit des Kaisers Augustus* (30 v.–14 n. Chr.) kein Erlass, der *alle Bewohner* des Römischen Reiches verpflichtete, sich in Steuerlisten einzutragen. Überdies steht zweifelsfrei fest, dass Quirinius zu Lebzeiten des Königs Herodes (und damit auch zum Zeitpunkt der Geburt Jesu) nicht Statthalter von Syrien war. Als gesichert gilt überdies, dass eben dieser Quirinius eine steuerliche Taxierung *der Bewohner Palästinas* verfügte, die allerdings erst im Jahre 6 n. Chr. stattfand.

Offensichtlich stehen für Lukas nicht die historischen Fakten im Vordergrund. Vielmehr liegt seiner Darstellung ein theologisches Konzept zu Grunde. Augenscheinlich ging es ihm darum, Augustus, dem Herrscher über das gesamte Römische Reich (oder, mit den emphatischen Worten des Evangelisten, dem Herrscher »über die ganze bewohnte Welt«), das hilflose Krippenkind *gegenüberzustellen* – ähnlich wie er wenige Seiten weiter, wo er Jesu erstes Auftreten in der Öffentlichkeit beschreibt, dem römischen Kaiser Tiberius den unscheinbaren Wanderprediger aus Nazaret *gegenüberstellt* (vgl. Lukasevangelium, Kapitel 3, Vers 1).

Anders ausgedrückt, es geht um die Frage: Wer ist der Retter der Welt? Für die Historiker gebührt dieser Titel zweifellos Octavianus, dem Großneffen und Adoptivsohn von Julius Cäsar, dem ersten römischen Kaiser, dem der Senat im Jahre 27 v. Chr. den Ehrentitel *Augustus*, der Erhabene, verlieh, um ihn als Reichsgründer zu ehren. Immerhin hatte Octavianus die Bürgerkriege beendet und den ganzen Erdkreis (will sagen die von Rom kontrollierten Gebiete) befriedet und damit das Goldene Zeitalter eingeleitet. In Würdigung dieser Verdienste weihte man am 30. Januar des Jahres 9 v. Chr. in Rom zu seinen Ehren die noch heute erhaltene *Ara pacis*, den Friedensaltar. Im griechischsprachigen Teil des Römerreiches wurde Augustus fortan als *sotér*, als Retter oder Erlöser gefeiert, ein Ehrentitel, der damals jenen Herrschern vorbehalten war, die man wie (und gelegentlich auch als) Götter verehrte.

Ausgerechnet diesen Ehrentitel legt Lukas in seiner Kindheitserzählung nun dem Himmelsboten in den Mund, der den Hirten die Geburt des Kindes verkündet: »Ein *sotér*, ein Retter, ward euch heute geboren; *er* ist der Messias, der Herr – in Davids Stadt« (Kapitel 2, Vers 11). Der *wirkliche* Retter präsentiert sich nicht auf einem Thron, sondern wimmert in einem Stall: »Ein Neugeborenes werdet ihr finden, das gewickelt ist und in einem Futtertrog liegt« (Lukasevangelium, Kapitel 2, Vers 12). Vordergründig ist diese Botschaft an die Hirten gerichtet. In Wirklichkeit sind jene angesprochen, die Lukas mit seiner Schrift überzeugen möchte. *Sie* erinnert er daran, dass die Mächtigen mit ihrer Politik wohl für eine Weile die öffentliche Ruhe wiederherstellen können. Dass es sicherlich möglich ist, ein Reich mit den Mitteln der Diplomatie für eine gewisse Zeit zu befrieden. Dass die Menschheit zweifellos Projekte und Programme benötigt, damit sie der Gerechtigkeit ein klein wenig näher kommt. Aber mit alldem allein ist letztlich noch kein Staat zu machen. Denn wenn die Menschen tatsächlich verhindern wollen, dass einer des andern Opfer wird, müssen sie endlich und zuerst einsehen, dass jede Machtposition zu Dienstleistungen verpflichtet.

Auf den Esel gekommen

Dass eine solche Sicht der Dinge auch heute für viele Menschen nicht einfach eine Utopie oder Illusion darstellt, zeigt schon die Tatsache, dass ein großer Teil der Menschheit noch immer alljährlich das Geburtsfest dessen feiert, der alten außerbiblischen (›apokryphen‹) Schriften zufolge in einer Höhle oder in einem Stall zur Welt kam und der nach dem Zeugnis der Evangelisten gut dreißig Jahre später am Kreuz endete. Im Grunde genommen wird damit ein Gescheiterter zum Gewinner erklärt und der offensichtlich Besiegte gegen alle Evidenz zum heimlichen Sieger gekürt. Ganz fremd ist uns diese Taktik ja nicht. Aus Gründen der Selbstrechtfertigung bedienen wir uns ihrer gelegentlich auch, wenn wir in gesellschaftlichen Angelegenheiten auf die verkehrte Karte oder in politischen Auseinandersetzungen auf den falschen Kopf gesetzt haben. Nach wie vor sind wir dann überzeugt, dass der unterlegene Favorit der hellere Kopf ist, und dass die Köpfe der Massen einfach zu hohl sind, um das zu erkennen. Dieser Mechanismus trägt ein bisschen dazu bei, dass wir uns nicht gänzlich als Verliererinnen oder als Versager fühlen müssen.

Kryptopsychologische Überlegungen dieser Art spielen in der biblischen und auch in der außerkanonischen Überlieferung mit Sicherheit keine Rolle. Denn dort fehlt jede Tendenz, das offensichtliche Scheitern des Jesus von Nazaret mit ungünstigen Umständen oder unvorteilhaften Konstellationen zu entschuldigen und seinen Misserfolg im Nachhinein doch noch in einen Sieg umzudeuten. Vielmehr stellen sich die neutestamentlichen Autoren ebenso wie die Verfasser apokrypher Schriften ausdrücklich auf die Seite der vom Leben Gebeutelten, der Erniedrigten und Beleidigten und Benachteiligten. Dabei sind sie erfüllt von der hartnäckigen Hoffnung, dass die »Unmündigen« (Matthäusevangelium, Kapitel 11, Vers 25) schließlich doch noch zu ihrem Recht kommen, oder, um es mit den Worten von Max Horkheimer zu sagen, »dass der Mörder nicht über sein unschuldiges Opfer triumphieren möge«.[121]

Die Verfasser der apokryphen Kindheitsgeschichten Jesu jedenfalls sind der Überzeugung, dass am Ende die Humanität über die Brutalität obsiegen wird. Dieser Hoffnung verleihen sie Ausdruck, indem sie, vermutlich unbewusst, eine etwas ungewöhnliche Gestalt ins Geschehen der heiligen Nacht mit einbeziehen, nämlich den Esel, der in unzähligen Darstellungen der Geburt Jesu friedlich neben dem Ochsen liegt und zum Krippenkind hinüberäugt. In den Evangelien selber findet sich davon nichts.

Ochs und Esel tauchen erstmals in außerbiblischen Schriften auf, die keinen Eingang gefunden haben in das Neue Testament. Vermutlich im vierten Jahrhundert hat ein unbekannter Verfasser unter dem Namen Matthäus die Ereignisse um die Geburt Jesu nacherzählt. In diesem *Kindheitsevangelium des Pseudomatthäus* heißt es:

»Bei der Krippe knieten auch der Ochs und der Esel und beteten das Jesuskind an. So erfüllte sich das Wort des Propheten Jesaja: Der Ochs kennt seinen Besitzer und der Esel die Krippe seines Herrn« (Pseudo-Matthäusevangelium, Kapitel 14, Vers 1; es handelt sich um ein Zitat aus Jesaja, Kapitel 1, Vers 3).

Gut dreißig Jahre nach der Geburt Jesu spielt der Esel erneut eine wichtige Rolle. Ein paar Tage vor seinem Tod zieht der Messias in Jerusalem ein (Matthäusevangelium, Kapitel 21, Verse 1-11). Auch diese Darstellung geht auf die Hebräische Bibel zurück:

Juble laut, Tochter Zion! Jauchze, Tochter Jerusalem! Siehe, dein König kommt zu dir. Er ist gerecht und hilft; er ist demütig und reitet auf einem Esel, auf einem Fohlen, dem Jungen einer Eselin. Ich vernichte die Streitwagen aus Efraim und die Rosse aus Jerusalem, vernichtet wird der Kriegsbogen. Er verkündet für die Völker den Frieden; seine Herrschaft reicht von Meer zu Meer und vom Euphrat bis an die Enden der Erde (Sacharja, Kapitel 9, Verse 9–10).

Als König also erscheint der Messias und als Friedensbote. Die alte Zeit wird zu Grabe getragen. Es wendet sich das Blatt der Geschichte, eine neue Ära bricht an, in welcher die Streitwagen verbrannt und die Kampfwerkzeuge vom Rost zerfressen werden. Solange die Waffen klirren und die Schlachtrosse schnauben und die Soldaten morden, ist in »Efraim und Jerusalem« – also in Israel – kein Friede in Sicht; denn Gewalt schreit nach Gewalt. Deshalb zieht der Messias nicht auf einem Kriegsross, sondern auf einem Esel in die Heilige Stadt ein. Und *dieser* Weltenherrscher errettet die Welt.

Hat sich diese Vision als Utopie erwiesen? Tatsache ist, dass man sich über einen solchen Weltenherrscher, dessen Lebensweg vom Stall zum Schandkreuz führte, schon sehr früh lustig machte. Die erste uns bekannte Darstellung, die auf das Erlösungsgeschehen am Kreuz Bezug nimmt, ist ein Spottkruzifix aus dem frühen 3. Jahrhundert. Es handelt sich dabei um ein Graffito, das im Jahre 1856 auf dem Palatin im *Paedagogium*, im Wohntrakt der kaiserlichen Pagen, entdeckt wurde und heute im nahe gelegenen *Antiquarium* zu besichtigen ist. Die Wandkritzelei zeigt ein Kreuz, an dem ein

Mann mit einem Eselskopf hängt. Darunter findet sich eine kurze verächtliche Erläuterung: »Alexamenos betet seinen Gott an.« Offensichtlich wird hier der Christusglaube eines gewissen Alexamenos (über den wir weiter nichts wissen) als Eselei verhöhnt.

Las Casas oder Machtwissen und Dienstwissen

Erstaunlicherweise gab es immer wieder Menschen, welche der unumstößlichen Überzeugung waren, dass der Machtverzicht nicht nur auf der politisch-gesellschaftlichen, sondern auch auf der religiösen und kirchlichen Ebene tatsächlich das beste Mittel sei, um der Welt ein menschlicheres Aussehen zu verleihen. Und die aus ebendiesem Grund ihr Können und Wissen nicht zu ihrem eigenen Vorteil, sondern zur Förderung der Gerechtigkeit einsetzten.

Erinnert sei hier an den spanischen Dominikanermönch Bartolomé de Las Casas. Dieser kommt im August 1474 in Sevilla als Sohn eines Händlers zur Welt, der Christoph Kolumbus auf seiner zweiten Amerikareise begleitet hat. Nach einer juristischen Laufbahn in Spanien bereist Las Casas 1502 Hispaniola, eine der ›Westindischen‹ Inseln, wo er im Dienst des Gouverneurs in Santo Domingo als Berater tätig ist. 1512 wird er in Amerika als Erster zum Priester geweiht. Für seine geleisteten Dienste erhält Las Casas ein Stück Land zugeteilt, das er, wie damals üblich, von Indianern in Zwangsarbeit bewirtschaften lässt. In dieser Zeit gibt er sich allmählich Rechenschaft darüber, dass die gesellschaftliche Ordnung in der Neuen Welt auf einem System der Unterdrückung basiert, das aus jedem Indio ein Objekt der Ausbeutung, aus jedem ›Heiden‹ einen Rebellen und aus der kirchlichen Missionstätigkeit ein Instrument zur Aufrechterhaltung der Gewaltherrschaft macht. Was das konkret bedeutet, hält Las Casas in seinem *Bericht über die Zerstörung Westindiens* fest:

Die Christen mit ihren Pferden, Schwertern und Lanzen verübten Metzeleien und unerhörte Grausamkeiten an den Indios. [...] Sie bauten große Galgen, die so beschaffen waren, dass die Füße der Opfer beinahe den Boden berührten und man jeweils dreizehn von ihnen henken konnte, und zu Ehren und zur Anbetung unseres Heilands und der zwölf Apostel legten sie Holz darunter und zündeten es an, um sie bei lebendigem Leibe zu verbrennen. Anderen banden oder wickelten sie trockenes Stroh um den ganzen Körper, sie steckten es an und verbrannten sie so. Wieder anderen, und zwar allen, die sie am Leben lassen wollten, schnitten sie beide Hände ab, hängten sie ihnen um und sagten:»Tragt diese Briefe aus«, das heißt, »überbringt die Botschaft den Leuten, die in die Berge geflohen sind«. Gewöhnlich töteten sie die Herren und Adeligen auf diese Weise: Sie machten einen Bratrost aus Stäben, die sie auf Gabelstützen legten, und darauf banden sie die Opfer fest, und unter ihnen entzündeten sie ein schwaches Feuer, damit sie ganz allmählich, während ihnen die Qualen verzweifelte Schreie abpressten, die Seele aushauchten.[122]

Seine »erste Bekehrung« zum Anwalt der Indios schildert Bartolomé de Las Casas in der dritten Person.

Als er die Predigten studierte, die er ihnen beim letzten Fest gehalten hatte, oder andere aus jener Zeit, begann er über jene Stellen der Heiligen Schrift nachzudenken, und wenn ich es nicht vergessen habe, war die aus dem Buch Jesus Sirach Kapitel 34, Verse 21-27 die wichtigste und vorrangigste:»Wer von ungerechtem Blut opfert, dessen Gabe ist unrein; und die Spöttereien der Ruchlosen können Gott nicht gefallen. An den Gaben der Gottlosen hat der Allerhöchste kein Gefallen und schaut nicht auf die Opfer der Ungerechten. Wer das im Schweiße gewonnene Brot raubt, ist dem gleich, der seinen Nächsten tötet. Wer den Taglöhner betrügt, ist wie einer, der Blut vergießt.« Er begann, so meine ich, über das Elend und die Sklaverei, welche jene Völker erlitten, nachzudenken. Nach einigen Tagen, die er in diesem Nachdenken verbrachte und sich Tag für Tag mehr und mehr durch das bestätigt sah, was er bezüglich des Rechtes las, und hinsichtlich der Praxis beobachtete, indem er das eine mit dem anderen verband, kam er zu der Überzeugung, dass all das, was man in diesem Westindien an den Indios verbrach, unrecht und tyrannisch sei. Schließlich entschloss er sich dazu, dies auch zu predigen.[123]

Der Gouverneur, den Las Casas von seinem Sinneswandel unterrichtet, hält dessen Ansichten für eine »monströse Idee«. Las Casas indessen lässt sich nicht umstimmen – und predigt in der Folge nicht mehr für die Indios, sondern gegen die spanischen Konquistadoren:

> Mit diesen Worten begann er ihnen ihre Blindheit, ihre Ungerechtigkeiten, Tyranneien und Grausamkeiten aufzudecken, die sie gegen jene unschuldigen und sanften Völker begingen; wie diejenigen, die Indios hatten, sowie solche, die sie ihnen zuteilten, kein Heil finden könnten, dass sie zur Wiederherstellung ihrer [der Indios] ursprünglichen Situation verpflichtet waren und dass er, weil er sich der Gefahr, in der er lebte, bewusst war, die Indios aufgegeben habe. Alle waren erstaunt oder sogar erschrocken über das, was er sagte, einige zerknirscht, andere glaubten, sie träumten, als sie solche Neuigkeiten hörten, dass sie nämlich nicht ohne Sünde die Indios in ihren Diensten halten könnten; sie glaubten dies ebenso wenig, wie wenn man ihnen gesagt hätte, sie dürften sich der Arbeitstiere nicht bedienen.

Die Missstände des Systems[124], die Bartolomé de Las Casas aus eigener Erfahrung kennt, veranlassen ihn, sich für die Abschaffung der Sklaverei und für erträgliche Lebensbedingungen der Indianer einzusetzen. 1515 kehrt Las Casas nach Spanien zurück, wo er den König gegen den Widerstand von Kronrat und Klerus für eine Reform der Gesetzgebung zum Schutz der Indianer zu überzeugen vermag. Nachdem er einen Missionsversuch an der venezolanischen Küste erfolglos abgebrochen hat, tritt er 1522 dem Orden der Dominikaner bei. Die folgenden sechs Jahre verbringt er mit der Niederschrift seiner *Historia general de las Indias* (erschienen 1528), einem Bericht über die frühen spanischen Kolonien in Amerika. 1537 erhält Las Casas den Auftrag, die Völker der nördlichen Landesteile Guatemalas zu befrieden. Es gelingt ihm, deren Vertrauen zu gewinnen und sie zum Christentum zu bekehren. 1542 werden auf sein Wirken hin die *Neuen Gesetze* erlassen, die das System der Sklaverei aufheben und eine Gleichstellung zwischen Indianern und Spaniern festschreiben. 1544 wird Bartolomé de Las Casas zum Bischof von Chiapas, einem Gebiet im südlichen Mexiko, ernannt. 1547 kehrt er nach Spanien zurück. Am 31. Juli 1566 stirbt er in Madrid.

Wie zu Zeiten Las Casas' fehlt es auch heute nicht an Menschen, die uns dauernd einreden, im gesellschaftlichen, politischen und staatlichen Bereich würden eigene Gesetze herrschen, weil hier nicht fromme Wünsche, sondern harte Realitäten maßgebend seien. Wer in der Politik Karriere machen möchte, brauche nicht das neueste Messbuch, sondern das richtige Parteibuch.

Richtig daran ist, dass Religion und Ökonomie, Glaube und Politik, Ethik und Wirtschaftswachstum offenbar nicht auf einen Nenner und schon gar nicht unter einen Hut zu bringen sind. Das bringt es mit sich, dass viele Christen und Christinnen ihr Leben unbewusst in zwei Bereiche aufteilen: in den alltäglich-profanen, der den Gesetzen der Wirtschaftsordnung unterliegt, und in den sonntäglich-religiösen, in welchem man nach den Geboten Gottes zu leben versucht. Die Moral wird damit vorwiegend zu einer privaten Angelegenheit, und die Religion betrifft nur noch die Intimsphäre.

Indessen fragen sich immer mehr Gläubige, welche über die gesellschaftliche Relevanz ihres Glaubens nachdenken, ob ein derartiges Verhalten nicht an Schizophrenie grenze. Wir leben in einem Land, das Waffen exportiert, während Jesus zur Gewaltlosigkeit mahnt. Wir reden von einer gerechteren Weltwirtschaftsordnung und profitieren doch gleichzeitig von den bestehenden Ungerechtigkeiten. Wir sind davon überzeugt, dass vor Gott alle Menschen gleich sind, und ziehen Nutzen aus den bestehenden Rassen- und Klassenunterschieden.

Angesichts solcher ›Sachzwänge‹ fühlen sich viele machtlos, hilflos und ratlos. Gleichzeitig haben sie ein schlechtes Gewissen.

Haben wir doch um Gottes willen keine Angst vor unserem schlechten Gewissen! Und lassen wir uns dieses schlechte Gewissen bloß nicht ausreden von denen, die weiterhin Unrecht praktizieren können, auch oder gerade deshalb, weil allzu viele Menschen einem wahren Unschuldswahn verfallen sind und angeblich ein gutes Gewissen haben. Der Theologe Johann Baptist Metz hat einmal gesagt, es gebe Zeiten, in denen der Mut zu einem schlechten Gewissen und die Beharrlichkeit, mit der man es sich nicht ausreden lasse, womöglich die einzige Art sei, gewissenhaft zu sein.

So hilflos sind wir übrigens gar nicht, wenn wir mit uns selber ehrlich zurate gehen! Da ist beispielsweise die Sache mit dem Wissen. Bekanntlich kann man Wissen erwerben, um andere zu beherrschen oder um anderen zu helfen. Man spricht in diesem Zusammenhang von *Machtwissen* und von *Dienstwissen*. Ersteres dient dazu, möglichst viel Macht über andere und gleichzeitig möglichst viele Vorteile für sich selber zu erlangen. Die Rede vom Reich Gottes aber verträgt sich schlecht mit jenem Reichtum, den wir uns mit Hilfe unseres Machtwissens, also ohne Rücksicht auf andere Menschen und Völker erwerben. Solche Rücksichten hingegen kennt das Dienstwissen, das wir – der Ausdruck sagt es – in den Dienst der armen und leidenden Mehrheit stellen. Wissen wird in diesem Fall erworben, um zu helfen.

Dass Las Casas' Bemühungen kein dauerhafter Erfolg beschieden war, spricht nicht gegen ihn, sondern gegen eine Christenheit, welche sich lautstark auf den Mann aus Nazaret berief und ihn gleichzeitig doch immer wieder verriet, indem sie seine Botschaft pervertierte. Ebendieser Verrat bewirkte bei dem spanischen Dominikaner ein ungutes Gefühl. Im Unterschied zu vielen seiner Zeitgenossen jedoch ließ er es nicht dabei bewenden. Eine besondere Aufmerksamkeit für die Ohnmächtigen – also die Armen, die Ausgebeuteten, die Erniedrigten und Beleidigten – ist erst da gegeben, wo »der Übergang von Gefühlen zu Überzeugungen und der Übergang von Überzeugungen zu Verpflichtungen« stattfindet.[125]

Wie wir bereits früher feststellen konnten, ist die ›Macht an sich‹ weder gut noch böse.[126] Wo immer sie sich aber *konkret* manifestiert, stellt sich unweigerlich die Frage nach der Moral. Jesus zufolge handeln die Mächtigen nur dann gut, wenn sie auf ethisch vertretbare Mittel zurückgreifen und dabei nicht den eigenen Vorteil, sondern das Wohl der Mitmenschen im Auge behalten. Es ist bestimmt kein Zufall, dass sich die goldene Regel, die allen Weltreligionen eignet, im Neuen Testament auch im Munde Jesu findet: »Alles, was ihr also von anderen erwartet, das tut auch ihnen« (Matthäusevangelium, Kapitel 7, Vers 12)!

Anmerkungen

Machtdemonstration

[1] J. Imbach, Wunder. Eine existenzielle Auslegung, Echter Verlag, Würzburg 1995. Sonderausgabe unter dem Titel Die Wahrheit über Wunder. Neues Licht auf Unerklärliches, Bechtermünz Verlag, Augsburg 1997. Neuausgabe mit einem kurzen Vorwort zur Kontroverse mit der Römischen Glaubenskongregation unter dem ursprünglichen Titel: Echter Verlag, Würzburg 2002. Übersetzungen: Milagros. Una interpretación existenzial, Ediciones Mensajero, Bilbao 1998; Miracles. A 21st Century Interpretation, Templegate Publishers, Springfield 1999.

[2] Diese (wie sich später zeigen sollte falsche) Einschätzung schien mir vor allem deshalb plausibel, weil kompetente Theologen sich in ihren Rezensionen durchwegs positiv zu meinem Buch geäußert hatten; vgl. u. a. Pastoralblatt für die Diözesen Aachen Berlin Essen Hildesheim Köln Osnabrück, Nr. 6, 1995 (H.-J. Lauter); Theologischer Literaturdienst, Nr. 2, 1996, 21–22 (U. Willers); Geist und Leben 69 (1996) 237–238 (F.-J. Steinmetz); Ordenskorrespondenz 38 (1997) 107 (F. K. Heinemann).

[3] Seit dem 2. Februar 2003 ist Tarcisio Bertone Erzbischof von Genua.

[4] Ich arbeitete damals gerade an einem Buch über Bibelinterpretation: J. Imbach, Lust auf die Bibel. Praxisorientierte Zugänge zur Heiligen Schrift, Würzburg 2000.

[5] Mitte 2002 wurde P. Girotti zum Regens der Apostolischen Pönitenziarie ›befördert‹. Girotti war maßgeblich daran beteiligt, eine kirchenrechtliche Untersuchung wegen sexuellen Missbrauchs Minderjähriger durch den Gründer der *Legionäre Christi*, P. Marcial Maciel, zu unterdrücken. Manche vermuten, dass seine Versetzung damit zusammenhängt, dass seine diesbezügliche Verschleppungstaktik öffentlich wurde (vgl. u.a. *L'Espresso* vom 31. Januar 2002). Statt ›Häretiker‹ aufzuspüren, unterzeichnet P. Girotti jetzt Ablassbriefe.

[6] Diese überarbeitete Fassung habe ich unter der Überschrift *Postskriptum in eigener Sache* veröffentlicht; vgl. J. Imbach, Lust auf die Bibel. Praxisorientierte Zugänge zur Heiligen Schrift, Würzburg 2000, 233–237. Aufmerksame Leserinnen und Leser mit etwas Insidererfahrung konnten der Einleitung durchaus entnehmen, dass da ›irgendetwas im Gang‹ war.

[7] Inzwischen erschienen: J. Imbach, Kirchenfürsten, Künstler, Kurtisanen. Rom – Geschichten einer Stadt, Düsseldorf 2003.

Das Janusgesicht der Macht

[8] J Burckhardt, Weltgeschichtliche Betrachtungen, in: Gesamtausgabe, Bd. VII, Basel 1929, 1-208; 73.

[9] Brüder Grimm, Der Schneider im Himmel, in: Kinder und Hausmärchen, Nr. 35.

[10] Abraham a Sancta Clara, Ein Karren voller Narren und andere kleine Werke, Salzburg und Wien 1993, 256.

[11] N. Machiavelli, Der Fürst, Frankfurt am Main und Leipzig 2001, 86f. (Kapitel XVIII.: Inwiefern die Fürsten ihr Wort halten sollen).

[12] F. Dürrenmatt, Die Physiker, in: Komödien II und frühe Stücke, Zürich 1963, 283-355; 338. Dort auch das folgende Zitat.

»Sie werden uns für Götter halten.«

[13] F. M. Dostojewski, Die Legende vom Großinquisitor, in: Die Brüder Karamazow (Winkler Ausgabe), München 1958, 332-357.

[14] F. M. Dostojewski, Die Hauswirtin, in: Erzählungen (Winkler Ausgabe), München 1962, 54-135; 130.

[15] I. Kant, Werke, hg. von Wilhelm Weischedel, Bd. VI, 93.

[16] E. Fromm, Die Revolution der Hoffnung, Stuttgart 1971, 56f.

[17] E. Canetti, Der Ohrenzeuge. Fünfzig Charaktere, Frankfurt am Main 1994, 87f.

[18] K. Kienzler, Religiöser Fundamentalismus – Gottes einzige Antwort auf eine säkularisierte Welt?, in: Th. Faulhaber/B. Stillfried, Die Zukunft des Glaubens in der säkularisierten Welt, Freiburg-Basel-Wien 1998, 144-164; 147.

[19] Kienzler, a.a.O., 145.

[20] Vgl. Anmerkung 13; kursiv im Original.

[21] Cassius Dio, Roman History, zit. E. Canetti, Masse und Macht, Frankfurt am Main [27]2001, 274f.

[22] A. de Saint-Exupéry, Der Kleine Prinz, Zürich 1991. Sämtliche Zitate aus dem 10. Kapitel.

[23] A. Solschenizyn, Der erste Kreis der Hölle, Frankfurt am Main 1968, 113-115.

Kommandieren oder argumentieren? Macht und Autorität

[24] Zitiert wird nach F. Kafka, Die Verwandlung, in: Sämtliche Erzählungen, Frankfurt am Main 1970 (= Fischer Bücherei, Bd. 1078), 56-99.

[25] F. Kafka, Brief an den Vater, Frankfurt am Main 1962.

[26] H. Hesse, Kinderseele, in: Gesammelte Werke, Bd. 5 (Werkausgabe Edition Suhrkamp), Frankfurt am Main 1970, 165-203.

27 G. Keller, Frau Regel Amrain und ihr Jüngster, in: Die Leute von Seldwyla, Frankfurt am Main 1987, 151-202; 159-162 (passim).

28 F. Dürrenmatt, Monstervortrag über Gerechtigkeit und Recht, Zürich 1969, 115-119.

Symbole der Macht

29 Josephus Flavius, Vita, 1-6.

30 Vgl. E. Canetti, Masse und Macht (Fischer Taschenbücher, Bd. 6544), Frankfurt am Main [27]2001, 335.

31 G. Büchner, Woyzeck, 1. Szene.

32 Patrologia latina, Bd. 50, 430.

33 F. Nietzsche, Also sprach Zarathustra. Ein Buch für alle und keinen (Zweiter Teil: Von der Selbstüberwindung).

34 K. von Schlözer, Römische Briefe, Stuttgart und Berlin [7]1918, 63.

35 Canetti, a. a. O., 474.

36 J. Kunisch, Die Einsamkeit des Königs an der Tafel. Das öffentliche Herrschermahl Ludwigs XIV., in: U. Schulz (Hrsg.), Speisen Schlemmen Fasten. Eine Kulturgeschichte des Essens, Frankfurt am Main und Leipzig 1993, 219-230; 226-228.

Masken der Macht

37 Papst Gelasius I., Epistula 12.

38 Vgl. weiter unten das Kapitel Der Machtanspruch der Päpste.

39 Vgl. Lexikon für Theologie und Kirche, Bd. 10, Freiburg i. Br. 1965, 1429.

40 H. Denzinger, Kompendium der Glaubensbekenntnisse und kirchlichen Lehrentscheidungen. Verbessert, erweitert, und ins Deutsche übertragen und unter Mitarbeit von Helmut Hoping herausgegeben von Peter Hünermann, Freiburg-Basel-Rom-Wien [34]1991 (lateinisch/deutsch), 385f. (Nrn. 870-875 passim).

41 Ebd., 384 (kommentierende Einleitung zum Text der Bulle).

42 St. Heym, Der König David Bericht, Frankfurt am Main 1974 (= Fischerbücherei, Bd. 1508); Seitenangaben im Text jeweils in Klammern.

43 B. Brecht, Fragen eines lesenden Arbeiters, in: Ausgewählte Gedichte (= edition suhrkamp, Bd. 86), Frankfurt am Main [7]1973, 49f.

Machtkämpfe

[44] B. Brecht, Der hilflose Knabe, in: Geschichten vom Herrn Keuner (= suhrkamp taschenbuch, Bd. 16), Frankfurt am Main 1972, 22.

[45] Der Wolf von Gubbio (Fioretti, Kap. 21), in: O. Karrer (Hrsg.), Franz von Assisi. Legenden und Laude: *Fioretti* – Die Blütenlegende (Manesse-Bibliothek der Weltliteratur), Zürich 1945, 329-561. 451-459.

[46] Vgl. Diego dalle Grotte di Castro, Meraviglie di San Francesco in Gubbio, Gubbio 1886, 31-37. – Die *Reformaten* (OFMRef) gingen 1532 aus dem Zweig der *Minderbrüder der regulären Observanz* hervor und wurden 1897 von Papst Leo XIII. zusammen mit anderen kleineren franziskanischen Gruppierungen in den Orden der *Minderbrüder* (OFM) integriert.

[47] Ebd., 36.

[48] Deutsche Übersetzungen: P. Sabatier, Das Leben des heiligen Franz von Assisi, Zürich 1919; J. Jörgensen, Der heilige Franz von Assisi, München 1952.

[49] Vgl. Karrer, 481-487 (*Fioretti*, Kap. 26: *Wie der heilige Franz drei Räuber bekehrte*); das folgende Zitat: 483f. – Die gleiche Episode wird, allerdings in etwas anderer Form, noch in einer weiteren Quelle, im *Speculum Perfectionis* (Spiegel der Vollkommenheit, Kap. 66), erwähnt.

[50] Vgl. die Hinweise bei Karrer, 783. Die Legende selbst: *Fioretti*, Kap. 23: *Böse Geister belagern das Haus von Portiuncula*, 463-467; dort auch die folgenden Zitate.

[51] Franz von Assisi, Die nicht bestätigte Regel des Minderbrüderordens (Kap. 7), in: K. Esser/L. Hardick, Die Schriften des heiligen Franz von Assisi, Werl 1956, 51-77; 58f.

[52] Zit. A. Holl, Der letzte Christ, Stuttgart 1979, 184.

[53] Handelt es sich um ›gegengeschlechtliche‹ Eigenschaften, die wir verdrängen, weil wir sie als unangemessen betrachten, sprechen wir vom *Animus*, bzw. von der *Anima*.

[54] J. W. von Goethe, Faust I, Verse 1121 und 1100f.

[55] J. Jacobi, Die Psychologie von C. G. Jung. Eine Einführung in das Gesamtwerk. Mit einem Geleitwort von C. G. Jung (Fischer Taschenbücher, Bd. 1690), Frankfurt am Main 1978, 114.

[56] Vgl. M.-L. von Franz, Der Schatten und das Böse im Märchen, München 1985, 233f.

[57] So der Untertitel des Buches von V. Kast, Der Schatten in uns, Zürich und Düsseldorf 1999.

[58] Vgl. N. Scholl, Wenn der Kinderglaube nicht mehr trägt. Von der Sicherheit zum Vertrauen, Freiburg-Basel-Wien 2002, 10.

Die Freiheit des Gewissens und die Arroganz der Macht

[59] Patrologia latina, Bd. 87, 952-954.

[60] Vgl. Kanon 751 des 1983 promovierten Kirchenrechts: »Häresie nennt man die nach Empfang der Taufe erfolgte beharrliche (*pertinax*) Leugnung einer kraft göttlichen und katholischen Glaubens zu glaubenden Wahrheit, oder einen beharrlichen Zweifel an einer solchen Wahrheit.«

[61] F. Mußner, Traktat über die Juden, München 1979, 309-310.

[62] Hans Küng, Die Kirche, Freiburg-Basel-Wien 1967, 165f.

[63] Vaticanum II, Erklärung über das Verhältnis der Kirche zu den nichtchristlichen Religionen *Nostra aetate*, Nr. 4. Dort auch die beiden folgenden Zitate.

[64] Vgl. dazu ausführlich den Abschnitt *Der mächtige Papst und der bärtige Bettler* im Kapitel *Der Machtanspruch der Päpste*.

[65] Vaticanum II, Erklärung über das Verhältnis der Kirche zu den nichtchristlichen Religionen *Nostra aetate*, Nr. 2.

[66] Vgl. unten, das Kapitel *Im Sprung gehemmt oder Die Macht strafft die Zügel.*

[67] Vaticanum II, Dekret über den Ökumenismus *Unitatis redintegratio*, Nr. 6.

[68] Vaticanum II, Erklärung über die Religionsfreiheit *Dignitatis humanae*, Nr. 12.

[69] Thomas von Aquin, Summa theologica, II-II, 10, 8; 11, 3.

[70] Thomas von Aquin, De veritate, 17, 4, ad 1.

[71] Vaticanum II, Erklärung über die Religionsfreiheit *Dignitatis humanae*, Nr. 2.

[72] Ebd., Nr. 3.

[73] Ebd., Nr. 3; kursiv von mir.

Der Machtanspruch der Päpste

[74] Ammianus Marcellinus, Rerum gestarum libri XXXI, 27,12-14 passim.

[75] Eusebius von Kaisareia, Kirchengeschichte, II, 25.

[76] Dazu ausführlich: R. Achenbach/H. Kriege, Die Päpste und die Macht, Düsseldorf und Zürich 2002, 61-77. Was die *Konstantinische Schenkung* betrifft vgl. weiter oben den Abschnitt *Legitimationsversuche* im Kapitel *Masken der Macht*.

[77] Annales regni Francorum; zit. R. Achenbach/H. Kriege, 84.

[78] Die folgende Übersetzung stammt von H. Küng, Das Christentum. Wesen und Geschichte, München-Zürich 1994, 446f.

[79] Wilhelm von Tyrus, Geschichte der Kreuzzüge und des Königreichs Jerusalem, Stuttgart ²1844, 200f.

[80] Zur Bulle *Unam sanctam* und zur *Zwei-Schwerter-Theorie* vgl. weiter oben den Abschnitt *Vereinnahmung der Quellen* im Kapitel *Masken der Macht*.

[81] Ökumenisches Konzils von Konstanz, Dekret *Haec sancta,* zit. H. Küng, Das Christentum. Wesen und Geschichte, München-Zürich 1994, 538; kursiv von mir.

[82] Manuskript Nr. 7054. Eine lateinisch-italienische Ausgabe wurde veröffentlich von G. Bonardi (Hrsg.), Giovanni Bockenheym. La cucina di Papa Martino V., Milano 1995.

[83] Vgl. L. von Pastor, Geschichte der Päpste, Bd. 3/1, Freiburg i. Br. [10]1938, 326.

[84] Vgl. dazu die Studie von A. Uhl, Papstkinder. Lebensbilder aus der Zeit der Renaissance, Düsseldorf und Zürich 2003.

[85] Pastor, a.a.O., 326.

[86] H. Denzinger, Kompendium der Glaubensbekenntnisse und kirchlichen Lehrentscheidungen. Verbessert, erweitert, und ins Deutsche übertragen und unter Mitarbeit von Helmut Hoping herausgegeben von Peter Hünermann, Freiburg-Basel-Rom-Wien [34]1991 (lateinisch/deutsch), 451 (Nr. 1307).

[87] R. Achenbach/H. Kriege, Die Päpste und die Macht, Düsseldorf und Zürich 2002, 175. Vgl. ferner W. Reinhard, Glaube und Macht. Kirche und Politik im Zeitalter der Konfessionalisierung, Freiburg i. Br. 2004.

[88] Denzinger, 758 (Nrn. 2730-2732).

[89] Denzinger, 803, 806, 808-809 (Nrn. 2934, 2955, 2975-2978, 2980).

[90] Vaticanum I, Dogmatische Konstitution über die Kirche Christi, *Pastor aeternus,* in: Denzinger, 828 und 830 (Nrn. 3060 und 3063).

[91] Ebd., 833 (Nr. 3074).

[92] Der deutsche Italienkenner Ferdinand Gregorovius (dem zu Ehren in Rom sogar eine Straße benannt ist) notiert 1870 in seinem Tagebuch, Papst Pius IX. habe jüngst »seine Unfehlbarkeit ausprobieren wollen«. Auf einem Spaziergang sei er einem Gelähmten begegnet und habe ihm zugerufen: »Erhebe dich und wandle!« Der arme Teufel versuchte es – und brach zusammen. »Dies hat den Vicegott sehr verstimmt«, kommentiert Gregorovius den peinlichen Vorfall.

[93] Denzinger, 929, 955, 956, 958, 965, 930f., 968, 975 (Nrn. 3394, 3513, 3508, 3524, 3561, 3398 3569, 3593).

[94] Pius X., Motu proprio vom 18. November 1907, *Praestantia Scripturae,* Denzinger, 953 (Nr. 3503).

[95] Denzinger, 1098 (Nr. 3897); kursiv von mir.

[96] Denzinger, 500 (Nr. 1513).

[97] Johannes XXIII., Ansprache *Gaudet Mater Ecclesia* zur Eröffnung des Zweiten Vatikanischen Konzils, in: L. Kaufmann / N. Klein, Johannes XXIII., Prophetie und Vermächtnis, Fribourg 1990, 136; kursiv von mir.

[98] H. Krätzl, Im Sprung gehemmt. Was mir nach dem Konzil noch alles fehlt, Mödling 1998. Vgl. auch H. Krätzl, Neue Freude an der Kirche. Ein engagiertes Bekenntnis, Innsbruck Wien 2001.

[99] Dogmatische Konstitution über die Kirche *Lumen gentium*, Nr. 22; kursiv von mir. Vgl. auch *Erläuternde Vorbemerkung* (*Nota explicativa praevia*), Nr. 3.

[100] J. Ratzinger, Das neue Volk Gottes. Entwürfe zur Ekklesiologie (Topos Taschenbücher), Düsseldorf 1972, 55f.

[101] K. Rahner, Kommentar zu den Artikeln 18-27 der Dogmatischen Konstitution über die Kirche *Lumen gentium*, in: Lexikon für Theologie und Kirche, Bd. 12, Freiburg-Basel-Wien 1966, 210-246; 227.

[102] Vgl. oben, den Abschnitt *Saeculum obscurum und Gang nach Canossa* im Kapitel *Der Machtanspruch der Päpste*.

[103] Papst Coelestin, Epistula 4, in: Patrologia latina, Bd. 54, 673.

[104] Papst Leo I., Epistula ad Rusticum, in: Patrologia latina, Bd. 54, 1203.

[105] Codex iuris canonici, Canon 377, § 1.

[106] C. Macisse, Gewalt in der Kirche. Gewalt der Kirche. Römischer Zentralismus und Repression, in: imprimatur 37 (2004) 149-151; 149.

[107] Mehr dazu bei W. Bühlmann, Die Zeit des Regenbogens. Glauben – eine Utopie, die trägt, Freiburg (Schweiz) 2003, 158-160.

[108] C. Sedmak, Theologie in nachtheologischer Zeit, Mainz 2003, 15.

[109] Das Folgende bildet eine Zusammenfassung eines Vortrags von W. Böckenförde, Zur gegenwärtigen Lage der römisch-katholischen Kirche, in: Orientierung 62 (1998) 228-234. Dort finden sich auch die zitierten Belegstellen.

[110] Text in: Kongregation für die Glaubenslehre, Lehramtliche Stellungnahmen zur *Professio fidei*, Bonn 1998, 7f.

[111] Vaticanum II, Dogmatische Konstitution über die Kirche, *Lumen gentium*, Nr. 25.

[112] Bezüglich der Ursprünge der Glaubenskongregation vgl. den Abschnitt *Verfolgung von Juden, ›Ungläubigen‹ und Abweichlern* im Kapitel *Die Freiheit des Gewissens und die Arroganz der Macht*.

[113] Zit. H. Küng, Erkämpfte Freiheit. Erinnerungen, München-Zürich 2002, 492.

[114] J. Ratzinger, Der Katholizismus nach dem Konzil, in: Das neue Volk Gottes (Topos Taschenbücher), Düsseldorf 1972, 129-151; hier: 146f.

[115] Deutsche Übersetzung in: Osservatore Romano (deutsche Ausgabe) vom 5. September 1997. Der lateinische Originaltext sowie eine deutsche Übersetzung sind auf der Vatikan-Homepage abrufbar: http://www.vatican.va/phome_ge.htm

[116] H. Küng, a. a. O., 494f.

[117] St. H. Pfürtner, Freiheit in der Kirche? Skizze eigener Erfahrungen, in: Offene Kirche 35 (2004/Nr. 1) 6-24; 19.

[118] A. Schilling, Was die Kirche krank macht, Regensburg 1992, 25.

[119] Marcus Tullius Cicero, Pro Rabirio (Verteidigungsrede für Gaius Rabirius), Kapitel 5, § 16.

[120] S. Kierkegaard, Der Augenblick; zit. H. Buss, Kierkegaards Angriff auf die bestehende Christenheit, Hamburg-Bergstadt 1970, 127f.

[121] M. Horkheimer, Die Sehnsucht nach dem ganz Anderen, Hamburg 1970, 62.

[122] M. Delgado (Hrsg.), Bartolomé de Las Casas. Werkauswahl, Bd. 2, Paderborn 1995, 71.

[123] Ebd., 262-266 (passim); dort auch das folgende Zitat.

[124] Wie blind die Kirchenleitung noch heute gegenüber bestimmten Verbrechen ist, zeigt die gegenwärtige Gesetzeslage. Beispielsweise steht auf einer (allenfalls aus innerer Not) vorgenommenen Abtreibung die Strafe der Exkommunikation, während Vergewaltiger, Mitglieder terroristischer Vereinigungen, Mörderinnen, Kinderschänder oder Sklavenhändler, die Frauen wie Vieh an Bordellbesitzer verkaufen, sich lediglich einer ›Todsünde‹ schuldig machen.

[125] C. Sedmak, Theologie in nachtheologischer Zeit, Mainz 2003, 58.

[126] Vgl. oben das Kapitel *Das Janusgesicht der Macht*.

Josef Imbach
**Kirchenfürsten,
Künstler, Kurtisanen**
Rom –
Geschichten einer Stadt
328 Seiten mit
s/w-Abbildungen
Gebunden mit
Schutzumschlag
ISBN 3-491-72475-9

Josef Imbach präsentiert in bester Erzähllaune Geschichten aus der mehrtausendjährigen Geschichte der Ewigen Stadt. Sei es, dass er die Steine sprechen lässt, Kuriositäten aus der Kunstgeschichte entdeckt, römische Lebens-Art einfängt oder den Vatikan ins Visier nimmt – Lesevergnügen ist garantiert. Ebenso kurzweilig wie informativ, ebenso amüsant wie hintergründig sind Imbachs Streifzüge durch die geschichtsträchtige Stadt. Sie greifen nicht das Wichtigste auf, was im Reiseführer steht, sondern das Interessanteste. Und interessant sind die Beobachtungen zu kleinen Details der an Geschichtszeugnissen überreichen Stadt, die den Blick freigeben auf ihren Geist und die Mentalität der Bevölkerung.